초보자도 프로처럼 만드는
플러터 앱 개발

지은이 이정주   jeongjoo.front@gmail.com

고려대학교에서 언어학과 컴퓨터학을 전공했습니다. 프로그래밍과 글쓰기를 좋아합니다. 시간이 나면 동네부터 국내, 해외 어디든 잘 돌아다닙니다. 교환학생, 인턴, 프로젝트로 다양한 경험을 쌓다가, 현재는 요양 분야 스타트업 ㈜펴나니에서 웹 프런트엔드 개발 및 플러터를 사용한 앱 개발을 담당하고 있습니다.

현재까지 ㈜펴나니 개발본부에서 2년간 근무하며 펴나니 치매 진단 앱, 펴나니 앱 등을 출시했습니다. 기술적으로는 melos를 통한 플러터 모노레포 구성, MethodChannel을 통한 네이티브 코드 처리, 앱으로 바로 연결되는 링크인 딥링크 구현, WebRTC를 통한 플러터 화상 통신 구현 등에 관심이 있습니다. 기술 외적으로는 UI/UX를 공부하며 사용자에게 한 걸음 더 다가가는 앱을 만들기 위해 노력하고 있습니다.

초보자도 프로처럼 만드는 **플러터** 앱 개발

초판 1쇄 발행 2023년 9월 8일

지은이 이정주 / **감수** 플러터 서울

펴낸이 김태헌 / **펴낸곳** 한빛미디어㈜ / **임프린트** 디코딩
주소 서울시 서대문구 연희로2길 76 5층 / **전화** 02-325-0300 / **팩스** 02-325-9898
등록 2022년 12월 12일 제2022-000114호 / **ISBN** 979-11-981408-4-5 93000

총괄 고지연 / **기획** 고지연 / **편집** 최승헌
디자인 박정화 / **전산편집** 이소연
영업 김형진, 장경환, 조유미 / **마케팅** 박상용, 한종진, 이행은, 고광일, 성화정, 김선아, 김한솔 / **제작** 박성우, 김정우

디코딩은 한빛미디어㈜의 임프린트로 IT 전문 출판 브랜드입니다.
이 책에 대한 의견이나 오탈자 및 잘못된 내용에 대한 수정 정보는 홈페이지나 이메일로 알려주세요.
잘못된 책은 구입하신 서점에서 교환해드립니다. 책값은 뒤표지에 표시되어 있습니다.

홈페이지 www.decoding.co.kr / **이메일** ask@decoding.co.kr / **기획·원고 모집** writer@decoding.co.kr

초보자도 프로처럼 만드는 **플러터** 앱 개발

이정주 지음

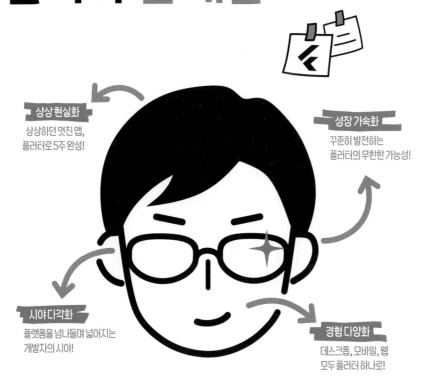

상상 현실화
상상하던 멋진 앱,
플러터로 5주 완성!

성장 가속화
꾸준히 발전하는
플러터의 무한한 가능성!

시야 다각화
플랫폼을 넘나들며 넓어지는
개발자의 시야!

경험 다양화
데스크톱, 모바일, 웹
모두 플러터 하나로!

디코딩

어렸을 때부터 컴퓨터와 프로그래밍에 흥미를 느꼈습니다. 지금은 잘 쓰이지 않는 프로그래밍 언어인 비주얼 베이직Visual Basic으로 만들어 낸 첫 프로그램이 동작했을 때의 기쁨을 아직도 잊을 수가 없습니다. 고등학생 시절에는 친구와 함께 IT 동아리를 만들기도 했습니다. 다른 사람들만큼 코딩에 미쳐 있었다고는 할 수 없지만 꾸준히 애정을 가지고 기회가 될 때마다 다양한 활동에 참여했습니다. 코딩은 여행과 독서처럼 항상 제 삶의 중요한 부분이었습니다.

대학교에 들어간 이후에는 언어학과 컴퓨터학 두 가지 분야를 전공하면서, iOS 애플리케이션(앱) 개발, 앱 기획, 언어, 데이터 분석, 딥러닝, 테크니컬 라이팅 등 IT와 관련된 여러 분야에 도전해 보다가 제일 마지막에 접하게 된 웹 프런트엔드 분야에 정착했습니다. 사실 처음에는 가장 관심이 있던 iOS 앱 개발로 진로를 잡았다가, 대학 마지막 학기에 우연히 배우게 된 웹 프런트엔드 개발에 매력을 느껴서 취업까지 이어진 것입니다. 그렇게 저는 웹 프런트엔드 개발자로 자리를 잡는 듯했습니다.

그래도 역시 앱 개발은 피할 수 없는 운명이었나 봅니다. 회사에서 앱 출시 계획을 세우게 되면서 저는 한때 내려놓았던 앱 개발의 길로 다시 돌아오게 되었습니다. 다만 이전과의 차이점은 기존에 도전했던 iOS 앱 개발이 아니라 안드로이드Android 앱까지 한번에 개발할 수 있는 마법 같은 플러터를 이용해서 앱을 개발하게 되었다는 점입니다.

모든 것을 새로 배워야 했습니다(사실 이는 개발자에게는 드물지 않은 일입니다). 어쨌든 저는 부랴부랴 다트와 플러터를 공부하고, 공식 문서의 튜토리얼을 따라가며 간단한 앱부터 만들기 시작했습니다. 회사 앱에 필요한 기능 목록을 작성하고, 만들고, 플러터로 해당 기능을 구현할 수 있는지, 가능하다면 어떤 방식으로 개발할지 모든 작업을 각별히 고심하며 진행했습니다.

플러터를 처음 접한 지 몇 달 만에, 2022년 12월 처음으로 제가 직접 개발한 앱을 애플 앱 스토어 및 구글 플레이 스토어에 출시했습니다. 그동안의 여정이 주마등처럼 스쳐 지나갔습니다. 앱을 세상에 내놓았다는 사실이 정말 뿌듯했습니다. 이 원고를 집필하는 지금은 앱 배포 과정을 단순화 및 자동화하는 것과 함께, 앱 구조 및 디자인 개선 작업에 열중하고 있습니다.

플러터에 처음 도전했을 때는 '과연 내가 잘할 수 있을까?' 싶었지만, 이내 두려움은 눈 녹듯이 사라 졌습니다. 소셜 로그인, 푸시 알림Push Notification, 자동 업데이트 등 제가 필요로 했던 기능은 이미 오픈소스 라이브러리를 통해 모두 지원되고 있었습니다. 어쩌면 기술적인 부분보다 더 중요한 건 앱 이 가진 본질적 특성을 잘 파악하고, 기획 단계에서 충분히 녹여내는 것이었습니다. 특히 처음 앱 개 발에 진입하게 된다면 간과하게 되는 부분들이 여럿 있는데, 이 책에서 기회가 될 때마다 소개해 보 려고 합니다.

물론 시행착오도 있었습니다. 처음에 깊이 생각하지 못하고 짜놓은 코드가 난해하여 수정하는 과정 에서 문제가 생겼고, 결국에는 해당 코드를 재작성했던 적도 있습니다. 애플의 앱 심사 기준에 대한 이해가 부족하여 코드를 여러 번 수정해 가면서 앱을 출시한 적도 있습니다. 플러터 버전을 3.3에서 3.10으로 업그레이드했다가 예상치 못한 문제가 생겨 당황하고, 해결하는 데 많은 시간을 소모한 적 도 있습니다. 당시에는 저를 힘들게 하는 일들이었지만, 지금 다시 돌이켜 보면 모두 개발자로서의 성 장을 위한 밑거름이 되었다고 생각합니다.

결과적으로 저는 본업이었던 웹 프런트엔드 개발과 함께, 플러터 개발자로서 커리어를 쌓게 되었습니 다. 마치 "Blessing in disguise(전화위복)"처럼, 처음 갑자기 앱 개발을 맡게 되었을 때는 어려운 점 이 많았지만, 나중에는 오히려 이 점이 저만의 차별화 포인트가 되었습니다. 웹과 앱에서 유사한 UI 또는 기능을 제공하게 되는 일이 많은데, 이때 제가 플러터를 다룰 수 있다는 점이 큰 도움이 되었습 니다. 저처럼 하루아침에 플러터 개발에 발을 들인 분들께 말씀드리고 싶습니다. 이런 말을 그다지 좋아하지 는 않지만, "기왕 이렇게 되었으니 플러터를 통해 크로스 플랫폼 앱 개발로 나만의 영역을 넓혀 보자!"라고 생각해 보면 어떨까요?

마지막으로 이 책에서 제시하는 '5주 완성 플랜'대로 각자의 프로젝트를 진행하면서 책의 구성 및 내 용에 대해 전문가 입장에서 무한한 열정으로 생생한 의견을 전달해 주신 검수자 분들께 감사의 말씀 을 전합니다.

들어가며

2022년의 어느 여름날, 스타트업에서 웹 프런트엔드를 개발하던 저의 플러터Flutter 개발 여정이 시작되었습니다. 저는 그해 12월 처음으로 제 이름을 건 앱을 출시했습니다.

혼자서 앱을 개발하거나 앱 개발 경험이 없는 최소한의 인원으로 앱을 처음 개발하게 된다면 어디서부터 어떻게 손대야 할지 정말 난감합니다. '핵심 기능은 어떻게 구현해야 할지', '총 몇 개의 화면이 필요한지', 'iOS와 안드로이드 운영체제에 맞추어서 다르게 처리해야 할 부분은 없는지' 등 다양한 장애물이 여러분을 기다리고 있습니다. 이럴 때 가장 좋은 방법은 우선 앱 개발 과정을 정한 뒤에 각 단계에서 무엇이 필요한지, 각 단계를 어떻게 준비해야 할지 차근차근 구체화하는 것입니다.

왜 플러터일까요? "그냥, 대세니까요.", "구글Google에서 만들었으니까요."라는 대답은 그 이유가 되기에는 다소 부족합니다. 이 책으로 플러터 앱 개발을 시도하는 분들은 '플러터로 앱 개발을 지시받아서' 도전하는 경우도 있을 것이고, '앱 개발을 위해 네이티브 앱 개발이나 리액트 네이티브React Native, 프로그레시브 웹 앱PWA, Progressive Web App 등 여러 선택지 사이에서 고민하다가 플러터를 선택한 경우'도 있을 것입니다. 전자라면 플러터여야만 하는 이유를 자기 자신에게 납득시켜야 하고, 후자라면 플러터여야만 하는 이유를 동료 개발자 등 주변에 납득시켜야 할 필요가 있겠네요. 어느 쪽이든 간에 1부에서 다루는 플러터를 소개하는 내용과 다른 모바일 앱 개발 방식과의 비교를 참고하신다면 많은 도움이 될 것입니다.

이 책을 집필하는 2023년 초반에는 제 생각보다 더 많은 회사가 적극적으로 플러터를 채택하고 있습니다. 2023년 1월 25일에 열린 개발 콘퍼런스인 플러터 포워드Flutter Forward에서 플러터 3.7과 함께 머티리얼 3Material 3의 도입이 발표되었습니다. 또한, 2023년 5월 구글 I/O 행사에서 플러터 3.10과 함께 다트 3Dart 3이 발표되며 또 다른 변화가 예고되었습니다. iOS에 새로운 그래픽 엔진인 임펠러Impeller가 적용되었으며, 그 외에도 다양한 부분에서 성능 향상이 이루어졌습니다. 이제 플러터로 쉽게 작성할 수 있는 UI User Interface 컴포넌트의 종류가 늘어난 것은 물론이고, 점점 더 플러터의 기본 디자인과 UX User Experience 가 향상될 예정입니다. 날이 갈수록 플러터로 항해하는 여정에 동지가 늘어나는 느낌입니다. 여러분이 함께 이 여정을 떠나시는 데 부족함이 없도록, 이 책에서는 플러터의 핵심을 알차게 다루어보고자 합니다.

가장 먼저 이 책에서는 실제 앱 개발 과정에 맞추어서 플러터의 주요 기능을 설명합니다. 처음에는 플러터의 이론적인 내용을 먼저 다루고 나서 실전 앱 개발에 관해서 설명할까 고민했습니다. 하지만 업무상 플러터를 빠르게 익혀야 하는 경우라든지 또는 실전에서 자주 쓰는 기능들만 확인하고 싶은 경우에는 이 방법이 다소 맞지 않으리라는 생각이 들었습니다.

따라서 군더더기를 과감하게 쳐내고 핵심만 간추렸습니다. 3장에서는 제가 간단한 앱을 만드는 과정을 빠르게 보여드립니다. 4장에서는 이 앱을 개발할 때 사용했던 개념적인 부분들과 응용 방법들을 소개합니다. 5장에서는 제가 앱을 개발한 순서에 따라서 여러분이 직접 파이널 프로젝트를 수행해 볼 수 있도록 돕습니다.

이 책은 플러터 개발에 입문하시는 분들이 추상적으로 생각하기보다는 확실한 로드맵을 그릴 수 있도록 돕고, 입문자로 시작한 분들은 더 높은 단계로 나아갈 수 있도록 발판을 제공하고자 합니다. 핵심 예제와 파이널 프로젝트를 포함해서 이 책에 포함된 모든 코드는 깃허브 GitHub 에서 실제로 확인할 수 있습니다.

다만 저도 플러터에 대해서 아직 고민해 보지 않은 지점이 있을 수도 있습니다. 이 책에 대한 소통 외에도 플러터 관련 문의 사항이나 제안은 깃허브, 웹 페이지, 제 블로그 또는 메일로 언제든지 자유롭게 소통해 주시면 고맙겠습니다.

이 책에 대하여

이 책을 읽어야 하는 이유

이 책은 플러터를 활용해 모바일 앱 개발까지 나아갑니다. 여러분의 목표가 무엇이든, 기획부터 상용 앱 출시까지 5주 만에 완성하는 과정을 주차별로 나누어 체계적으로 구성했습니다. 이 책을 읽고 내용을 잘 따라온다면 여러분 역시 플러터로 앱 개발의 전 과정을 빠르게 경험하고 상용앱을 만들 수 있습니다.

이 책의 장점

- **요람에서 무덤까지!**

  기획부터 상용앱 출시까지, 실전 앱 개발 사이클에 맞춘 체계적인 5주 차 구성

- **일단 나만 믿고 따라와!**

  앱 개발 과정을 담은 5주 완성 플랜을 따라가며 보여주는 앱 개발 시범

- **앱 개발의 매 고비마다 딛고 일어나!**

  아낌없이 제공하는 **tip**, **핵심 예제**, **한 걸음 더!**

- **집단지성의 결과물!**

  국내 플러터 커뮤니티의 피드백 적극 반영

- **책이 나온 이후에도 끊임없는 애프터 서비스!**

  깃허브 또는 디코딩 홈페이지를 활용한 저자와의 지속적인 피드백

이 책의 구성

PART 01에서는 플러터 여정을 시작하기 위해 준비하는 과정을 다룹니다. 플러터의 개념을 알고 개발환경을 설정하며, 다트 핵심 문법을 학습합니다.

CHAPTER 01(1주 차)	개발환경 설정과 플러터 소개를 진행합니다.
CHAPTER 02(2주 차)	다트 핵심 문법 학습을 진행합니다.

PART 02에서는 플러터 여정을 본격적으로 떠납니다. 플러터 앱 개발 과정을 빠르게 훑어본 뒤, 곧이어서 정확하게 톺아보는 과정을 경험합니다.

CHAPTER 03(3주 차)	플러터 앱 개발 과정을 빠르게 훑어봅니다.
CHAPTER 04(4주 차)	플러터 앱 개발 과정을 정확하게 톺아봅니다.

PART 03에서는 플러터 여정을 마무리합니다. 파이널 프로젝트 수행을 통해 그간 배웠던 과정을 되짚어 보며 플러터 학습을 끝마칩니다.

CHAPTER 05(5주 차)	파이널 프로젝트를 수행한 후, 배포 및 출시까지 나아갑니다.

실습 권장 환경

이 책의 내용은 다음 환경에서 실습하기를 권합니다.

- **운영체제** : Windows 10 이상, macOS 10.14(모하비) 이상
- **플러터 3.10 이상, 다트 3.0 이상**
  (이 책에서 다루지는 않지만, 현업 개발 과정에서 사용하게 될 라이브러리 중 일부는 구버전이 필요할 수 있습니다)

예제 소스 다운로드

이 책의 깃허브는 아래와 같이 접속할 수 있습니다.

- https://github.com/decodingbook/Flutter-Dev(공식 깃허브)
- https://github.com/flutterwithyou(저자 깃허브)

정오표

이 책의 정오표는 아래와 같이 접속하여 확인할 수 있습니다.

디코딩 홈페이지 접속(https://www.decoding.co.kr/) → 상단의 [BOOKS] 클릭 → 〈초보자도 프로처럼 만드는 플러터 앱 개발〉 도서 클릭 → 하단의 정오표 접속

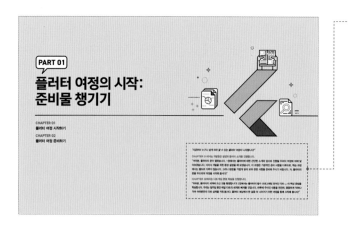

도입글

플러터 세계로 여정을 떠나는 여러분을 위해, 각 파트의 내용을 전반적으로 소개합니다.

구성된 하이브리드 앱과는 구별됩니다. 크로스 플랫폼으로 앱을 개발하는 대표적인 방식으로 플러터와 리액트 네이티브가 있습니다. 리액트 네이티브는 웹 프런트엔드 개발에서 흔히 사용되는 라이브러리 리액트React에서 파생되었다는 점에서 상당수 개발자에게 익숙한 앱 개발 방식입니다. 플러터는 리액트 네이티브보다는 비교적 늦은 시기(2017년)에 출시되었지만, 기존 크로스 플랫폼 방식 앱 개발의 단점인 느린 속도, UI 커스터마이징 제한, UI와 로직에 별개의 마크업/프로그래밍 언어 사용 등을 개선했다는 점에서 높은 평가를 받고 있습니다.

표 1-1 프레임워크별 특징 비교

	프레임워크	프로그래밍 언어	통합 개발환경	비고
네이티브	iOS	스위프트(오브젝티브-C)	엑스코드	애플 지원 맥 운영체제에서만 개발 가능
	안드로이드	코틀린(자바)	안드로이드 스튜디오	구글 지원
크로스 플랫폼	리액트 네이티브	자바스크립트/ 타입스크립트	비주얼 스튜디오 코드, 안드로이드 스튜디오 등	페이스북Facebook 지원 리액트와 유사 코드 푸시Code Push 기능[24]
	플러터	다트		구글 지원
	자마린	C#		마이크로소프트Microsoft 지원

1주차 | 2주차 | 3주차 | 4주차 | 5주차

5주 완성 플랜

'5주 만에 배우는 플러터'를 목표로, 매일 어느 부분까지 학습해야 할지 소개합니다. 학습 플랜에 맞춰 학습을 진행해 보세요.

그림 1-1 플러터 로고

각주

본문을 보충하는 내용이나 알아 두면 좋을 자료(링크)를 각주로 부연 설명합니다.

1 소프트웨어가 둘 이상의 플랫폼을 지원하는 것을 의미합니다.
2 구글이 디자인한 프로그래밍 언어입니다. 2011년 10월에 처음으로 세상에 공개되었습니다.

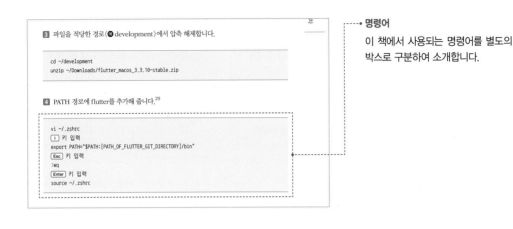

절

③ 파일을 적당한 경로(⑩ development)에서 압축 해제합니다.

```
cd ~/development
unzip ~/Downloads/flutter_macos_3.3.10-stable.zip
```

④ PATH 경로에 flutter를 추가해 줍니다.[29]

```
vi ~/.zshrc
[ I ] 키 입력
export PATH="$PATH:[PATH_OF_FLUTTER_GIT_DIRECTORY]/bin"
[ Esc ] 키 입력
:wq
[ Enter ] 키 입력
source ~/.zshrc
```

• 명령어

이 책에서 사용되는 명령어를 별도의 박스로 구분하여 소개합니다.

여기서 잠깐 다트에 존재하는 타입 종류를 간단히 알아보겠습니다.

> tip 다트의 모든 타입은 객체Object로 취급됩니다(널 제외). 따라서 각 타입의 변수들은 자체 필드field와 메서드method를 갖고 있습니다. 이 내용은 클래스 파트에서 더 자세히 다루겠습니다.

표 2-2 다트 타입의 종류

• tip

본문 내용을 수행할 때 알아두면 좋을 내용을 간단하게 조언합니다.

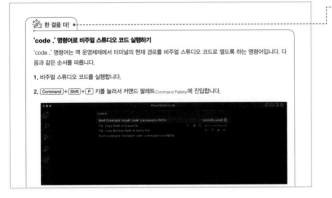

📝 한 걸음 더! •

'code .' 명령어로 비주얼 스튜디오 코드 실행하기

'code .' 명령어는 맥 운영체제에서 터미널의 현재 경로를 비주얼 스튜디오 코드로 열도록 하는 명령어입니다. 다음과 같은 순서를 따릅니다.

1. 비주얼 스튜디오 코드를 실행합니다.

2. [Command] + [Shift] + [P] 키를 눌러서 커맨드 팔레트Command Palette에 진입합니다.

• 한 걸음 더!

본문의 내용 외에도 알아두면 좋을 내용을 추가로 조언합니다.

2.3 [핵심 예제] 반복문 •

반복문을 이용하여 문자열을 5번 출력하는 코드를 작성해 봅시다. 결과물은 아래처럼 나와야 합니다. 너무 쉬운가요? 그렇다면 같은 방법으로 문자열을 100번 출력하는 코드를 작성해 봅시다.

```
하
하하하
```

• 핵심 예제

해당 장에서 학습한 개념을 이해했는지 예제를 통해서 확인합니다. 이 과정을 통해 플러터를 좀 더 깊이 있게 학습할 수 있습니다.

5주 완성 플랜

1주차	**2주차**	**3주차**	**4주차**	**5주차**
개발환경 설정 및 플러터 개념 알기	다트 핵심 문법 학습하기	앱 개발 과정 빠르게 훑어보기	앱 개발 과정 정확하게 톺아보기	파이널 프로젝트 및 배포/출시

* 기본적으로는 각 챕터와 각 주차를 대응해서 학습하시되, 분량별 학습을 위해서는 하단의 표에 맞춘 학습 플랜을 권장해 드립니다.

주		일자	진행 사항	학습 여부 체크
1주차	개발환경 설정 및 플러터 개념 알기	1일차	1.1 플러터, 너는 누구니?	☐
		2일차	1.2~1.6 개발환경 설정 및 점검하기, 프로젝트 생성하기	☐
		3일차	2.1 다트 핵심 문법 익히기(Hello, World, 변수/타입, 레코드, 연산자)	☐
		4일차	2.1 다트 핵심 문법 익히기(조건문, 반복문, 함수, 패턴 매칭, switch문)	☐
		5일차	2.2~2.4 심화 과정, 핵심 예제(반복문), 앱 개발 지도 펼치기	☐
2주차	다트 핵심 문법 학습하기	1일차	Chapter 02 복습	☐
		2일차	3.1~3.2 기획 및 화면 스케치, 프로젝트 생성하기	☐
		3일차	3.3 사전 작업	☐
		4일차	3.4 UI 작업	☐
		5일차	3.5~3.6 상태 관리, 라이브러리 사용하기	☐

주		일자	진행 사항	학습 여부 체크
3주 차	앱 개발 과정 빠르게 훑어보기	1일 차	4.1 UI 작업 (위젯)	☐
		2일 차	4.2~4.3 플러터 기본 위젯, 핵심 예제(회원가입)	☐
		3일 차	4.4 상태 관리(setState, initState, dispose, 상태 넘기기)	☐
		4일 차	4.4 상태 관리(전역 상태 관리, 결과물 확인하기)	☐
		5일 차	Chapter 04 복습(3주 1일 차~4일 차)	☐
4주 차	앱 개발 과정 정확하게 톺아보기	1일 차	4.5 내비게이션	☐
		2일 차	4.6 서버 통신 (HTTP 통신)	☐
		3일 차	4.6~4.7 서버 통신 (파이어베이스), 핵심 예제(파이어베이스 추가 구현)	☐
		4일 차	4.8~4.9 라이브러리 사용하기, 배포 및 출시	☐
		5일 차	Chapter 04 복습(4주 1일 차~4일 차)	☐
5주 차	파이널 프로젝트 및 배포/출시	1일 차	5.1~5.2 파이널 프로젝트 소개, 기획 및 화면 스케치	☐
		2일 차	5.3 프로젝트 생성 및 사전 작업(프로젝트 생성하기, 파일 구조, 데이터 작성하기, 이미지, JSON 에셋 추가하기)	☐
		3일 차	5.3 프로젝트 생성 및 사전 작업(UI 작업 및 내비게이션)	☐
		4일 차	5.4 서버 통신 및 라이브러리 사용하기	☐
		5일 차	5.5 배포 및 출시	☐

목차

PART 1 플러터 여정의 시작: 준비물 챙기기

CHAPTER 1 플러터 여정 시작하기

CHAPTER 2 플러터 여정 준비하기

목차

목차

PART 3 플러터 여정의 끝: 파이널 프로젝트로 마무리하기

플러터 여정의 시작: 준비물 챙기기

"지금부터 누구나 쉽게 따라 할 수 있는 플러터 여정이 시작됩니다!"

CHAPTER 01에서는 개발환경 설정과 플러터 소개를 진행합니다.

"여러분, 플러터의 문이 열렸습니다. 1장에서는 플러터에 대한 간단한 소개와 앞으로 진행될 우리의 여정에 대해 알아보겠습니다. 이어서 개발을 위한 환경 설정을 해 보겠습니다. 이 과정은 기본적인 준비 사항을 다루므로, 학습 과정에서는 별도로 다루지 않습니다. 그러니 본문을 가볍게 읽어 보며 관련 사항을 준비해 주시기 바랍니다. 자, 플러터의 문을 두드리며 여정을 시작해 봅시다!"

CHAPTER 02에서는 다트 핵심 문법 학습을 진행합니다.

"여러분, 플러터의 세계에 오신 것을 환영합니다! 2장에서는 플러터의 필수 프로그래밍 언어인 다트Dart의 핵심 문법을 학습합니다. 우리는 일주일 동안 매일 다트의 세계로 빠져들 것입니다. 하루에 주어진 내용을 천천히, 꼼꼼하게 익혀나가며 여러분만의 다트 실력을 키워 봅시다. 플러터 세상에서 한 걸음 더 나아가기 위한 여정을 함께 시작해 봅시다!"

01 플러터 여정 시작하기

1.1 플러터, 너는 누구니?

플러터는 구글에서 개발한 크로스 플랫폼[1] 프레임워크입니다. 구글에서 개발했기에 언어 역시 구글에서 개발한 다트Dart[2] 언어를 사용합니다. 플러터 1.0은 2018년에 처음 출시되었으며, 2021년과 2022년에 각각 2.0과 3.0 버전이 발표되었습니다. 플러터 2.0은 '널 안정성Null safety 지원', 플러터 3.0은 '맥 운영체제Mac OS와 리눅스Linux 플랫폼의 공식 지원' 및 '애플 실리콘Apple Silicon 공식 지원'이라는 변경점이 있었습니다. 혹시 영화 〈어벤져스: 인피니티 워〉를 보신 분이라면 아시겠지만, 빌런 타노스가 인피니티 스톤 6개를 모두 모은 것처럼 플러터는 3.0 발표 이후로 윈도우Windows, 맥 운영체제, 리눅스, iOS, 안드로이드, 웹Web의 6개 플랫폼을 모두 공식적으로 지원하게 되었습니다.

그림 1-1 플러터 로고

---

1 소프트웨어가 둘 이상의 플랫폼을 지원하는 것을 의미합니다.

2 구글이 디자인한 프로그래밍 언어입니다. 2011년 10월에 처음으로 세상에 공개되었습니다.

플러터는 2020년대에 들어서 구글 트렌드Google Trends, 깃허브 스타GitHub Star 등 다양한 지표에서 대표적인 경쟁자인 리액트 네이티브를 추월했습니다. 현재는 플러터의 친정인 구글을 비롯해서 네이버 지식iN, 카카오브레인, 라인LINE 등 유수의 기업들이 플러터를 활용해서 자사의 앱을 개발 중입니다. 삼성도 스마트 TV 등에 사용되는 자사의 운영체제인 타이젠Tizen의 앱을 플러터로 개발할 수 있는 방법을 제공하고 있습니다.

또한, 2022년 기준으로 네이버는 플러터 밋업Meetup을 2년 연속 개최했고, 오랜만에 오프라인으로 진행된 삼성의 소프트웨어 개발자 콘퍼런스인 SSDCSamsung Software Developer Conference 2022 또한 플러터 관련 세션을 제공했습니다. 2023년 1월에 개최된 플러터 포워드 행사에서는 플러터의 머티리얼 UI 업데이트와 함께 게임 및 3D 렌더링에 대한 지원이 추가되었습니다. 이러한 기조는 2023년 5월 구글 I/O 콘퍼런스에서도 이어졌습니다. 다트 3가 예상보다 빨리 발표되었으며, UI 및 성능 양쪽 측면에서 개선 사항이 발표되었습니다.

플러터는 대부분의 개발자와 초심자에게 배움의 문턱이 낮은 편입니다. 즉, 학습에 대한 부담이 상대적으로 덜합니다. 다트 언어는 개발을 처음 시작하려는 사람에게도 친절한 편이지만, C-패밀리C-family 문법을 사용하므로 같은 C-패밀리로 분류되는 C, C++, 자바Java, 자바스크립트JavaScript를 기존에 다루던 개발자들에게는 사실상 문법에 대한 부담이 거의 없는 수준입니다. 또한, 기존 프로그래밍 언어들에 비해서 코딩 스타일 면에서 다소 유연한 편입니다. 때에 따라서는 자바나 자바스크립트처럼 코드를 작성해 볼 수도 있습니다. UI를 작성하는 방식도 위젯Widget을 조합하여 만들어 내거나 선언형 UI를 사용하는 등 똑같이 UI 작업이 포함된 웹 프런트엔드(리액트, 뷰Vue 등)와 iOS(스위프트UI)의 최신 트렌드를 잘 따르고 있습니다. 특히 리액트는 플러터 개발진이 직접 영감을 받았다고 밝힐 정도입니다.

한편으로, 플러터 3.0부터 같은 구글의 솔루션인 파이어베이스Firebase가 공식적으로 지원된다는 것도 플러터의 큰 장점입니다. 플러터파이어 라이브러리FlutterFire Library를 사용하면 빠르게 파이어베이스 환경을 세팅할 수 있습니다. 이에 따라 앱 푸시 알림, 데이터베이스, 이미지 호스팅, 통계 등 파이어베이스의 풍부한 기능들을 편리하게 사용할 수 있습니다. 특히 앱 푸시 알림과 통계는 기업의 경영 및 마케팅 전략 수립을 위해 필수적인 항목이며, 서비스를 웹이 아닌 앱으로 제공하는 주요한 이유입니다.

다트/플러터의 오픈 소스 라이브러리 생태계[3]는 어떨까요? 초기에는 빈약한 편이었으나, 점점 좋은 라이브러리들을 갖추어 나가고 있습니다. 특히 널 안정성 여부를 표시하여 플러터 최

---

3 https://pub.dev

신 버전에서 사용할 수 있는 라이브러리인지 알려주는 기능과 확인된 게시자Verified Publisher 제도[4]를 도입하여 라이브러리 개발자가 믿을 만한지 표시하는 기능, 라이브러리 코드의 완결성과 사용 편의성을 수치화한 점수 제도(140점 만점) 등이 추가되면서 생태계 활성화를 위해 다양한 조치가 시행되고 있습니다.

물론 플러터가 장점만 있는 프레임워크는 아닙니다. 플러터의 단점이자 소위 '약한 고리'로 지적된 부분도 있었는데요. 바로 구글의 꾸준한 지원 여부였습니다. 구글은 과거 서비스에 베타Beta 마크를 붙여서 출시하거나 앵귤러Angular[5]처럼 타입스크립트TypeScript로 이주한 뒤 자바스크립트 버전의 지원을 중단했던 사례가 있었습니다.[6] 그러나 지금은 앞서 말씀드린 꾸준한 지원으로 인해 플러터 커뮤니티의 의구심이 다소 풀린 상황입니다.

그림 1-2 pub.dev 웹사이트의 점수score, 140점 만점입니다.[7]

그림 1-3 플러터의 마스코트 대시Dash

---

4 배포자 인증 제도.

5 구글에서 운용하고 유지 중인 자바스크립트 웹 프레임워크입니다.

6 반면에 애플Apple은 오브젝티브 CObjective-C 지원 등 한번 지원을 결정하면 꾸준히 지원하는 것으로 유명합니다.

7 https://pub.dev

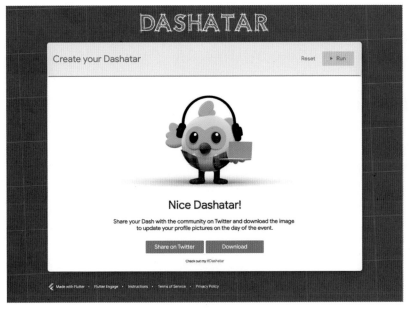

그림 1-4 대시아타르Dashatar 웹사이트에서 나만의 대시를 만들어 볼 수 있습니다.[8]

플러터의 특징

앞서 말씀드린 대로 플러터는 크로스 플랫폼 방식으로 앱을 개발하며, 웹UI 작업을 할 수 있는 프레임워크입니다. 다만 크로스 플랫폼 프레임워크가 플러터 하나만 있는 것은 아닙니다. 리액트 네이티브, 자마린Xamarin[9] 등의 크로스 플랫폼 방식 앱 개발은 플러터 이전에도 여러 번 시도되었습니다. 게다가 지금까지 많이 언급하긴 했지만, '크로스 플랫폼'이라는 표현 하나만으로는 플러터의 장점을 전부 설명하기에는 다소 부족한 느낌이 듭니다. 따라서 여기에서는 플러터의 특징 몇 가지를 추가로 더 설명하겠습니다.

■ 선언형 사용자 인터페이스

화면에 표시되는 데이터가 가변적[10]이라면 화면을 직접 변경하는 코드가 필요하지 않습니다. 즉, 데이터만 변경해 주면 화면은 자동으로 바뀝니다. 이때 화면의 변화를 불러오는 데이터를 흔히 '상태State'라고 표현합니다.

---

8 https://dashatar-dev.web.app

9 C#과 .NET Framework를 리눅스에서도 쓸 수 있게 해 주는 Mono 프로젝트에서 시작된 프레임워크입니다.

10 스톱워치, 타이머, 카운터처럼 계속 변화하는 속성을 생각해 보면 이해가 쉽습니다.

■ **다트, 너 하나면 돼**

플러터에서는 UI와 로직을 모두 다트로 작성합니다.[11] 반면에 리액트 네이티브는 리액트에서 파생된 만큼, UI는 JSX JavaScript XML(HTML과 유사합니다)로 작성하고, 로직은 자바스크립트 혹은 타입스크립트로 작성합니다.

■ **픽셀 단위로 직접 그리는 화면**

리액트 네이티브 등 다른 크로스 플랫폼 프레임워크와 달리, 플러터는 시스템의 UI 라이브러리에 의존하지 않고 머티리얼, 쿠퍼티노 Cupertino[12] 등의 내장 위젯을 픽셀 단위로 직접 그립니다. 플러터의 시각적 요소를 그리는 다트 코드는 중간 단계 없이 스키아 Skia[13]에 의해 렌더링되는 네이티브 코드로 변환됩니다.[14] 이를 통해 초당 60프레임 이상의 부드러운 화면 전환이 가능합니다. 또한, 최근에는 iOS에 한해 임펠러 Impeller 라는 새로운 렌더링 엔진이 도입되었습니다.[15]

■ **핫 리로드**

핫 리로드 Hot Reload는 앱을 재시작하지 않고도 코드상의 변경사항을 반영할 수 있는 기능입니다. 디버그 모드에서만 사용 가능합니다. 핫 리로드는 라이브러리를 다시 불러오지만, 코드를 재실행하지는 않습니다.[16] 플러터에서 사용하는 다트는 컴파일 Compile 언어이지만, 플러터에 핫 리로드가 존재하므로 코드에 수정사항이 생길 때마다 매번 다시 실행해야 하는 번거로움이 없습니다. 이는 개발자가 UI를 수정해 가며 결과물을 확인할 때 굉장히 편리합니다.

플러터로 가능한 일들

플러터는 크로스 플랫폼 프레임워크를 표방한 만큼, 다양한 플랫폼을 '공식적으로 지원'합니다. 특히 3.0 버전부터는 iOS, 안드로이드, 웹, 윈도우에 더해서 맥 운영체제와 리눅스까지도 공식적으로 지원합니다. 게다가 플러터 측에서 지원하는 것은 아니지만, 플러터-타이젠 Flutter-Tizen 을 사용하면 삼성 타이젠 운영체제를 기반으로 하는 삼성 TV 앱 및 사물인터넷 IoT, Internet of Things 앱 개발까지 가능합니다.

플러터 공식 웹사이트에서 제공하는 플러터 활용 사례를 몇 가지 소개합니다.

---

11 애플의 SwiftUI도 이와 유사한 패러다임을 채택했습니다.

12 iOS 스타일의 위젯입니다.

13 여러 운영체제에서 공통 API를 가지고 화면을 그릴 수 있도록 도와주는 오픈소스 2D 그래픽 라이브러리입니다.

14 https://docs.flutter.dev/resources/architectural-overview

15 https://docs.flutter.dev/perf/impeller

16 https://docs.flutter.dev/development/tools/hot-reload

■ 모바일 앱 개발

- 안드로이드 앱 개발이 가능합니다.

- iOS 앱 개발이 가능합니다.

- BMW가 기존의 방식을 뒤엎고 My BMW 앱을 플러터로 내놓은 사례[17]

  BMW 팀은 원래 iOS와 안드로이드 앱을 따로 개발하고 있었으나, 언제부턴가 두 플랫폼에서 제공하는 앱의 차이가 더 극명해졌습니다. 이에 모든 브랜드, 플랫폼, 지역을 아우르는 서비스 제공 방법을 고민하다가 플러터를 채택했습니다. 2019년 10월 BMW 개발자들은 뮌헨에서 만나 플러터 개발 진행 방법에 대해 토의했고, 1년도 채 되지 않아 운전자와 자동차를, 자동차 딜러와 회사를 연결하는 플랫폼인 My BMW 앱을 론칭했습니다.

■ 데스크톱 앱 개발

- 윈도우 앱 개발이 가능합니다.

- 맥 운영체제 앱 개발이 가능합니다.

- 리눅스 앱 개발이 가능합니다.

- 플러터는 적응형 UI Adaptive UI를 추구합니다.

  플러터의 머티리얼 위젯들을 사용해서 앱을 만들기만 하면 데스크톱 및 모바일 양쪽에서 모두 그럴듯하게 보여주는 겁니다. 더 자세한 내용은 구글 코드랩스 Codelabs의 'Adaptive Apps in Flutter' 프로젝트를 직접 수행해 보실 것을 추천합니다.[18]

■ 웹사이트 개발

- 다양한 그래픽 효과 포함, 웹 게임에 적합합니다.[19]

- 코딩 교육 앱 아이로봇 iRobot [20]이 iOS(스위프트)에서 플러터로 전환하면서 iOS, 안드로이드 및 웹 플랫폼까지 지원하게 되어 이용자가 300%가량 증가한 사례[21]

  처음에는 iOS 전용으로 만들어진 앱이었으나, 다양한 사용자에게 앱을 제공하기 위해 플러터를 도입하여 iOS, 안드로이드와 웹을 지원하게 되었습니다. 특히 단일 코드 베이스, 모던 프로그래밍 언어 다트, 향상된 그래픽 프레임워크, 같은 구글에서 제공하는 파이어베이스에 대한 친숙함 등을 이유로 플러터를 선택했습니다. 아이로봇 에듀케이션 iRobot Education의 개발자인 홀리안 다 실바 길릭 Julián da Silva Gillig은 "다른 팀에서는 10명에서 20명이 필요한 일인데 플러터와 함께하면 개발자 한 두 명으로 충분히 동일한 목표를 달성할 수 있습니다."라고 말했습니다.

---

17 https://flutter.dev/showcase/bmw

18 https://codelabs.developers.google.com/codelabs/flutter-adaptive-app

19 검색엔진 최적화 SEO, Search Engine Optimization 등이 필요하고, 정보량이 많은 웹 페이지에서는 플러터가 아닌 기존의 전통적인 웹 개발 방식을 선호합니다.

20 블록을 쌓아서 명령을 하나씩 실행한다는 점에서 코딩 교육 프로그램인 '엔트리 Entry' 및 '스크래치 Scratch'와 비슷합니다.

21 https://flutter.dev/showcase/irobot

- **임베디드 시스템 개발**

토요타TOYOTA 인포테인먼트 시스템을 플러터로 개발한 사례[22]가 있습니다. 토요타는 운전자를 위한 인포테인먼트 시스템을 플러터로 구현했습니다. 플러터를 통해 기존의 임베디드 시스템에 비해서 비교적 스마트폰 앱과 유사한 경험을 제공할 수 있게 되었습니다. 핫 리로드 등의 훌륭한 개발자 경험도 토요타가 플러터를 선택한 또 하나의 이유입니다.

- **기타: TV 앱 개발(삼성 타이젠 등)**

삼성 타이젠 TV 앱 개발 사례[23]가 있습니다. 삼성은 소프트웨어 개발자 콘퍼런스인 SSDC 2022에서 플러터로 타이젠 앱을 개발하는 방법에 대한 세션을 진행했습니다. 현재 TV 및 사물인터넷 장치에 주요 사용되는 타이젠 운영체제의 앱 생태계 저변 확대를 위한 구원투수로 크로스 플랫폼 프레임워크 중 하나인 플러터를 선택한 것입니다.

모바일 앱 개발 방식 분류

모바일 앱 개발 방식은 크게 네이티브 앱 개발 방식과 크로스 플랫폼 앱 개발 방식으로 나누어집니다. 물론 이외에도 웹 기술을 이용한 하이브리드 앱Hybide apps, 프로그레시브 웹앱도 존재합니다.

네이티브 방식의 앱 개발은 iOS와 안드로이드 플랫폼을 각각 소유하고 있는 애플과 구글이 제공하는 방식입니다. 각 운영체제의 모든 기능에 대한 공식 지원이 잘되어 있고, 10년 넘게 모바일 앱 개발의 역사와 함께해 온 방식인 만큼 국내외의 다양한 참고 자료를 찾기가 수월한 편입니다. 하지만 iOS와 안드로이드를 별도로 개발해야 한다는 단점이 있습니다. 코틀린 멀티플랫폼Kotlin Multiplatform 처럼 안드로이드 앱만 작성한 후에 이미 작성한 코드를 그대로 사용해서 iOS로 개발을 진행하려는(포팅porting) 시도도 이루어지고 있지만, iOS와 안드로이드의 UI는 별개로 작성해야 하므로 플러터에 비해 불완전한 크로스 플랫폼 도구로 볼 수 있으며, 비즈니스 로직의 공유를 우선시하므로 플러터와는 지향점이 다소 다르다고도 볼 수 있습니다.

단일 소스코드에 기반한 크로스 플랫폼 방식의 앱 개발은 모바일(또는 데스크톱까지 포함해서) 앱을 운영체제마다 각각 개발하는 것이 아니라 함께 개발하는 방식입니다. 크로스 플랫폼 방식은 웹뷰 등 웹 기술에 직접 의존하지 않는다는 점에서 껍데기는 앱, 내용물은 웹으로

---

22 https://flutter.dev/showcase/toyota

23 https://github.com/flutter-tizen/flutter-tizen

구성된 하이브리드 앱과는 구별됩니다. 크로스 플랫폼으로 앱을 개발하는 대표적인 방식으로 플러터와 리액트 네이티브가 있습니다. 리액트 네이티브는 웹 프런트엔드 개발에서 흔히 사용되는 라이브러리 리액트React에서 파생되었다는 점에서 상당수 개발자에게 익숙한 앱 개발 방식입니다. 플러터는 리액트 네이티브보다는 비교적 늦은 시기(2017년)에 출시되었지만, 기존 크로스 플랫폼 방식 앱 개발의 단점인 느린 속도, UI 커스터마이징 제한, UI와 로직에 별개의 마크업/프로그래밍 언어 사용 등을 개선했다는 점에서 높은 평가를 받고 있습니다.

표 1-1 프레임워크별 특징 비교

프레임워크		프로그래밍 언어	통합 개발환경	비고
네이티브	iOS	스위프트(오브젝티브-C)	엑스코드	애플 지원 맥 운영체제에서만 개발 가능
	안드로이드	코틀린(자바)	안드로이드 스튜디오	구글 지원
크로스 플랫폼	리액트 네이티브	자바스크립트/ 타입스크립트	비주얼 스튜디오 코드, 안드로이드 스튜디오 등	페이스북Facebook 지원 리액트와 유사 코드 푸시Code Push 기능[24]
	플러터	다트		구글 지원
	자마린	C#		마이크로소프트Microsoft 지원

1.2 개발환경 설정하기 – 공통

지금까지 플러터를 소개하면서 현존하는 모바일 앱 개발 방식들과 비교해 보았습니다. 이제 본격적으로 플러터에 발을 디딜 차례입니다.

사실 처음 시작하는 입장에서 개발환경 설정은 다소 어렵습니다. 플러터뿐만 아니라 iOS와 안드로이드의 개발환경을 각각 따로 세팅해야 하기 때문입니다. 하지만 플러터의 편리함을 제대로 누리기 위해서 거쳐야 할 하나의 통과의례라고 생각해 보는 것은 어떨까요? 자, 이제 개발환경을 설정해 보겠습니다.

---

24 사용자가 앱을 업데이트하지 않아도, 개발자가 앱 내부의 코드를 원격으로 교체할 수 있는 기능입니다. 이 기능은 의외로 리액트 네이티브를 개발한 메타(페이스북)가 아닌 마이크로소프트가 지원하고 있습니다.

Homebrew 설치(맥 운영체제)

Homebrew(홈브루)는 맥 운영체제 환경에서 각종 라이브러리를 설치하기 위한 라이브러리입니다. Homebrew를 사용하여 라이브러리를 설치하면 별도의 저장 경로를 설정하거나 환경 변수를 설정할 필요가 없다는 장점이 있습니다. 추후 라이브러리를 업데이트할 때도 Homebrew를 이용하여 업데이트를 진행할 수 있습니다. 미리 Homebrew를 설치하면 개발 환경 설정이 굉장히 편리해지므로 여기에서 먼저 소개해드리고자 합니다. 설치 방법 순서는 다음과 같습니다.

1 Homebrew 웹사이트[25]에 접속합니다. 언어 설정을 English(영어)에서 한국어로 변경합니다.

2 Homebrew 설치하기 부분에서 코드 옆에 있는 ▣ 버튼을 클릭합니다.

$ /bin/bash -c "$(curl -fsSL https://raw.githubusercontent.com/Homebrew/install/HEAD/install.sh)"

터미널에 붙여넣기 하세요.

해당 스크립트는 무엇을 할지 설명하고 실행하기 전에 잠시 멈춥니다. 더 자세한 설치 옵션사항을 보려면 여기를 참고하세요.

3 터미널을 열어서 복사한 코드를 붙여 넣고, [Enter] 키를 누릅니다.

---

25 https://brew.sh/

4 맥 운영체제 사용자 계정 암호를 입력합니다.

```
Last login: Tue Dec 20 09:19:25 on console
[jeongjoo@Jeongjooui-MacBook-Air ~ % /bin/bash -c "$(curl -fsSL https://raw.githu]
busercontent.com/Homebrew/install/HEAD/install.sh)"
==> Checking for `sudo` access (which may request your password)...
Password:
```

플러터 SDK 설치하기

플러터 SDK란 무엇일까요? SDK는 '소프트웨어 개발 키트Software Development Kit'의 약자로, 특정한 소프트웨어를 개발하기 위한 도구들의 집합입니다. 즉, 플러터 SDK는 플러터를 이용해 다양한 플랫폼의 소프트웨어를 개발하기 위한 도구들의 집합입니다.

플러터 SDK는 윈도우, 맥 운영체제 및 리눅스에 모두 설치할 수 있습니다. 여기서는 윈도우 및 맥 운영체제에서의 설치 방법을 설명합니다.

보다 자세한 내용은 플러터 공식 웹사이트[26]를 참고하시기를 바랍니다.

윈도우

플러터 웹사이트에서 제공하는 윈도우용 공식 설치 방법입니다. 다음의 순서를 따릅니다.

1 플러터 공식 웹사이트[27]에 접속합니다.

----

26 https://docs.flutter.dev/get-started/install

27 https://docs.flutter.dev/get-started/install/windows#get-the-flutter-sdk

2 최신 버전의 zip 압축 파일을 다운로드합니다.

3 압축을 해제하고 적절한 경로(**예** C:\src\flutter)에 파일을 위치시킵니다.

4 작업 표시줄의 검색 바에서, "계정의 환경 변수 편집"을 찾아서 들어갑니다.

5 위쪽 "사용자 변수"에서 "Path"라는 변수가 이미 존재하는지 확인합니다.

- 이미 존재한다면, 기본 값 오른쪽에 ";"를 추가하고, 압축을 풀었던 경로+\bin(**예** C:\src\flutter\bin)을 입력합니다.
- 존재하지 않는다면, [새로 만들기] 버튼을 클릭하여 Path 변수를 새로 만들고, 위와 동일하게 압축을 풀었던 경로+\bin(**예** C:\src\flutter\bin)을 입력합니다.

6 콘솔 창을 닫고 다시 열어야 반영됩니다.

맥 운영체제

플러터 웹사이트에서 제공하는 맥 운영체제용 공식 설치 방법입니다. 다음의 순서를 따릅니다.

1 플러터 공식 웹사이트[28]에 접속합니다.

---

28 https://docs.flutter.dev/get-started/install/macos#get-sdk

2 인텔(Intel) 혹은 애플 실리콘에 맞는 최신 버전의 압축 파일을 다운로드합니다. 잘 모르 겠다면 [애플 로고] ▶ [이 Mac에 관하여] 메뉴에 들어갔을 때 '칩'이라고 표시되면 애플 실리콘 제품입니다.

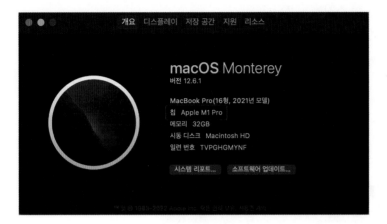

3 파일을 적당한 경로(**예** development)에서 압축 해제합니다.

```
cd ~/development
unzip ~/Downloads/flutter_macos_3.3.10-stable.zip
```

4 PATH 경로에 flutter를 추가해 줍니다.[29]

```
vi ~/.zshrc
[ I ] 키 입력
export PATH="$PATH:[PATH_OF_FLUTTER_GIT_DIRECTORY]/bin"
[ Esc ] 키 입력
:wq
[ Enter ] 키 입력
source ~/.zshrc
```

----

29 [PATH_OF_FLUTTER_GIT_DIRECTORY]에 압축을 풀었던 경로를 입력해 주어야 합니다.

맥 운영체제 + Homebrew

플러터에서 공식적으로 알려주는 방법으로도 플러터 SDK를 설치할 수 있지만, 맥 운영체제의 다른 라이브러리처럼 Homebrew로 설치하면 훨씬 더 편리합니다. 다만 공식적인 방법은 아님을 유의해 주세요. 다음의 순서를 따릅니다.

1 터미널에서 다음과 같이 입력한 후, [Enter] 키를 누릅니다. 자동으로 모든 설치가 진행됩니다.

```
brew install flutter
```

비주얼 스튜디오 코드 설치하기

비주얼 스튜디오 코드Visual Studio Code는 마이크로소프트에서 개발한 코드를 위한 텍스트 에디터입니다. 공식 정의상으로 텍스트 에디터인 만큼, 실제로도 다른 프로그램에 비해 훨씬 가볍고 빠릅니다. 다만 이런 의문이 들 수 있겠습니다. 텍스트 에디터라면 우리가 잘 아는 '메모장'과 다를 바 없지 않냐는 의문입니다. 그러나 비주얼 스튜디오 코드는 코딩에 도움이 되는 다양한 기능들이 탑재되어 있고, 확장 프로그램(익스텐션)을 이용하면 빌드Build, 컴파일과 같은 통합 개발환경IDE, Integrated Development Environment의 기능들 또한 문제 없이 지원합니다. 또한, 비주얼 스튜디오 코드는 웹에서도 실행할 수 있으므로, 공용 컴퓨터 등 데스크톱 프로그램을 설치하기 어려운 환경에서도 사용할 수 있습니다.[30]

물론 플러터 개발 시에 비주얼 스튜디오 코드가 아니라 안드로이드 스튜디오Android studio 나 인텔리제이IntelliJ를 사용할 수도 있습니다. 둘 다 젯브레인스JetBrains[31]에서 만든 통합 개발환경으로, UX가 유사한 것으로 알려져 있습니다.

다만 이 책에서는 제가 비주얼 스튜디오 코드를 주로 사용하기에 비주얼 스튜디오 코드 중심으로 서술했습니다. 일반적으로 웹 프런트 개발에서 플러터로 넘어 왔다면 비주얼 스튜디오 코드, 안드로이드 개발에서 플러터로 넘어 왔다면 안드로이드 스튜디오를 사용하는 경향이 있습니다. 비주얼 스튜디오 코드 설치 방법은 다음과 같은 순서를 따릅니다.

1 비주얼 스튜디오 코드 공식 웹사이트[32]에 접속합니다.

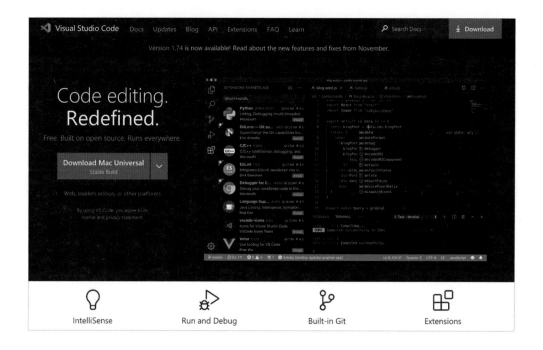

---

30 https://vscode.dev

31 https://www.jetbrains.com

32 https://code.visualstudio.com

2 [Download Mac Universal] 버튼을 클릭합니다(운영체제에 따라 [Download for Windows] 등으로 다르게 보일 수 있습니다).

3 맥 운영체제의 경우, 다운로드한 파일을 '응용 프로그램' 폴더에 드래그합니다(맥 운영체제에서 '응용 프로그램' 폴더에 드래그하지 않고도 비주얼 스튜디오 코드를 사용할 수 있지만, 일부 기능에서 문제가 발생할 수 있기에 이 방법을 추천합니다).

비주얼 스튜디오 코드의 다트 및 플러터 플러그인 설치하기

앞서 설명해드린 것처럼 비주얼 스튜디오 코드는 텍스트 에디터입니다. 플러터는 구글, 비주얼 스튜디오 코드는 마이크로소프트에서 개발했습니다. 비주얼 스튜디오 코드는 텍스트 에디터인 만큼 특정 프로그래밍 언어의 '컴파일Compile' 또는 '실행Run'을 직접 지원하지는 않습니다. 그래도 플러터와 특별한 연관이 없는 비주얼 스튜디오 코드에서도 플러터 개발을 진행할 수 있는 것은 확장 프로그램(익스텐션)이 플러터 개발에 필요한 모든 작업을 지원하기 때문입니다.

이제 다트 및 플러터 플러그인을 설치하여 비주얼 스튜디오 코드에서의 개발환경 설정을 완료해 보겠습니다. 다음과 같은 순서를 따릅니다.

1 비주얼 스튜디오 코드를 엽니다.

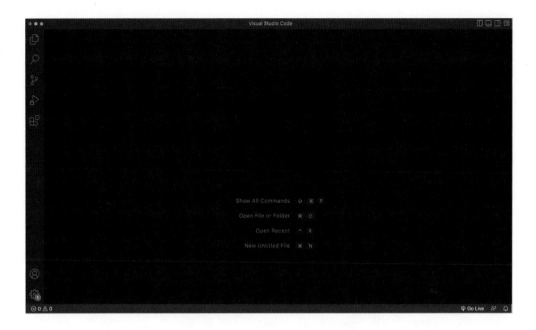

2 [Extensions] 버튼을 클릭합니다.

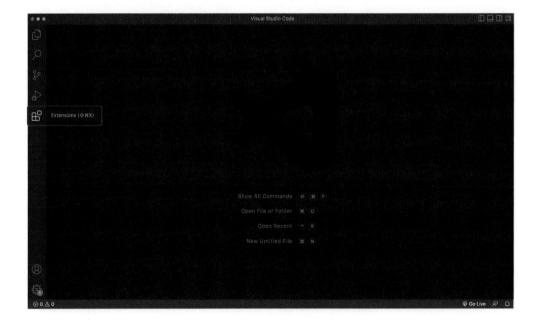

3 'Dart' 익스텐션을 검색하고, [Install] 버튼을 클릭합니다.

4 마찬가지로 'Flutter' 익스텐션을 검색하고, [Install] 버튼을 클릭합니다.

 한 걸음 더!

'code .' 명령어로 비주얼 스튜디오 코드 실행하기

'code .' 명령어는 맥 운영체제에서 터미널의 현재 경로를 비주얼 스튜디오 코드로 열도록 하는 명령어입니다. 다음과 같은 순서를 따릅니다.

1. 비주얼 스튜디오 코드를 실행합니다.

2. Command + Shift + P 키를 눌러서 커맨드 팔레트Command Palette에 진입합니다.

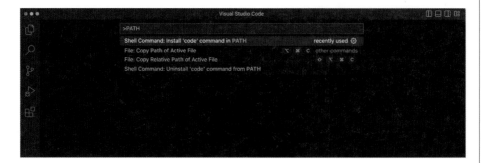

3. "PATH"를 입력합니다.

4. Shell Command: Install 'code' command in PATH를 선택하고, [Enter] 키를 누릅니다.

5. Shell command 'code' successfully installed in PATH 메시지가 뜨면 [확인] 버튼을 클릭합니다.

1.3 개발환경 설정하기 – iOS

iOS 개발환경 설정을 위해서는 기본적으로 맥 운영체제가 필요하므로, 맥 운영체제를 기준으로 설명합니다.

엑스코드 설치하기

엑스코드Xcode는 애플에서 개발한 통합 개발환경입니다. 따라서 애플의 운영체제인 맥 운영체제에서만 사용할 수 있으며, 애플이 개발한 맥 운영체제 및 iOS 개발에 필수적인 기능을 제공합니다. 플러터를 사용하여 iOS 앱을 개발하기 위해서는 엑스코드 설치가 필요합니다. 다음의 순서를 따릅니다.

1 앱 스토어 App Store 에서 'Xcode'를 검색합니다.

2 엑스코드를 설치합니다.

엑스코드 라이선스 동의하기

때로는 터미널상에서 엑스코드 라이선스에 동의해달라는 메시지가 표시되는 경우가 있습니다. 이때는 다음과 같은 순서로 작업을 수행합니다.

1 터미널에서 'sudo xcodebuild -license' 명령어를 입력하고, [Enter] 키를 누릅니다.

2 맥 운영체제 사용자 계정 암호를 입력하고, [Enter] 키를 누릅니다.

```
Last login: Thu Jan  5 19:22:37 on console
[jeongjoo@jeongjoo ~ % sudo xcodebuild -license
Password:
```

3 약관이 모두 표시될 때까지 `Space bar` 를 누릅니다.

1주차 2주차 3주차 4주차 5주차

```
Xcode and Apple SDKs Agreement

PLEASE SCROLL DOWN AND READ ALL OF THE FOLLOWING TERMS AND CONDITIONS CAREFULLY
BEFORE USING THE APPLE SOFTWARE OR APPLE SERVICES. THIS IS A LEGAL AGREEMENT BET
WEEN YOU AND APPLE. IF YOU AGREE TO BE BOUND BY ALL OF THE TERMS AND CONDITIONS,
 CLICK THE "AGREE" BUTTON. BY CLICKING "AGREE" OR BY DOWNLOADING, USING OR COPYI
NG ANY PART OF THIS APPLE SOFTWARE OR USING ANY PART OF THE APPLE SERVICES, YOU
ARE AGREEING ON YOUR OWN BEHALF AND/OR ON BEHALF OF YOUR COMPANY OR ORGANIZATION
 TO THE TERMS AND CONDITIONS STATED BELOW. IF YOU DO NOT OR CANNOT AGREE TO THE
TERMS OF THIS AGREEMENT, YOU CANNOT USE THIS APPLE SOFTWARE OR THE APPLE SERVICE
S. DO NOT DOWNLOAD OR USE THIS APPLE SOFTWARE OR APPLE SERVICES IN THAT CASE.

1. Definitions
Whenever capitalized in this Agreement:

"Agreement" means this Xcode and Apple SDKs Agreement.

"Apple" means Apple Inc., a California corporation with its principal place of b
usiness at One Infinite Loop, Cupertino, California 95014, U.S.A.

"Apple Developer Program License Agreement" means a separate agreement that may
be entered into between You and Apple regarding the development and submission o
f Applications to the App Store for approval and digital signing by Apple, devel
Software License Agreements Press 'space' for more, or 'q' to quit
```

4 "agree"를 입력한 후, `Enter` 키를 누릅니다.

```
ts for the International Sale of Goods, the application of which is expressly ex
cluded.

8.7 Entire Agreement; Governing Language
This Agreement constitutes the entire agreement between the parties with respect
 to the use of the Apple Software and Apple Services licensed hereunder and supe
rsedes all prior understandings regarding such subject matter. Notwithstanding t
he foregoing, to the extent that You have entered into the Apple Developer Progr
am License Agreement (PLA) with Apple and are validly licensed by Apple to exerc
ise additional rights, or to use additional features or functionality of the App
le Software or Apple Services under the PLA, You acknowledge and agree that the
PLA shall govern Your use of such additional rights and privileges. No amendment
 to or modification of this Agreement will be binding unless in writing and sign
ed by Apple. The parties hereto confirm that they have requested that this Agree
ment and all related documents be drafted in English. Les parties ont exigé que
le présent contrat et tous les documents connexes soient rédigés en anglais.

EA1797
5/24/2022


By typing 'agree' you are agreeing to the terms of the software license agreemen
ts. Type 'print' to print them or anything else to cancel, [agree, print, cancel
] agree
```

코코아팟 설치하기

코코아팟CocoaPods[33]은 맥 운영체제 및 iOS 개발에 주로 사용되는 언어인 오브젝티브-C와 스위프트의 패키지 매니저입니다. '패키지 매니저'라는 용어가 다소 낯설게 느껴지실 텐데요. 개발을 진행하다 보면 개발자가 모든 기능을 직접 작성할 때도 있지만, 다른 개발자들이 만들어 놓은 오픈 소스 라이브러리를 사용하여 개발을 진행할 때도 많습니다. 이때 패키지 매니저는 개발자가 프로젝트에 라이브러리의 이름 및 버전을 자동으로 기록하고, 라이브러리를 저장소에서 다운로드하는 역할을 담당합니다. 파이썬Python 개발환경에서는 pip Pip Installs Packages가, Node.js 개발환경에서는 npm Node Package Manager이 그 역할을 담당합니다. 여러분이 앞으로 자주 눈도장을 찍게 될 다트(플러터)의 패키지 매니저는 pub[34]입니다.

코코아팟은 프로젝트에 필요한 iOS의 오픈 소스 라이브러리의 목록을 정리하고, 필요할 때 해당 라이브러리를 다운로드합니다. 플러터를 사용해서 개발을 진행한다고 해도 결국 iOS 앱 개발을 위해서는 코코아팟을 필수로 설치해야 합니다. 설치 방법은 다음의 순서를 따릅니다.

1 터미널에서 다음 명령어를 입력하여 코코아팟을 설치합니다.

```
sudo gem install cocoapods
```

1.4 개발환경 설정하기 - 안드로이드

안드로이드 개발환경 설정은 윈도우, 맥 운영체제 및 리눅스에서 모두 문제 없이 가능합니다. 여기서는 윈도우 및 맥 운영체제 기준으로 설명합니다.

안드로이드 스튜디오 설치하기

안드로이드 스튜디오는 안드로이드의 공식 통합 개발환경입니다.[35] 안드로이드의 공식 도구

---

33 https://cocoapods.org

34 https://pub.dev

35 https://developer.android.com/studio

이므로 구글이 만들었다고 생각하기 쉽지만, 실제로는 파이참PyCharm이나 인텔리제이 등 다양한 통합 개발환경으로 유명한 젯브레인스에서 만들었습니다. iOS와 마찬가지로 안드로이드 개발을 위해서 안드로이드 스튜디오 역시 필수로 설치해야 합니다.

안드로이드 스튜디오는 윈도우 및 맥 운영체제에서 모두 설치할 수 있습니다. 설치 방법은 다음의 순서를 따릅니다(맥 운영체제를 기준으로 설명했으나, 윈도우 설치 방법도 이와 비슷합니다).

1 안드로이드 스튜디오 다운로드 링크[36]에 접속합니다.

2 [Download Android Studio] 버튼을 클릭합니다.

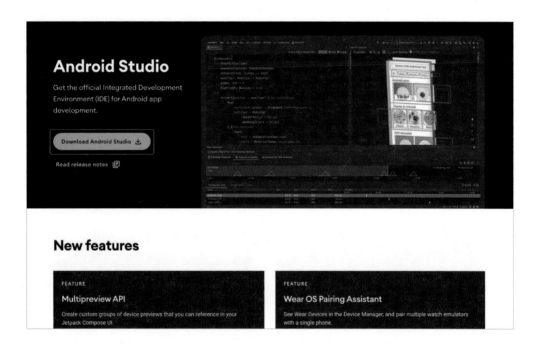

3 이용 약관에 동의I have read and agree with the above terms and conditions를 체크하고, 맥OS 사용자의 경우 인텔 칩Intel Chip과 애플 칩Apple chip 중에서 본인의 컴퓨터에 맞는 파일을 다운로드합니다. 잘 모르시겠다면 [애플 로고] ▶ [이 Mac에 관하여] 메뉴에 들어갔을 때 '칩'이라고 표시되면 애플 칩 제품입니다.

....

36 https://developer.android.com/studio

4 다운로드한 파일을 설치합니다.

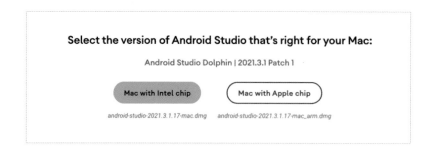

안드로이드 툴체인 설치하기

안드로이드 스튜디오만 설치했다고 해서 모든 작업이 끝난 것은 아닙니다. 실제 플러터 개발
(에뮬레이터Emulator 실행 등)을 위해서는 안드로이드 툴체인Toolchain을 설치해야 합니다. 다
음의 순서를 따릅니다.

1 [Android Studio] ▶ [Preferences] 메뉴로 들어갑니다.

2 [Appearance & Behavior] ▶ [System Settings] ▶ [Android SDK]를 찾습니다.

3 최신 버전의 안드로이드 API를 선택한 후, [Apply] 버튼을 클릭합니다.

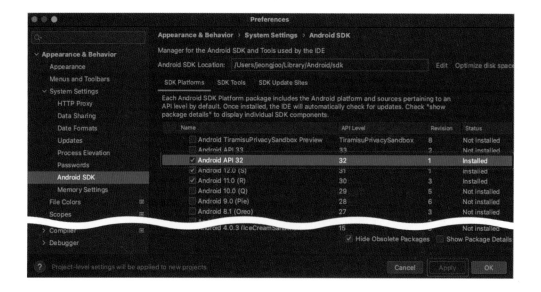

4 [OK] 버튼을 클릭합니다.

5 SDK 설치를 완료합니다.

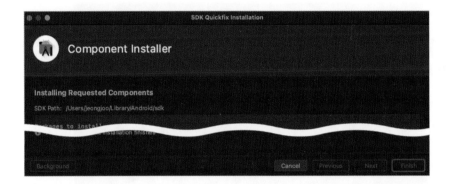

6 SDK Tools 탭에서 Android SDK Command-line Tools를 체크하고, [Apply] 버튼
을 클릭합니다.

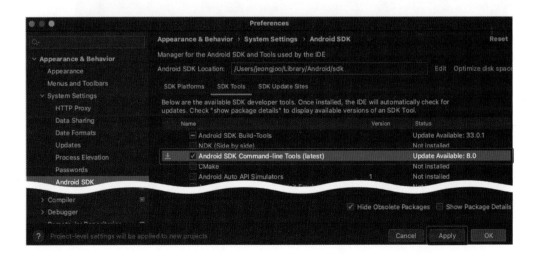

7 [OK] 버튼을 클릭합니다.

8 Command Line Tools 설치를 완료합니다.

9 터미널에서 다음 명령어를 실행하여 모든 약관에 한꺼번에 동의합니다.

```
flutter doctor --android-licenses
```

1.5 개발환경 점검하기

여기까지 잘 따라오셨나요? 개발환경 설정을 처음 하시는 분들에게는 다소 정신없는 여정일 수도 있겠습니다. 플러터 설치 자체는 어렵지 않지만, iOS와 안드로이드에서 요구하는 환경 설정이라는 것이 때로는 까다로울 수도 있습니다. 또한, 앞으로 플러터가 업데이트되면 책에 나온 스크린샷과 다른 화면이 나올 수도 있겠지요. 이런 모든 사항에 효과적으로 대응하고자 서문에서도 말씀드렸던 대로 깃허브를 통해서 자주 묻는 말FAQ 및 최신 가이드를 제공하고자 합니다.

개발환경이 제대로 설정되었는지 테스트하는 가장 쉬운 방법은 '플러터 닥터flutter doctor' 명령 어를 입력하는 것입니다. 여기서 문제가 없다면 개발환경을 제대로 설정한 것입니다.

축하합니다! 여러분은 플러터 개발자로서 첫걸음을 내디뎠습니다. 만약 문제가 발생하면 해당 부분으로 다시 돌아가서 개발을 진행하시기를 바랍니다.

플러터 닥터

'flutter doctor'는 플러터 환경 설정을 점검하고 문제를 알려주는 명령어입니다. 다음 개발환경을 모두 준비했으면 무사히 통과할 수 있습니다.

- 플러터
- 안드로이드 툴체인
- 엑스코드
- 크롬Chrome

- 안드로이드 스튜디오
- 비주얼 스튜디오 코드
- 커넥티드 디바이스Connected device**(별도 설정 필요 없음)**
- HTTP Host Availability**(별도 설정 필요 없음)**

```
jeongjoo@jeongjoo ~ % flutter doctor
Doctor summary (to see all details, run flutter doctor -v):
[✓] Flutter (Channel stable, 3.13.0, on macOS 12.6.6 21G646 darwin-arm64, locale ko-KR)
[✓] Android toolchain - develop for Android devices (Android SDK version 32.1.0-rc1)
[✓] Xcode - develop for iOS and macOS (Xcode 14.2)
[✓] Android Studio (version 2022.2)
[✓] VS Code (version 1.79.0)
[✓] Connected device (2 available)
[✓] Network resources

• No issues found!
jeongjoo@jeongjoo ~ %
```

1.6 프로젝트 생성하기

개발환경은 모두 갖추었습니다. 이제 프로젝트를 생성해 볼 차례입니다. 다음의 순서를 따릅니다.

1 터미널(혹은 파워셸PowerShell)을 실행합니다(현재 적절한 경로에 있는지 확인해 주시면 좋습니다).

2 다음 명령어를 입력합니다.

```
flutter create flutter_sample_app
```

3 참고로, 프로젝트 이름을 설정할 때는 다음과 같은 제약[37]이 있습니다.

- 영문 소문자, 숫자, 언더스코어(_)만 사용할 수 있습니다.
- 첫 글자에 숫자를 사용할 수 없습니다.
- 일부 예약어를 사용할 수 없습니다.

4 다음 화면이 결과 화면으로 나옵니다.

```
jeongjoo@Jeongjooui-MacBook-Air ~ % flutter create flutter_sample_app
Creating project flutter_sample_app...
Running "flutter pub get" in flutter_sample_app...          1,850ms
Wrote 127 files.

All done!
In order to run your application, type:

  $ cd flutter_sample_app
  $ flutter run

Your application code is in flutter_sample_app/lib/main.dart.

jeongjoo@Jeongjooui-MacBook-Air ~ %
```

---

37 https://dart-lang.github.io/linter/lints/package_names.html

5 이제 프로젝트 생성을 완료했습니다. 비주얼 스튜디오 코드에서 생성된 프로젝트 폴더를 찾아서 열어 줍니다.

pubspec.yaml

앞에서 말씀드렸던 명령어 입력을 통해서 플러터 프로젝트를 생성하면 최상위 경로에 pubspec.yaml이라는 파일이 자동으로 생성되는 것을 확인할 수 있습니다. 이 파일에는 프로젝트의 기본 정보 및 프로젝트에서 사용 중인 라이브러리 및 파일 정보가 들어 있습니다. 다음과 같은 것들입니다.

■ **프로젝트의 기본 정보**

프로젝트 이름, 설명이 있고 버전명이 있습니다.

■ **프로젝트가 사용하고 있는 프레임워크/라이브러리(즉, 의존성**dependency**)**

기본적으로 "flutter"를 포함합니다.

■ **프로젝트가 사용하는 파일**

이미지 파일, JSON 파일, 폰트를 사용합니다.

기타 각종 설정값

YAML이라는 형식이 다소 낯설게 느껴지실 텐데요. 각 요소를 살펴보겠습니다.

■ **name**

현재 프로젝트의 이름으로, 'flutter create' 다음에 입력한 값이 자동으로 설정됩니다.

■ **description**

현재 프로젝트의 설명으로, "A new flutter project."가 자동으로 설정됩니다.

■ **publish_to**

내 프로젝트를 오픈 소스 라이브러리로 공개할지 여부로, 'none'이 자동으로 설정됩니다.

■ **version**

x.y.z+a 형태의 값입니다. 앞의 x.y.z는 빌드 이름이며, 뒤에 붙는 a는 빌드 넘버입니다.

iOS의 경우, 빌드 넘버는 앱 스토어가 자동으로 관리합니다. 예를 들어서 같은 1.0.0 버전이면 새로운 빌드를 올릴 때마다 1, 2, 3처럼 번호가 자동으로 증가합니다.

안드로이드의 경우, 빌드 넘버가 자동으로 관리되지 않습니다. 빌드 넘버가 중복된 빌드 파일(aab 파일)은 플레이 스토어에 올릴 수 없습니다. 따라서 빌드 넘버를 하나씩 증가시킨 후에 플레이 스토어에 업로드해야 합니다.

■ environment

SDK의 버전을 지정합니다. 참고로 여기서 SDK의 버전은 플러터가 아니라 다트 기준입니다.

■ dependencies

프로젝트에서 사용하는 라이브러리 또는 프레임워크가 여기에 들어갑니다. 현재는 'flutter' 및 'cupertino_icons'만 존재합니다. 오픈 소스 라이브러리를 추가하고 싶다면 pubspec.yaml 파일의 dependencies에 직접 추가한 다음에 터미널에서 'flutter pub get'을 입력하거나 터미널에서 'flutter pub add 라이브러리명(일반적으로 영문 소문자와 언더스코어로 구성됩니다)'을 입력하면 됩니다.

여기까지 pubspec.yaml에 들어 있는 내용을 간략하게 설명해 드렸는데요. 아직 와 닿지 않는 부분이 많으실 것 같습니다. 더 자세한 내용은 이후 챕터에서 실제 예제를 다루면서 설명하겠습니다.

iOS 시뮬레이터로 데모 앱 실행하기

1 맥 운영체제에 이미 설치되어 있는 시뮬레이터를 실행합니다. 정상적으로 작동한다면 앞의 이미지처럼 시뮬레이터가 자동으로 켜집니다. 이후에는 다음의 순서를 따릅니다.

```
open -a simulator
```

2 프로젝트 경로에서 'flutter run' 명령어를 실행합니다.

```
flutter run
```

3 데모 앱이 정상적으로 실행된 것을 확인할 수 있습니다.

안드로이드 에뮬레이터로 데모 앱 실행하기

1 안드로이드 스튜디오를 실행합니다.

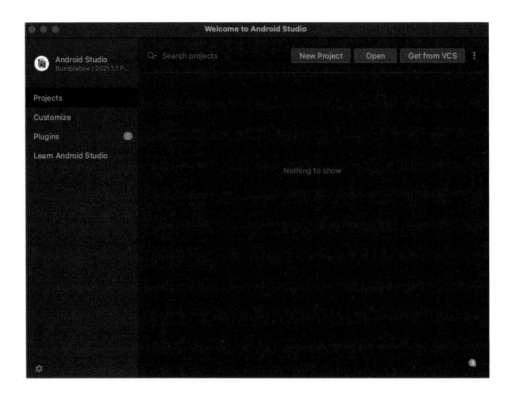

2 맨 오른쪽 [...] 버튼을 클릭하고, Virtual Device Manager를 선택합니다.

3 [Create device] 버튼을 클릭합니다.

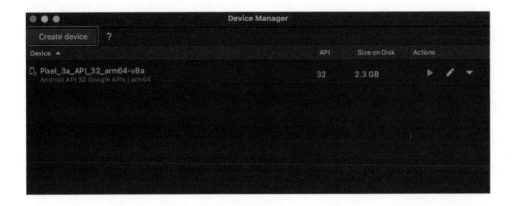

4 다음과 같은 순서로 디바이스를 추가합니다.

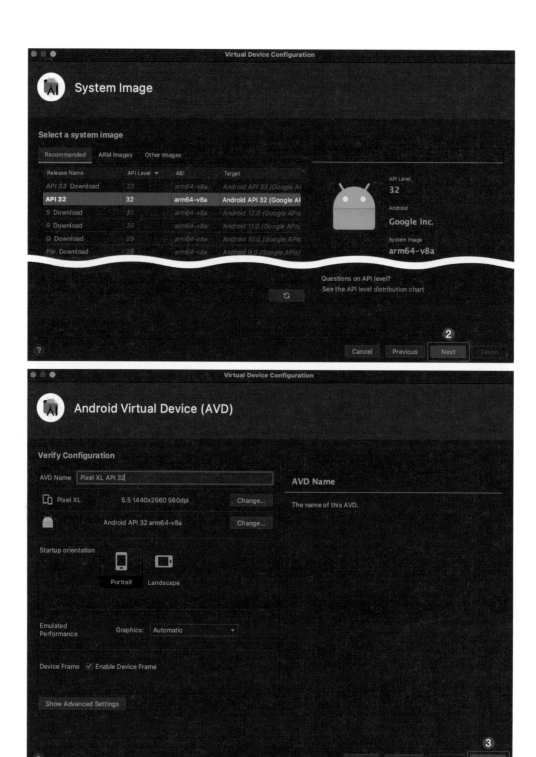

5 [Actions] 버튼을 클릭하여 에뮬레이터를 실행합니다.

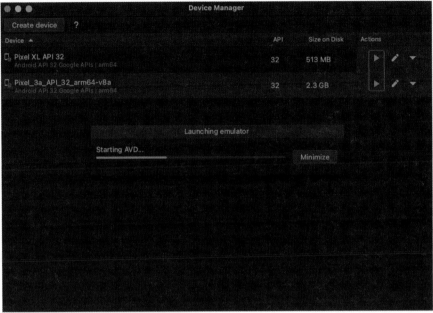

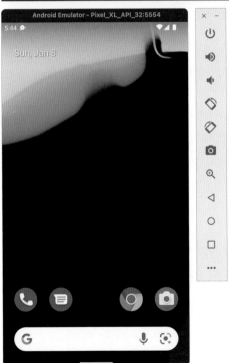

6 프로젝트 경로에서 flutter run 명령을 실행합니다.

```
flutter run
```

7 에뮬레이터에서 결과를 확인할 수 있습니다.

플러터 터미널 명령어

앞서 'flutter create', 'flutter run' 등 몇 가지 플러터 터미널 명령어를 살펴 보았는데요. 이처럼 플러터 터미널은 다양한 명령어를 지원합니다. 상황별 사용 명령어를 표로 정리해 보았습니다.[38]

....

38 https://docs.flutter.dev/reference/flutter-cli

표 1-2 상황별 플러터 사용 명령어

명령어	예시	설명
doctor	flutter doctor	플러터 개발환경이 설치되었는지 확인
create	flutter create 패키지_이름	새 플러터 패키지 생성 – 현재 경로에 패키지_이름 폴더가 생성됨
pub get	flutter pub get	플러터 패키지가 의존하는 패키지들을 전부 다운로드 – pubspec.yaml에 명시된 의존성들을 기준으로 함
pub add	flutter pub add 패키지_이름	플러터 패키지에 새로운 의존성 추가 – pubspec.yaml에 자동으로 반영
run	flutter run	플러터 프로그램 실행 – 실행할 디바이스 선택 필요(숫자 키(1, 2, 3)를 입력하고 [Enter] 키를 눌러서 선택함)
build	flutter build 빌드_명령어	플러터 프로그램을 특정한 플랫폼에 맞게 빌드
test	flutter test	해당 패키지에 존재하는 테스트 코드 실행
upgrade	flutter upgrade	현재 설치된 플러터 SDK의 최신 버전이 존재한다면 최신 버전으로 업그레이드[39]

지금까지 플러터라는 여정을 떠나기 위해 알아야 할 기초 지식을 설명했습니다. 다음 장에서는 플러터 여정을 본격적으로 준비해 보고자 합니다.

---

39 기존에 개발 중인 패키지에서는 주의해서 사용해야 합니다. 모든 업데이트가 그렇듯이 일부 기능이 다르게 동작할 수 있습니다.

CHAPTER

02 플러터 여정 준비하기

2.1 다트 핵심 문법 익히기

이제 플러터에 대해서 어느 정도 감을 잡으셨나요? 여기까지 오셨으면 눈치채셨을 수도 있습니다. 사실 플러터는 프로그래밍 언어를 의미하는 것이 아닙니다! 다트와 플러터는 프로그래밍 언어Programming Language와 프레임워크Framework의 관계입니다. 들어보셨을지 모르겠지만, 자바와 스프링Spring, 파이썬과 장고Django의 관계와 유사합니다.

플러터는 화면에 보이는 부분인 사용자 인터페이스와 화면에 보이지 않는 부분인 앱 내부 로직을 모두 다트로 작성합니다. 따라서 플러터 개발의 첫걸음을 제대로 내딛기 위해서는 다트 언어의 기초적인 부분을 다룰 수 있어야 합니다.

다트는 구글에서 개발한 프로그래밍 언어입니다. 기본적으로 C 언어 및 자바스크립트의 문법과 유사하지만,[1] 더 간결하고 강력합니다. 또한, 플러터 프레임워크를 통해 웹, iOS, 안드로이드 등의 멀티플랫폼 환경을 지원합니다.

그림 2-1 다트 로고

---

1 이를 C-패밀리 언어라고 부릅니다.

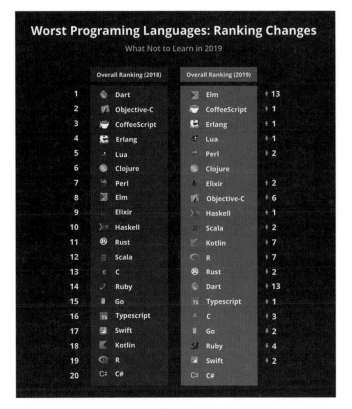

그림 2-2 배울 필요가 없는 언어 순위[2]

서글프게도 다트는 2018년에는 배울 필요가 없는 언어 1위에 매겨지기도 했지만, 다행히도 2019년에는 그 순위가 많이 내려갔습니다. 사실 쓸모없어서 배울 필요가 없다기보다는 프로그래머 입장에서는 기존 언어들과 문법이 굉장히 유사하기에 "다 아는 것을 굳이 배울 필요는 없다."라는 좋은 의미에서 이런 평가를 받을 때도 있습니다.

다트의 특징

다트는 후발주자로서 프로그래머들에게 자연스럽게 다가가고자 기존 프로그래밍 언어들의 장점을 다양하게 차용했습니다. 또한, 난해하거나 비일관적인 부분이 적은 편이라 프로그래밍을 처음 배우는 사용자라도 쉽게 이해할 수 있습니다.

2 https://codemntr.io/worst-languages-2019

이처럼 다트는 기존 프로그래밍 언어들의 장점은 극대화하고 단점은 보완했기에 프로그래밍하기에 매우 편리합니다. 다트는 자바스크립트의 스프레드 연산자(...) 및 옵셔널 체이닝(??) 등 다양한 문법적 설탕Syntactic Sugar[3]을 모두 가져오면서도 자바스크립트와는 달리 정적 타입 시스템을 갖추고 있습니다. 또한 자바와 유사한 방법으로 객체 지향 코드를 작성할 수 있으면서도 자바의 장황한 문법을 그대로 차용하지 않고 간결하게 만들었습니다. 최근 프로그래밍 트렌드라고 할 수 있는 비동기 프로그래밍도 퓨처Future 객체를 통해 문제없이 진행할 수 있습니다.

다트는 실용성 측면에서도 뛰어난 언어입니다. 다트와 플러터로 프로그래밍하면 단일한 코드 베이스에서 안드로이드, iOS 네이티브 코드 및 웹을 위한 자바스크립트 코드로 내보낼 수 있습니다. 게다가 다트로 작성한 코드는 어디서나 사용할 수 있습니다. 아직 많이 사용되고 있지는 않지만, 다트로 서버 사이드 애플리케이션을 작성할 수도 있습니다.

혹시 다트가 아직은 비주류 프로그래밍 언어라서 시작하기에 고민이 되시나요? 물론 자바나 자바스크립트에 비하면 다트를 사용하는 경우가 적은 것은 사실입니다. 하지만 다트는 이른바 C-패밀리 문법이라는 유사성을 공유하고 있기에 다트를 공부하면 자바 또는 자바스크립트에도 쉽게 적응할 수 있습니다. 저는 자바 및 자바스크립트를 먼저 접하고 다트를 공부했는데, 이 또한 굉장히 순조로웠습니다. 반대의 경우도 당연히 그렇습니다.

이제 저는 여러분과 함께 플러터 여정을 떠나기 위해 다트 프로그래밍을 본격적으로 시작하고자 합니다. 먼저 알아두면 좋은 내용은 다음과 같습니다.

모든 다트 코드의 실행은 기본적으로 main() 함수에서 시작합니다. main() 함수 내부에 하고자 하는 기능을 수행하는 코드를 추가하거나 main() 함수 내부에서 개발자가 실행하고자 하는 함수를 호출하는 것이 일반적인 작업 흐름입니다.

표현식expression 또는 함수 호출의 마지막에 세미콜론(;)을 찍어 줍니다. 참고로 자바는 세미콜론이 필수지만, 자바스크립트는 필수가 아니라 선택입니다.

---

3 새로운 기능은 아니지만, 편리한 문법을 지원하여 쉽게 사용할 수 있는 것을 의미합니다. 예를 들어서 x = x + 1을 x += 1이나 x++과 같이 표현할 수 있습니다.

다트패드

다트패드DartPad[4]는 다트 언어의 온라인 에디터로, 개발환경을 세팅하지 않아도 다트 및 플러터 코드를 손쉽게 실행할 수 있도록 돕는 도구입니다.[5] 코딩 자체에 익숙하지 않거나 다트로 코드를 작성하는 것에 익숙하지 않으신 분들은 다트패드로 충분한 연습을 거친 후에 플러터 개발에 본격적으로 뛰어드는 것이 좋습니다. 물론 이 책에서도 다트패드로 실습해 볼 수 있는 내용을 넣었습니다. 앞으로는 다트패드를 실행한 후에 직접 코드를 작성해 가며 내용을 진행할 예정입니다.

먼저 다트패드에 들어가면 다음과 같은 화면을 볼 수 있습니다. 화면의 각 구성 요소[6]는 다음과 같습니다.

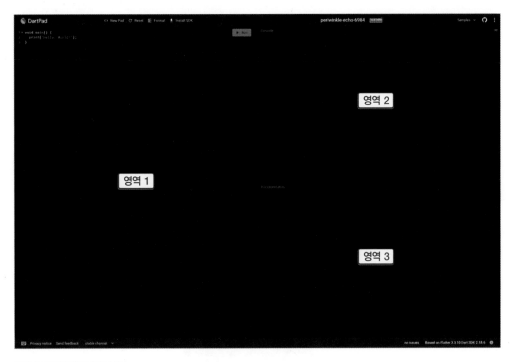

그림 2-3 다트패드 화면 구성

---

4 https://dartpad.dev

5 https://dart.dev/resources/dartpad-best-practices

6 https://dart.dev/resources/dartpad-best-practices

표 2-1 다트패드 화면 구성 요소 분석

영역 구분	명칭	설명
영역 1	Code pane	자신의 코드를 작성하고 편집할 수 있는 공간입니다.
영역 2	Console	콘솔 출력이 나타나는 공간입니다.
	Documentation	작성한 코드와 관련된 다트 공식 문서의 내용을 표시합니다.
	Run	코드를 실행합니다.
	New Pad	다트 또는 플러터를 위한 새로운 패드를 생성합니다.
	Reset	작성한 코드를 삭제하고 다트패드를 초기화합니다.
	Format	다트에서 주로 쓰이는 형식에 맞게 코드를 포매팅(스타일링)합니다.
	Install SDK	필요한 경우 SDK를 설치합니다.
영역 3	Samples	다트 및 플러터 샘플 코드를 제공합니다. Samples ∨ Counter Sunflower Draggables & physics Implicit animations Padracing Firebase Nanochat Google Fonts Provider Riverpod Flutter Bloc GoRouter Hello World Fibonacci HTTP requests

Hello, World

지금부터 다트 핵심 문법을 익히는 모든 작업은 다트패드에서 진행합니다. 컴퓨터 혹은 아이패드에 다트패드 창을 켜 두고 내용을 따라와 주세요.

모든 다트 앱에는 main( ) 함수가 있어야 합니다. 특별한 이유가 없는 일반적인 경우라면 main( ) 함수는 코드 실행의 시작점이 됩니다. 함수에 대해서는 나중에 다시 알아보겠습니다.

콘솔에 텍스트를 출력하고 싶다면, print( ) 전역 함수를 사용할 수 있습니다.

다음 코드는 'Hello, World!'라는 텍스트를 출력하는 기능을 수행합니다. 다음의 순서를 따릅니다.

1 다트패드에서 해당 코드를 작성해 봅시다.

```
void main() {
  print("Hello, World!");
}
```

2 이제 [Run] 버튼을 클릭해 봅시다.

3 우측 Console 탭에서 Hello, World! 텍스트가 출력된 것을 확인할 수 있습니다.

변수/타입

변수Variable란 무엇일까요? 변수는 특정한 값(데이터)을 담는 상자입니다. 하나의 값을 담았다가 필요한 경우에는 다른 값을 대입할 수도 있습니다. 한 번 값을 대입한 이후에 다른 값을 일부러 대입하지 못하게 막거나 대입할 일이 없다면 이를 상수Constant라는 표현으로 별도로 구분하여 부르기도 합니다.

변수의 종류로는 숫자를 담는 변수, 문자열을 담는 변수 등이 존재합니다. 어떤 변수는 그 자체로 여러 값을 포함하는 리스트List나 집합Set, 맵Map을 담고 있습니다. 변수에 담을 수 있는 값의 종류를 흔히 타입Type(자료형)이라고 합니다.

여기서 잠깐 다트에 존재하는 타입 종류를 간단히 알아보겠습니다.

> **tip** 다트의 모든 타입은 객체Object로 취급됩니다(널 제외). 따라서 각 타입의 변수들은 자체 필드field와 메서드method를 갖고 있습니다. 이 내용은 클래스 파트에서 더 자세히 다루겠습니다.

표 2-2 다트 타입의 종류

구분	타입	설명
숫자	int	정수 타입(소수점이 없는 경우), 구체적으로는 64비트보다 작은 정수 `int year = 2023;`
	double	실수 타입(소수점이 있는 경우), 64비트 부동소수점 실수 `double pi = 3.14159;`

	num	숫자(int와 double의 상위 타입)
		
		`num year = 2023;`
		`num pi = 3.14159;`

문자열	String	모든 문자열 – 작은따옴표(') 또는 큰따옴표(")로 감싸야 함 `String name = 'Lee Jeongjoo';`
논리	bool	참 또는 거짓의 논리 값 – true 또는 false 중 하나의 값 `bool darkMode = false;`

콜렉션	List	순서가 있는 여러 값들의 묶음 – 대괄호([ ]) 사용 – 값이 중복될 수 있음 – List<String>과 같이 내부 값들의 타입을 지정하기도 함 `List<String> fruits = ["사과", "딸기", "바나나", "샤인머스켓"];`
	Set	순서가 없고 중복되지 않는 값들의 집합 – 중괄호({ }) 사용 – Set<int>와 같이 내부 값들의 타입을 지정하기도 함 `Set<int> odds = {1, 3, 5, 7, 9};`
	Map	키–값(key–value) 쌍들의 묶음 – 중괄호({ }) 사용 – Map<String, int>와 같이 내부 키와 값에 대한 타입을 지정하기도 함(키, 값 순서) `Map<String, int> regionMap = {"서울": 0, "인천": 1, "대전": 2, "부산": 3, "대구": 4, "광주": 5, "울산": 6, "세종": 7};`
기타	Object	모든 다트 타입의 상위 타입
		–
	Future	비동기 프로그래밍에 사용
		–
	DateTime	날짜와 시간을 표시하기 위해 사용 `DateTime dt = DateTime(2023, 2, 11, 12, 20, 12);`

	dynamic	동적 타입으로 어떤 타입의 값이든 포함될 수 있음
		
		`dynamic memberId = "hanbit2023";`
		`dynamic memberCode = 103942;`

	타입?	Null이 될 수 있는 타입 `String? nickname = null;`

변수가 항상 값을 가지고 있는 것은 아닙니다. 이처럼 변수에 값이 없는 상태를 널Null이라고 합니다. 참고로 널은 ""(빈 문자열)이나 0과는 구분됩니다. 빈 문자열이나 0은 빈 문자열과 0이라는 값이 존재하는 상태이므로 널과는 다릅니다.

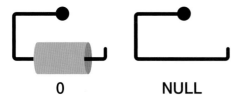

0   **NULL**

그림 2-4 0과 널의 구분

tip 다트는 널이 될 수 있는 변수와 없는 변수를 철저하게 구분하는데, 이를 널 안정성Null Safety이라 합니다. 이는 코드의 안정성을 크게 향상시킵니다. 다트 2부터는 기본적으로 널 안정성이 적용되어 있으며, 2023년 5월 발표된 다트 3부터는 널 안정성이 의무화되었습니다.[7]

참고로, 앞에서 언급한 방식 외에도 다트에서는 'var' 키워드를 통해서 변수를 선언할 수 있습니다.

var는 처음으로 할당된 값의 타입이 그 변수의 타입이 되지만, dynamic으로 선언된 변수는 모든 타입이 들어올 수 있습니다.[8]

```
var name = 'Voyager I';
var year = 1977;
var antennaDiameter = 3.7;
var flybyObjects = ['Jupiter', 'Saturn', 'Uranus', 'Neptune'];
var image = {   'tags': ['saturn'],   'url': '//path/to/saturn.jpg' };
```

다시 다트패드로 돌아와 봅시다. 다음과 같이 코드를 작성하고 [Run] 버튼을 클릭합니다.

```
void main() {
  String name = "Lee Jeongjoo";
  print(name);
}
```

---

7 https://dart.dev/null-safety

8 https://dart.dev/language#variables

흥미로운 것은, String을 String?으로 바꾸어도 코드가 정상적으로 동작한다는 것입니다. 그 이유는 무엇일까요?

```
void main() {
  String? name = "Lee Jeongjoo";
  print(name);
}
```

String?은 String과 널의 합집합입니다. 따라서 String?으로 선언된 변수가 널이 되는 경우가 없어도 코드는 정상적으로 동작합니다. 하지만 널이 되지 않을 값을 군이 널이 될 수 있도록 선언할 필요는 없겠죠?

레코드

레코드는 2023년 5월 구글 I/O에서 발표된 다트 3에서 추가된 타입(자료형)입니다.[9] 흔히 타 언어에서는 튜플Tuple이라고 많이 부르는 '값의 묶음'입니다.

다트 공식 문서에서 레코드는 익명, 불변, 집합 타입Records are an anonymous, immutable, aggregate type이라고 밝히고 있는데, 이는 각각 다음을 의미합니다.

■ **익명**anonymous

레코드에 속한 값value들은 키key를 꼭 가질 필요가 없습니다. 따라서 값을 순서대로 record.$1, record.$2와 같이 호출하는 것이 가능합니다($0이 아닌 $1부터 시작한다는 것에 유의하세요). 단, 값에 키를 부여하여 사용하는 것도 가능합니다(이 경우 $1, $2 등의 방법으로 호출할 수 없습니다).

■ **불변**immutable

레코드를 한번 생성한 후, 레코드 내부에서 값을 추가, 교체 또는 삭제할 수 없습니다. 이는 값이 가변적인 리스트, 집합 또는 맵과 구별되는 특징입니다. 물론 const나 final로 선언하지 않은 경우, 다른 값을 대입하는 방식으로 변경할 수는 있지만, 그 외의 방법으로 레코드의 값을 변경할 수는 없습니다.

---

9 https://dart.dev/language/records

■ **집합** aggregate

콜렉션으로 분류되는 리스트, 집합 또는 맵처럼 레코드 또한 여러 개의 값을 묶어서 사용할 수 있습니다.

또한 다트 공식 문서에서는 다음과 같은 용어로 기존의 콜렉션 타입과 레코드를 구분하고 있습니다.

■ **고정 사이즈** fixed-sized

레코드는 불변이므로 고정 사이즈입니다. 타 콜렉션 타입은 가변적이므로 고정 사이즈가 아닙니다.

■ **이종의** heterogeneous

레코드에 속한 값들은 다양한 타입을 가질 수 있습니다. 타 콜렉션 타입은 (타입을 dynamic으로 지정하지 않는 이상) 모든 값이 하나의 타입에 속합니다.

■ **타입이 지정됨** typed

레코드 그 자체에 대한 타입은 없고, (String, int)와 같이 레코드의 구조 자체가 하나의 타입이 됩니다.

레코드를 생성하는 방법은 두 가지가 있습니다.

하나는 레코드 표현식을 작성하여 변수에 대입하는 것입니다.

```
var record = ('first', a: 2, b: true, 'last');
```

다른 하나는 변수 선언과 초기화를 따로 수행하는 것입니다. 당연한 얘기지만, 초기화 시에는 변수 선언 시 타입에 명시한 구조 (String, int)에 맞는 값을 사용해야 합니다.

```
(String, int) record;
record = ('A string', 123);
```

레코드 필드는 다음과 같이 꺼내서 쓸 수 있습니다. 앞서 말씀드린 것처럼, 키가 제공된 값의 경우, $1, $2 등의 번호로 호출할 수는 없으며, 해당 값이 있는 위치는 건너뛰고 번호가 매겨집니다.

```
var record = ('first', a: 2, b: true, 'last');
print(record.$1); // 'first'
print(record.a); // 2
print(record.b); // true
print(record.$2); // 'last'
```

더 간단히는 다음과 같이 레코드의 구조와 유사한 문법을 사용하여 여러 개의 변수를 한 번에 선언할 수도 있습니다. 이를 흔히 구조 분해 할당Destructuring Assignment 라고 부릅니다.

```
var record = ('first', a: 2, b: true, 'last');
var (first, a: alpha, b: beta, last) = record;
print(first); // 'first'
print(alpha); // 2
print(beta); // true
print(last); // 'last'
```

레코드를 사용하는 것의 또다른 장점은 함수에서 여러 개의 값을 반환할 수 있다는 것입니다. 예를 들어, 다음 코드에서 userInfo 함수의 반환 값은 하나의 레코드이면서 여러 개의 값입니다. 마지막에 나온 것처럼 구조 분해 할당을 사용하면 적은 변수 개수로 동일한 기능을 수행할 수 있습니다.

```
(String, int) userInfo(Map<String, dynamic> json) {
  return (json['name'] as String, json['age'] as int);
}

final json = <String, dynamic>{
  'name': 'Dash',
  'age': 10,
  'color': 'blue',
};

var (name, age) = userInfo(json);
```

```
/* 다음 코드와 동일합니다.
   var info = userInfo(json);
   var name = info.$1;
   var age  = info.$2;
*/
```

연산자

다른 프로그래밍 언어와 마찬가지로, 다트에는 다양한 연산자가 존재합니다. 일부는 수학에서 사용하는 의미와 동일하지만, 일부는 프로그래밍 언어에서만 사용되는 연산자입니다. 여기서는 자주 쓰는 연산자를 간략하게 정리하고 넘어가겠습니다.

표 2-3 자주 쓰는 연산자의 종류[10]

연산자	설명	예시

+	(숫자) 덧셈
	(문자열) 병합
		`int a = 2;`
		`int b = 1;`
		`print(a + b); // 3`
		
		`String firstName = 'Jeongjoo';`
		`String lastName = 'Lee';`
		`String fullName = lastName + ' ' + firstName;`
		`// 'Lee Jeongjoo'`

-	뺄셈	`int a = 2;`
		`int b = 1;`
		`print(a - b); // 1`

-표현식	부호를 뒤집음 •양수인 경우 음수, 음수인 경우 양수가 됨	`int a = 2;` `print(-a); // -2`

10 https://dart.dev/guides/language/language-tour#arithmetic-operators

*	곱셈
	• 문자열에 자연수 n을 곱하는 경우, 해
	당 문자열을 n번 반복
		```int a = 6;```
		 ```int b = 3;```
		 ```print(a * b); // 18```
		
		 ```print('*' * 5); // '*****'```

/	나눗셈
	• 정수(int)끼리의 나눗셈도 결과는 실수
	(double)가 됨
		```int a = 10;```
		 ```int b = 4;```
		 ```print(a / b); // 2.5```

~/	결과가 정수인 나눗셈(나눗셈의 몫)
	• 따라서, 정수(int)끼리의 나눗셈의 결과
	는 정수가 됨
		```int a = 10;```
		 ```int b = 4;```
		 ```print(a ~/ b); // 2```

%	나눗셈의 나머지
	• 모듈로(modulo) 연산이라고도 함
		```int a = 10;```
		 ```int b = 4;```
		 ```print(a % b); // 2```

++변수	변수에 1을 더함
	(표현식의 값은 1을 더한 값)
	• 연산자가 앞에 있으므로 "선반영"되
	는 것
		```int a = 0;```
		 ```print(++a); // 1```
		 ```print(a); // 1```

변수++	변수에 1을 더함
	(표현식의 값은 그대로)
	• 연산자가 뒤에 있으므로 "후반영"되
	는 것
		```int a = 0;```
		 ```print(a++); // 0```
		 ```print(a); // 1```

--변수	변수에 1을 뺌
	(표현식의 값은 1을 뺀 값)
		```int b = 1;```
		 ```print(--b); // 0```
		 ```print(b); // 0```

변수--	변수에 1을 뺌
	(표현식의 값은 그대로)
		```int b = 1;```
		 ```print(b--); // 1```
		 ```print(b); // 0```

==	두 값이 같은지 비교
	• = 연산자와는 의미가 다르니 주의
	• 두 값이 같은 경우 true
		```int a = 2;```
		 ```int b = 1;```
		 ```print(a == b); // false```

!=	두 값이 다른지 비교
	• 두 값이 다른 경우 true
		``dart
		int a = 2;
		int b = 1;
		print(a != b); // true
		``

>	(숫자) 한 값이 다른 값보다 큰지 비교
	• 왼쪽에 위치한 값이 클 경우 true
		``dart
		int a = 2;
		int b = 1;
		print(a > b); // true
		``

<	(숫자) 한 값이 다른 값보다 작은지 비교
	• 왼쪽에 위치한 값이 작을 경우 true
		``dart
		int a = 2;
		int b = 1;
		print(a < b); // false
		``

>=	(숫자) 한 값이 다른 값보다 크거나 같은지 비교
	• 왼쪽에 위치한 값이 크거나 같을 경우 true
		``dart
		int a = 2;
		int b = 1;
		print(a >= b); // true
		``

<=	(숫자) 한 값이 다른 값보다 작거나 같은지 비교
	• 왼쪽에 위치한 값이 작거나 같을 경우 true
		``dart
		int a = 2;
		int b = 2;
		print(a <= b); // true
		``

=	변수에 특정한 값을 할당 또는 재할당
	• const나 final로 선언된 변수의 경우, 값의 재할당 불가능[11]
		``dart
		int a = 1; // 할당
		print(a); // 1
		a = 2; // 재할당
		print(a); // 2
		``

+=, -=, *= 등	변수에 사칙연산 이후 재할당
	• 예를 들어, a += 1은 a = a + 1의 축약형
		``dart
		a *= 3; // a = a * 3
		``

!표현식	표현식의 결과를 뒤집음
	• true인 경우 false, false인 경우 true
		``dart
		int a = 2;
		int b = 1;
		bool result = a > b; // true
		print(!result); // false
		``

....

11 둘 다 값을 변경할 수 없는 '상수'이지만, 값이 고정되는 시점에서의 차이가 있습니다. const는 컴파일 단계에서 값이 고정되며, final은 런타임 단계에서 값이 고정됩니다. 컴파일 단계란 개발자가 작성한 프로그래밍 언어가 컴파일러에 의해 기계어로 번역되는 단계이며, 런타임 단계란 실제 앱을 실행하여 코드가 구동되고 있는 단계입니다.

||	여러 개의 표현식을 OR 조건으로 이어줌
	• 여러 개의 표현식 중 하나의 표현식만 true여도 true
		```int a = 3;```
		```int b = 2;```
		```int c = 1;```
		```print(a > b); // true```
		```print(b < c); // false```
		```print(a > b || b < c); // true```

&&	여러 개의 표현식을 AND 조건으로 이어줌
	• 여러 개의 표현식 모두가 true여야만 true
		```int a = 3;```
		```int b = 2;```
		```int c = 1;```
		```print(a > b); // true```
		```print(b < c); // false```
		```print(a > b && b < c); // false```

조건문

특정 조건에 해당될 때에만 실행되어야 하는 코드가 있습니다. 예를 들어서 사용자가 고른 숫자가 홀수인지 짝수인지 판별해서, "홀수!" 또는 "짝수!"라는 문구를 출력하는 코드가 있다고 가정해 봅시다. 다음 그림처럼 도식화할 수 있습니다.

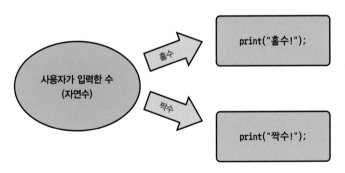

그림 2-5 조건문의 개념 도식화

조건문(if문)을 사용하면 특정 조건에 해당될 때에만 코드가 실행되도록 할 수 있습니다.

먼저 다트패드에서 다음과 같은 코드를 작성해 보겠습니다.

```
void main() {
  int number = 31;
  if (number % 2 == 1) {
    print("홀수!");
  } else {
    print("짝수!");
  }
}
```

[Run] 버튼을 누르면 "홀수!"가 출력됩니다. number에 홀수, 짝수 등을 대입해가면서 여러 번 [Run] 버튼을 눌러 봅시다.

if문은 if (조건)과 같이 작성합니다. 조건은 참true 또는 거짓false으로 귀결되는 표현식이어야 합니다.

앞서 다룬 코드에 대해서 조금 더 설명해 보겠습니다. a % b는 a를 b로 나눴을 때의 나머지를 구하는 연산자입니다. 특정한 수를 2로 나눴을 때의 나머지가 1이라면 홀수에 해당하겠죠. 따라서 if문의 조건에 해당하기에 if문 블록 내부의 print("홀수!");가 실행됩니다. if문의 조건에 해당하지 않으면, else문 블록 내부의 print("짝수!");가 실행됩니다. else문은 생략할 수도 있는데, 이때는 if문의 조건에 해당되지 않으면 그냥 무시하고 다음 줄의 코드를 실행합니다.

더 복잡한 조건문도 구현 가능합니다. 신호등의 색깔에 따라서 다른 메시지가 출력되는 예제입니다.

```
void main() {
  String light = "red";
  if (light == "green") {
    print("초록불!");
  } else if (light == "yellow") {
    print("노란불!");
  } else if (light == "red") {
    print("빨간불!");
  } else (
```

```
    print("잘못된 신호입니다.");
  }
}
```

앞에서는 보지 못했던 문법이 하나 더 등장했죠? 바로 else if입니다. 앞선 조건에 해당하지는 않았지만, 새로운 조건에 해당하는 경우 실행하는 코드인데요. else if은 if나 else와는 달리 여러 번 반복해서 사용할 수 있습니다. 위에서부터 아래에 이르기까지 주어진 조건이 맞는지 체크하고, 여러 블록 중 조건에 해당하는 단 하나의 블록에 대해서만 코드를 실행합니다.

tip 위에서 이미 해당하는 조건이 있었다면, 아래의 조건에 해당되는 경우라도 코드가 실행되지 않습니다. 여러 개의 조건을 제시하고, 모두 해당하는 경우에는 모든 블록의 코드가 실행되도록 만들고 싶으면 여러 개의 if문을 사용하세요.

다음과 같이 코드를 약간 바꾸어 보면 어떨까요?

```
void main() {
  String light = "purple";
  if (light == "green") {
    print("초록불!");
  } else if (light == "yellow") {
    print("노란불!");
  } else if (light == "red") {
    print("빨간불!");
  }
}
```

여기서는 else문이 없고, 변수 light의 값이 모든 조건에 해당하지 않는 상태이므로 console에 아무것도 표시되지 않습니다.

반복문

여러 번 반복되어야 하는 코드가 있습니다. 가령 1부터 100까지의 숫자를 print( ) 해야 할 때, 100줄의 코드를 일일이 작성하는 것은 굉장히 비효율적입니다. 다행히도 대부분의 프로그래밍 언어는 이럴 때 쓸 수 있는 방법들을 제공하고 있습니다. 만약 자동으로 반복을 수행할 수 있는 방법이 없었다면 코딩으로 업무를 자동화하는 것은 꿈도 꿀 수 없었을 겁니다. 다음처럼 도식화할 수 있습니다.

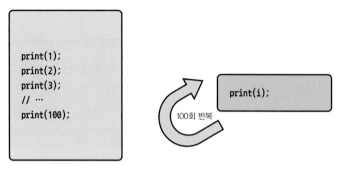

그림 2-6 반복문의 개념 도식화

반복문에는 크게 두 가지 종류가 있습니다. 반복의 횟수를 지정하는 for문, 반복의 조건을 지정하는 while문이 그것입니다. for문은 정해진 횟수만큼 반복을 수행합니다. 반면에 while문은 매번 정해진 조건이 참인지 체크해서 참이라면 반복을 수행하고, 거짓이라면 반복문을 빠져나갑니다. 이 원리를 이용해 반복이 끊임없이 지속되는 '무한 루프(무한 반복)'를 만들 수 있습니다.

이번에도 바로 다트패드에 다음과 같이 코드를 작성해 봅시다.

```
void main() {
  for(int i=0; i<100; i++){
    print(i+1);
  }
}
```

[Run] 버튼을 누르면 console에 1부터 100까지의 숫자가 차례대로 표시되는 것을 확인할 수 있습니다.

for문은 for(초기화식; 조건식; 증감식)과 같이 작성합니다. 이 코드에서 변수 i는 0부터 시작하여 값이 100 미만일 때까지만 반복을 수행합니다. 증감식에 해당하는 i++는 i에 1을 더한다는 의미입니다.

■ **초기화식**

for문 내부에서 사용할 변수를 초기화합니다.

■ **조건식**

for문이 지속되는 조건을 지정합니다.

■ **증감식**

for문이 한 번 작업을 수행한 후 변수의 값을 어떻게 변화시킬지 지정합니다.

우리가 실제로 수행하려는 작업은 1부터 100까지의 수를 차례대로 출력하는 것이지만, 예제에서는 i의 값을 0부터 99까지 증가시키며, 매번 1을 더해서 출력하고 있습니다. 이렇게 작성한 이유는 프로그래밍 언어에서 값이 0부터 시작하는 것이 더 친숙하기 때문입니다. 앞으로 리스트의 인덱스index를 다룰 때도 1이 아니라 0부터 시작한다는 것에 유의해 주세요.

tip 이와 비슷하지만, 조금 다른 for-in문도 있습니다. 주로 리스트의 각 항목을 순회하기 위해 사용됩니다.

다음의 코드를 작성하고 [Run] 버튼을 눌러 봅시다. 어떤 결과가 나오나요?

```
void main() {
  List<String> subjects = ["자료구조", "이산수학", "알고리즘", "플러터"];
  for (String subject in subjects) {
    print(subject);
  }
}
```

for문으로 작성했던 코드를 while문으로 표현할 수도 있습니다. 이번에도 다트패드에 코드를 작성해 봅시다.

```
void main() {
  int i = 0;
  while (i < 100) {
    print(i+1);
    i = i + 1;
  }
}
```

[Run] 버튼을 누르면 아까와 동일한 결과가 출력됩니다. 이처럼 프로그래밍에서는 하나의 결과를 내기 위한 여러 가지 방법이 존재할 수 있습니다.

while문은 while (조건)과 같이 작성합니다. 매번 조건을 체크하여 조건이 참이라면 while문 내부의 코드 블럭이 실행되고, 조건이 거짓이라면 while문을 빠져나와 다음 줄의 코드가 실행됩니다.

만약 다음과 같은 코드를 호출한다면 어떻게 될까요? 코드를 직접 실행할 필요는 없으니 다음의 내용을 따라와 주세요.

```
void main() {
  int i = 0;
  while (true) {
    print(i+1);
    i = i + 1;
  }
}
```

조건 자체가 true이면 거짓이 될 수 없으므로, while문이 무한 반복됩니다. 이를 '무한 루프'라고 하는데요. 무한 루프는 시스템의 자원을 지속적으로 소모하므로 문제가 될 수 있습니다.

다음과 같은 코드는 어떨까요? 이번에는 [Run] 버튼을 한 번 눌러 주세요.

```
void main() {
  int i = 0;
  while (true) {
    print(i+1);
    i = i + 1;
    if (i == 100) {
      break;
    }
  }
}
```

예상하셨겠지만, 결과는 맨 처음의 코드와 동일합니다. 여기서 등장하는 break는 현재의 반복문(for문, while문)에서 즉시 빠져나가게 합니다. i가 100이 될 때 빠져나가므로 100까지만 출력되는 것이죠.

다음 코드는 어떨까요? 이번에도 한번 [Run] 버튼을 눌러 보시기 바랍니다.

```
void main() {
  for(int i=0; i<100; i++){
    if (i % 2 == 0) {
      continue;
    }
    print(i+1);
  }
}
```

이번에는 1부터 100까지의 수 중 짝수만 출력되는 것을 확인할 수 있습니다. continue는 반복문의 현재 반복에서 남은 코드를 실행하지 않고, 다음 반복으로 넘기는 역할을 합니다. 따라서 continue 아래 있는 print문은 호출되지 않지만, 다음 수에 대해서 반복은 이루어집니다. 반복문을 아예 빠져나가지는 않는다는 점에서 break와 차이가 있습니다.

추가로, 만약 continue를 break로 바꾸면 어떻게 될까요? i가 0인 상황에서 반복문이 끝나게 되므로 아무것도 출력되지 않습니다.

함수

수학에서의 함수를 생각해 봅시다. 특정한 값을 입력하면 그에 상응하는 출력이 나왔죠. 부가적으로 값의 범위 등의 조건을 설정할 수 있었습니다.

수학에서의 함수는 비유적인 의미에서 '요술 상자'라고도 불립니다. 이는 '함수'라는 단어를 직접적으로 언급하지 않는 초등학교 수학 교과서에서 자주 쓰는 표현입니다. 다음과 같이 도식화할 수 있습니다.

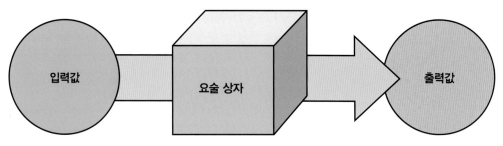

그림 2-7 함수의 개념 도식화

컴퓨터에서의 함수function도 이와 거의 유사합니다. 원하는 타입의 변수를 원하는 개수만큼 입력받을 수도 있고, 특정한 값을 반환return할 수도 있습니다. 다만 컴퓨터에서의 함수는 단순히 '코드 다발Code Snippet'로도 정의할 수 있습니다. 입력과 출력이 있을 수도 있고, 없을 수도 있기 때문입니다.

앞서 언급했던 main( ) 또한 하나의 함수입니다. 개발자는 main( ) 함수와 함께 main( ) 함수에 들어갈 내용을 선언하고, 다트 코드가 실행될 때 main( ) 함수가 코드 실행의 시작점이 됩니다.

제가 줄곧 사용해왔던 print( )도 함수인데요. print( )와 같은 함수들은 다트에서 기본적으로 제공하므로 직접 함수를 만들어주지 않아도 해당 기능을 사용할 수 있습니다. 이를 '내장 함수'라고 합니다.

가장 간단한 형태의 함수를 다루어 보겠습니다. 다트패드에 다음과 같은 코드를 작성해 봅시다.

```
int add(int a, int b) {
  return a + b;
}

void main() {
  int number = add(1, 2);
  print(number);
}
```

이제 [Run] 버튼을 클릭해 봅시다. 예상하셨겠지만, 결과는 3입니다. 프로그래밍에 사용되는 모든 함수는 기본적으로는 이런 형태입니다.

더 세부적으로 파악해 볼까요? 먼저 함수를 선언하는 부분을 살펴보겠습니다.

```
int add(int a, int b)
```

함수 선언의 첫 줄은, 출력값의_타입 함수_이름 (입력값1_타입 입력값1, 입력값2_타입 입력값2, ...) 와 같습니다. 다음과 같은 특징이 있습니다.

- 입력값의 타입은 생략할 수 있지만, 코드가 다소 모호해질 수 있으므로 권장하지는 않습니다.
- 입력값이 여러 개라면, 쉼표(,)로 나열합니다. 이때 입력값은 무조건 순서대로 넣어 주어야 합니다.
- 입력값이 없다면, ( )로 표시합니다.
- 출력값이 없다면, 출력값의 타입에는 특수한 타입 중 하나인 void를 넣어 줍니다.
  참고로, 반환값(출력값)이 명시되지 않은 경우, 함수 본문에 return; 반환문이 암묵적으로 추가됩니다.

다음으로는 함수를 호출하는 부분을 살펴보겠습니다.

```
return a + b;
```

return은 값을 반환하면서 함수의 실행을 종료합니다. 따라서 return문 이후에 이어지는 코드를 작성하더라도 그 코드는 절대로 실행되지 않습니다.

앞의 코드에는 총 두 개의 함수, main ( )과 add ( )가 존재했습니다. 이들이 실제로 어떻게 실행되는지에 관해서 다음 그림으로 조금 더 자세히 설명하겠습니다.

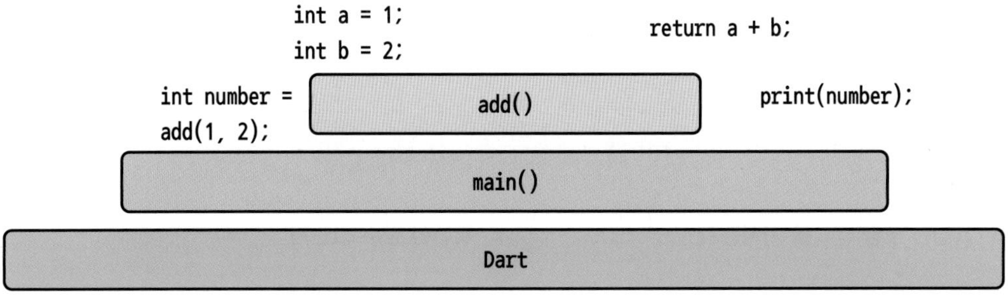

그림 2-8 main()과 add() 함수 실행 과정

1 다트에 의해 main( ) 함수가 호출됩니다.

2 main( ) 함수의 int number = add(1, 2); 코드에 의해 add( ) 함수가 호출됩니다.

3 add( ) 함수는 return문에 의해 종료되고, add( ) 함수가 반환한 값이 main( ) 함수의 number 변수에 할당됩니다.

4 main( ) 함수는 print(number); 를 호출하고, 모든 코드를 실행하였으므로 종료합니다(별도의 반환값은 없음).

그림에서처럼 나중에 호출된 함수가 먼저 종료되는 것을 Call Stack이라고 합니다. 호출되는 함수는 자신을 호출한 함수 위에 쌓이고, 실행이 끝나면 위에서부터 제거됩니다. 함수의 호출 순서를 이해하는 것은 복잡한 프로그래밍 작업을 수행할 때 굉장히 중요합니다.

패턴 매칭, switch문

앞서 레코드에 대해 다루면서, 구조 분해 할당에 대해 잠시 언급했습니다. 이 또한 다트 내부에서는 패턴 매칭의 일부분으로 분류하고 있습니다. 패턴이란 다트의 문법적 카테고리로, 실제 값과 매치하는 값들의 집합의 모양shape을 의미합니다.[12] 이렇게 설명하면 조금 난해하므로 다트 공식 문서에서 언급된 실제 사례와 함께 알아보겠습니다.

패턴은 크게 두 가지 일을 합니다.

■ **매칭**matching
주어진 값이 특정한 패턴에 해당하는지 확인합니다. 주로 switch문과 함께 쓰입니다.

■ **구조 분해**destructuring
하나의 값을 여러 개의 값으로 분해합니다. 구조 분해 할당에 대해서는 레코드에서 다뤘으므로 잠시 넘어가겠습니다. 사실 다트 3부터는 레코드뿐만 아니라 리스트 등 다른 콜렉션 타입에서도 구조 분해 할당을 지원합니다.

패턴 매칭을 통해서는 주어진 값이 다음에 해당하는지 확인할 수 있습니다.

■ **특정한 모양**shape**을 가지는지**　　　　　■ **특정한 상수 값인지**

---

12 https://dart.dev/language/patterns

■ **특정한 값과 같은지**   ■ **특정 타입에 속하는지**

먼저 일반적인 switch문을 다뤄보겠습니다. 조건문에서 배웠던 if문을 여러 번 쓰는 것과 크게 다르지 않습니다. 아래 코드 블록에서 number의 값이 1인 경우, print문이 실행됩니다. 이는 패턴 매칭이 등장하기 전부터 지원된 기능이지만, 다트에서는 패턴 매칭의 일부로 설명하고 있습니다.

```
switch (number) {
  case 1:
    print('one');
}
```

이제 패턴 매칭이 적용된 switch문을 다뤄 보겠습니다.

```
const a = 'a';
const b = 'b';
switch (obj) {
  case [a, b]:
    print('$a, $b');
}
```

이 경우에는 먼저 [a, b]가 두 개의 값을 가진 리스트인지 확인하고, 첫 번째 값이 a의 값과 같으면서 두 번째 값이 b와 같은지 확인하게 됩니다. 이 모든 조건이 맞다면 해당 case에 해당되어 print문이 실행됩니다.

다음은 다소 복잡한 switch문입니다.

```
switch (obj) {
  // Matches if 1 == obj.
  case 1:
    print('one');

  // Matches if the value of obj is between the constant values of 'first' and 'last'.
```

```
  case >= first && <= last:
    print('in range');

  // Matches if obj is a record with two fields, then assigns the fields to 'a' and
'b'.
  case (var a, var b):
    print('a = $a, b = $b');

  default:
}
```

정리하자면 다음과 같습니다.

■ **case 1**

obj가 정수 1인 경우입니다.

■ **case >= first && <= last**

obj의 값이 first로 선언된 값 및 last로 선언된 값 사이인 경우입니다.

■ **case (var a, var b)**

- obj가 두 개의 값이 묶여 있는 레코드인 경우입니다.
- 추가로 각각의 값을 a, b라는 변수로 받습니다.

■ **default**

이 모든 경우에 해당되지 않을 경우입니다.

여기서는 switch문을 중심으로 알아봤지만, 실제 패턴으로 할 수 있는 일들은 무궁무진합니다. 다트 공식 문서에서 더 많은 예시를 찾아보기를 권장드립니다.

2.2 심화 과정

클래스/상속

온라인 게임을 접해 보신 적이 있나요? 온라인 게임에서는 '몬스터'와 대결하는 일이 많은데요. 같은 종류의 몬스터라면 틀에 찍어낸 것처럼 똑같은 모습인 것을 본 적이 있으실 것입니다. 이처럼 게임에서 같은 종류의 몬스터 세 마리가 있으면 이들은 외형이나 처치 난이도 등 기본적인 특징을 공유합니다. 다만 이 외에 체력HP, Health Point 등 각자 따로 가지고 있는 개별 속성들도 존재합니다. 하나의 몬스터가 모두 같은 위치에 있지도 않고, 하나의 몬스터를 쓰려 뜨렸다고 해서 다른 몬스터들이 갑자기 함께 쓰러지지도 않습니다. 이는 몬스터마다 별개로 존재하는 속성들이 있다는 의미입니다.

클래스는 객체(클래스의 인스턴스)를 만들기 위한 하나의 틀입니다. 클래스의 생성자 함수를 통해 새로운 객체를 제작할 수 있으며, 객체를 몇 번이고 새로 만들 수 있습니다.

객체는 보통 다음을 포함합니다.

- **속성**property **또는 인스턴스 변수**instance variable

객체 내부에 포함된 변수들입니다.

- **메서드**method

객체 내부에 포함된 함수들입니다.

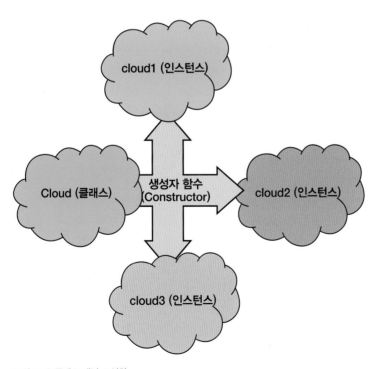

그림 2-9 클래스 개념 도식화

설명이 조금 어려우셨나요? 예시를 보시면 이해가 한결 쉬울 것입니다. 다시 다트패드에서 예시 코드를 작성해 보겠습니다.

```dart
class Human {
  String name;
  int age;
  int health = 100;

  Human(this.name, this.age);

  void grow() {
    age = age + 1;
  }

  void run() {
    health = health - 10;
  }

  void sleep() {
    health = health + 10;
  }
}

void main() {
  Human jeongjoo = Human("jeongjoo", 27);
  jeongjoo.run();
  print(jeongjoo.health);
  jeongjoo.grow();
  print(jeongjoo.age);
}
```

우리에게 굉장히 친숙한 예시인 인간Human 을 클래스로 만들어보았습니다. 이렇게 현실의 존재를 클래스로 만드는 것을 모델링Modeling 이라고 합니다.

인간은 다음과 같은 속성을 갖습니다.

- **name**: 이름 속성입니다.

- **age**: 나이 속성입니다.
- **health**: 체력 속성입니다.

또한 인간은 다음과 같은 메서드를 갖습니다.

- **grow()**: age를 1 증가시킵니다.
- **run()**: health를 10 감소시킵니다.
- **sleep()**: health를 10 증가시킵니다.

```
Human(this.name, this.age);
```

다음은 생성자 함수를 정의한 것입니다. 생성자 함수의 기능은 속성의 초기 값을 할당하는 것이고, 반환값(출력값)은 클래스의 인스턴스 자체이므로 모두 생략하는 것이 일반적입니다.

다음은 상속입니다. 상속을 설명하기 위해서는 동물의 분류를 예시로 드는 경우가 많은데, 이 책에서도 이 방법을 사용해 보겠습니다. 다음의 분류입니다(언어학에서는 상의어Hypernym, 하의어Hyponym라는 표현을 사용하기도 합니다).

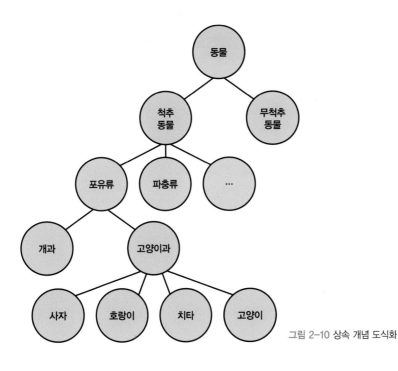

그림 2-10 상속 개념 도식화

그림을 보면 상속의 개념을 쉽게 이해할 수 있습니다. 가령, 고양이는 동물에 해당하지만, 모든 동물이 고양이에 해당한다고 볼 수는 없습니다.

상속은 다트 코드로 어떻게 표현할까요? 다시 다트패드를 열어 보겠습니다.

```dart
class Animal {
  String name;
  int age;
  int health = 100;
  Animal(this.name, this.age);

  void run() {
    health = health - 10;
  }

  void sleep() {
    health = health + 10;
  }
}

class Cat extends Animal {
  Cat(super.name, super.age);

  void meow() {
    print('meow');
  }
}

void main() {
  Cat cathy = Cat('cathy', 3);
  print(cathy.name);
  cathy.meow();
}
```

Cat 클래스는 Animal 클래스에서 상속받아 만들어졌으므로 Animal 클래스의 속성과 메서드를 모두 가지고 있습니다. 추가로, Animal 클래스에 존재하지 않는 meow( ) 메서드를 만들어서 사용하고 있습니다.

이처럼 객체 지향 프로그래밍 언어의 성질을 가진 다트에서 클래스와 상속은 꽤 중요한 개념입니다. 특히 플러터의 위젯을 다룰 때 클래스와 상속을 직접 사용하게 될 예정이니 개념을 반드시 이해해야 합니다.

비동기

앞서 함수의 실행 순서를 이야기하면서 Call Stack을 말씀드렸습니다. 하지만 모든 함수를 Call Stack 방식으로 처리할 수는 없습니다. 예를 들어서 타이머를 설정해 놓은 상황, 네트워크를 통해 서버의 응답을 기다려야 하는 상황, 플러터에서 사용자의 인터랙션을 기다려야 하는 상황 등이 그렇습니다.

다트패드를 열고, 다음 코드를 작성해 봅시다.

```dart
import 'dart:async';

void main() {
  Timer(Duration(seconds: 10), () {
    print('타임아웃! 10초가 지났어요.');
  });
  print('이제부터 타이머를 시작할게요.');
}
```

내용을 보면 아시겠지만, 이 코드는 10초가 지났다는 것을 알려주는 간단한 타이머를 포함합니다.

```
이제부터 타이머를 시작할게요.
타임아웃! 10초가 지났어요.
```

그런데 코드는 위에서 아래로 실행되는데 왜 아래에 있는 '이제부터 타이머를 시작할게요.'가 먼저 출력될까요?

이유는 타이머가 비동기Async 함수이기 때문입니다. 타이머는 10초가 지날 때까지 기다리고 있습니다. 기다리는 동안 더 아래에 있는 코드들은 정상적으로 실행됩니다. 10초가 지난 이후에 자신의 두 번째 인자로 들어온 함수를 실행합니다. 비동기 함수들은 대부분 기다림이 끝났을 때 특정한 "함수"를 호출하는 형태로 실행됩니다.[13] ( ) { } 형태로 간략화된 함수들은 대부분 "이름이 없는 함수", "익명 함수" 또는 "람다 함수lambda function"로 불립니다.

대표적인 비동기 타입으로는 Future와 Stream이 있습니다.[14]

- Future란 비동기적으로 반환되는 객체를 의미합니다. 대표적인 예시로는 HTTP 라이브러리를 통한 API 호출의 결과값이 있습니다.
- Stream이란 데이터의 시퀀스를 의미합니다. 대표적인 예시로는 파일을 읽어들이는 경우가 있습니다.

타이머를 포함한 비동기에 관한 내용은 HTTP 라이브러리를 통한 API 호출 때 더 자세히 다룰 예정입니다.

예외 처리

예외Exception 란 코드의 컴파일 또는 실행 과정에서 발생할 수 있는 예상치 못한 상황입니다. 오류(에러Error)와 유사해 보이지만, 오류는 주로 개발자가 손쓸 도리가 없고 프로그램이 종료될 수도 있는 심각한 상태를 의미합니다. 이런 오류까지 가는 상황을 미연에 방지하고자 예외 처리Exception Handling를 통해 예외를 발생시키는 것입니다. 예외가 발생하면 그에 따른 알맞은 동작을 수행하게 됩니다.

누구도 예외가 없는 완벽한 프로그램을 작성할 수는 없습니다. 예외가 발생할 가능성이 있다면 당연히 그에 대한 대비도 필요하겠지요. 다트는 예외 처리를 위해 다양한 방법을 제공합니다.

먼저, throw문을 통해 강제로 예외를 발생시킬 수 있습니다.

---

13 여기서 "함수" 자체가 다른 함수의 입력값이 될 수 있다는 것을 이해해야 합니다. 다트 등 대다수의 모던 프로그래밍 언어에서는 함수를 변수에 담을 수 있고, 함수가 함수의 입력값이나 출력값이 될 수 있습니다. 이를 "함수를 일급 시민first-class citizen으로 취급한다."라고 합니다.

14 https://dart.dev/guides/libraries/library-tour#dartasync---asynchronous-programming

```
throw FormatException('Expected at least 1 section');
```

그리고 try-catch문을 통해 예외 상황에서의 동작을 따로 지정할 수 있습니다.

finally문은 선택사항으로, 예외가 발생하든, 발생하지 않든 마지막에 실행되는 코드입니다.

```
 try {
  breedMoreLlamas();
} catch (e) {
  print('Error: $e'); // 예외를 처리합니다.
} finally {
  cleanLlamaStalls(); // 마지막에 수행할 동작을 지정합니다.
}
```

2.3 핵심 예제 반복문

반복문을 이용하여 문자열을 5번 출력하는 코드를 작성해 봅시다. 결과물은 아래처럼 나와야 합니다. 너무 쉬운가요? 그렇다면 같은 방법으로 문자열을 100번 출력하는 코드를 작성해 봅시다.

```
하
하하하
하하하하하
하하하하하하하
하하하하하하하하하
```

또한, 앞서 배운 클래스와 상속에 대한 내용을 토대로, Car 클래스를 만들어 봅시다. Car의 종류에는 Truck, Bus, Taxi 등이 있습니다. 필드 또는 메서드는 자유롭게 구성해 보세요.

2.4 앱 개발 지도 펼치기

이제 준비운동이 끝났습니다. 본격적으로 앱 개발이라는 모험을 떠나기에 앞서서 무엇이 필요한지 일목요연하게 앱 개발 지도로 정리했습니다.

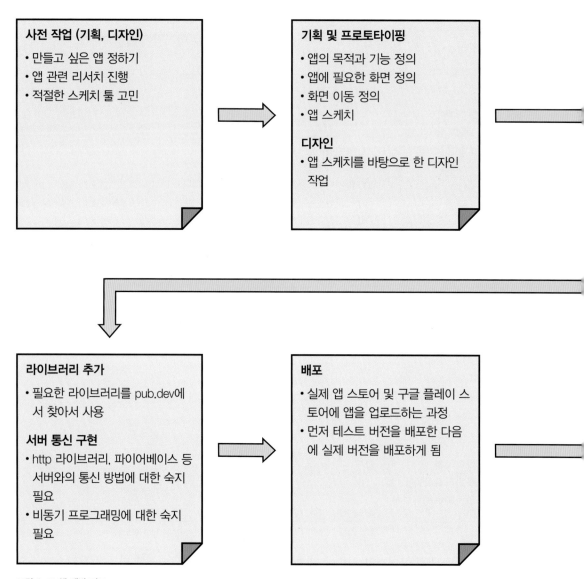

사전 작업 (기획, 디자인)
- 만들고 싶은 앱 정하기
- 앱 관련 리서치 진행
- 적절한 스케치 툴 고민

기획 및 프로토타이핑
- 앱의 목적과 기능 정의
- 앱에 필요한 화면 정의
- 화면 이동 정의
- 앱 스케치

디자인
- 앱 스케치를 바탕으로 한 디자인 작업

라이브러리 추가
- 필요한 라이브러리를 pub.dev에서 찾아서 사용

서버 통신 구현
- http 라이브러리, 파이어베이스 등 서버와의 통신 방법에 대한 숙지 필요
- 비동기 프로그래밍에 대한 숙지 필요

배포
- 실제 앱 스토어 및 구글 플레이 스토어에 앱을 업로드하는 과정
- 먼저 테스트 버전을 배포한 다음에 실제 버전을 배포하게 됨

그림 2-11 앱 개발 지도

UI/UX 목업 작성

- 위젯 및 레이아웃 작성에 대한 내용 숙지 필요
- 필요에 따라 위젯 분리
- 실제 동작하지 않아도 기획에서 의도한 화면을 그대로 보여줌

상태 구현

- 상태 및 전역 상태에 대한 내용 숙지 필요
- 여기서는 사용자와 상호작용하는 UI를 만들 수 있음
- 서버에서 받아와야 하는 데이터는 임시로 목업 데이터를 만들어서 사용

사전 작업 (프로그래밍)

- 개발환경 설정
- 프로젝트 생성
- 다트 핵심 문법

심화 내용

- 테스트 코드 작성
- 배포 자동화 (CI/CD)
- 플러터 애니메이션

PART 02

플러터 여정의 중심: 빠르고 정확한 앱 개발하기

"플러터 여정의 중심부로 들어갑니다!"

CHAPTER 03에서는 플러터 앱 개발 과정을 빠르게 훑어봅니다.
"여러분은 이제 플러터 여정의 중심으로 향하고 있습니다. 3장에서는 플러터 앱 개발의 핵심 단계를 간략하게 살펴보며, 앱 개발에 필요한 기본 사항들을 익힐 것입니다. 주요 내용은 간략히 소개하되, 자세한 내용은 다음 챕터에서 다룰 예정입니다. 본문을 읽고 따라 하며 앱 개발의 흐름을 익혀 보세요."

CHAPTER 04에서는 플러터 앱 개발 과정을 정확하게 톺아봅니다.
"여러분의 플러터 여정이 이제 본격적으로 시작됩니다. 4장에서는 저와 함께 직접 앱 개발에 도전합니다. 플러터의 다양한 기능을 깊이 있게 이해하고, 이를 활용하여 실제 상용앱을 개발하는 과정을 함께 거쳐 봅시다. 매일 새로운 일자별 과제와 함께 여러분의 플러터 개발 능력을 한 단계씩 높여 보세요. 이 여정에서 여러분은 플러터의 매력을 발견하며 성장할 것입니다."

03 앱 개발 과정 빠르게 훑어보기

지금까지 플러터 환경 설정 방법과 프로그래밍 언어 다트에 대한 기본적인 내용을 배우고 앱 개발 지도를 둘러보았습니다. 하지만 지금까지 배운 것들을 잘 이해했다고 해도, 아무런 길잡이 없이 첫발을 떼기는 어려울 것입니다. 사실 저도 처음 앱 개발을 시작했을 때 참 궁금한 것이 많았습니다. 주로 다음과 같은 질문을 던져 보곤 했죠.

'나보다 먼저 (혼자서) 앱 개발을 진행한 사람들은 어떤 과정을 거쳤을까?'

'개인이 취미로 만드는 앱에 비해 상용 목적의 앱은 어떤 부분을 특히 더 고려해야 할까?'

'대규모의 인적, 물적 자원이 부족한 상황에서 앱을 개발하기 위한 최선의 방법은 무엇일까?'

저는 단순히 습작을 만드는 것이 아니라 실제로 회사의 사업과 관련된 앱을 출시해야 했습니다. 결국에는 앱 개발과 관련한 체크리스트를 만들어서 문제를 하나씩 해결하는 방식으로 앱을 개발했습니다. 초기 기획이나 디자인이 변경될 때는 유연하게 대처해야 했고, 처음에 미처 생각하지 못했던 부분을 나중에 발견해서 체크리스트를 수정 및 보완해야 하기도 했습니다. 출시 과정에서는 장애물을 만나지 않도록 미리 애플 앱 스토어 또는 구글 플레이 스토어의 심사 기준을 최대한 꼼꼼하게 조사했습니다. 그런데도 회원가입 시퀀스 부분에서 애플 측의 수정 요청이 지속되어서 세 번째 시도를 거친 끝에 비로소 통과하게 되었습니다. 그렇게 저의 첫 앱을 완성할 수 있었습니다.

사실 인터넷에는 참고할 만한 좋은 코드들이 많습니다. 하지만 여러분이 만들려는 앱은 크든, 작든 다른 앱과 비교했을 때 차이점이나 여러분만의 독창성을 갖추고 있습니다. 물론 개발환경의 차이도 있을 것입니다. 가령, 리액트 네이티브처럼 플러터가 아닌 다른 프레임워크로 작성한 코드를 플러터에 그대로 적용할 수는 없을 것입니다. 코드를 그대로 사용할 수 없는 상황이라면 이 책을 부분적으로 참고해야 합니다. 그러나 플러터 코드가 어떻게 동작하는지에 대한 기본적인 이해가 없다면 그렇게 작업하기는 불가능합니다.

또한, 앱의 완성도 면에서는 코딩 전후의 과정들도 코딩만큼 중요합니다. 그래서 이번 챕터에서는 코드에 대한 설명도 있지만, 본질적으로는 앱 개발 과정에서 반드시 챙겨야 할 것들에 관해 이야기하고자 합니다.

가장 효율적인 학습 방법을 고민하다가 일련의 과정을 모두 포함한 간단한 앱 예시를 하나 준비했습니다. 많은 분께 친숙한 고양이 및 SNS라는 소재를 사용한 샘플 앱입니다.

주제는 많은 분들에게 낯설지 않은 '인스타그램 클론 코딩'을 선택했습니다. 고양이 사진을 자유롭게 공유하고, '댓글'과 '좋아요'를 표시할 수 있는 앱입니다.

여기 적힌 모든 내용을 이해하지 못해도 괜찮습니다. 어차피 플러터를 계속 사용하고 배우다 보면 다시 만나게 될 내용들이니까요. 일단 흐름을 익히는 것을 목표로 합시다.

중간부터의 내용은 부분별로 나름의 완결성을 갖추고 있습니다. 다음과 같습니다.

- '목업 작성'까지 진행하면 (이미지 업로드나 댓글 작성은 불가능하지만) 이미지 리스트에서 이미지를 터치하면 상세 페이지로 진입하는 등의 화면 이동을 구현할 수 있습니다.
- '상태 관리'까지 진행하면 (실제 서버에 올라가지는 않지만) 댓글을 추가할 수 있습니다.
- '라이브러리 사용'까지 진행하면 디바이스(휴대폰 등)에 저장된 이미지를 업로드할 수 있습니다. 물론 아직은 이 모든 작업을 나만 볼 수 있습니다. 작업 내용은 내 디바이스(혹은 시뮬레이터)를 벗어나지 못한 상태죠.
- '서버 통신'까지 진행하면 이 모든 작업 내용을 서버에 저장하고, 모두가 볼 수 있습니다. 이제 남은 과제는 뭘까요?
- '배포'까지 진행하면 비로소 모두가 앱을 편리하게 다운로드할 수 있습니다. 하나의 코드로 iOS와 안드로이드 앱이라는 두 앱이 탄생합니다. 플러터의 가장 큰 특징인 크로스 플랫폼 개발이 빛을 발하는 순간입니다.

3.1 기획 및 화면 스케치

누구나 고양이 사진을 업로드해서 본인의 고양이를 자랑하고 '댓글'과 '좋아요'를 남길 수 있는 멋진 앱이 있다면 얼마나 좋을까요? 이 부분부터는 실습에 해당하므로 다트 문법을 한 번 복습하고 수행하는 것을 추천합니다. 2주 1일 차는 2장을 복습하는 것입니다.

그림 3-1 데일리 캣츠Daily Cats 앱

기능 정의

데일리 캣츠 앱(가칭) 개발을 위해 필요한 기능들을 정의해 봅시다. 추후 이 예제를 따라하실 때는 여러분만의 기능들을 넣어 보아도 좋습니다.

■ **사용자**

- 고양이 사진 리스트 조회('댓글', '좋아요' 보여지지 않음) 기능이 필요합니다. 고양이 사진은 최신 순 또는 24시간 내 인기순으로 정렬할 수 있습니다.
- 고양이 사진 상세 조회('댓글', '좋아요' 보여짐) 기능이 필요합니다.
- 고양이 사진 업로드 기능이 필요합니다.
- '댓글' 작성 기능이 필요합니다. '댓글' 수정 기능은 없습니다. '댓글' 삭제 기능이 필요합니다.
- '좋아요' 기능이 필요합니다. '좋아요' 취소 기능은 없습니다.
- 게시물 신고 기능이 필요합니다.

화면 스케치

이렇게 필요한 기능들을 정의했다면 다음으로는 화면을 스케치해야 합니다. 데일리 캣츠 앱에는 기본적으로 총 세 개의 화면이 존재합니다. 그 구성은 다음과 같습니다.

표 3-1 데일리 캣츠 앱 화면 구성

화면	설명	이동 가능한 화면	비고
사진 리스트 화면ListScreen	고양이 사진 목록을 보여주는 화면	사진 상세 화면, 사진 업로드 화면	
사진 상세 화면DetailScreen	고양이 사진 하나를 크게 보여주고, 그 밑에 '댓글'과 '좋아요' 수를 보여주는 화면	사진 리스트 화면	댓글 작성 폼 존재 사진에 '좋아요'를 누를 수 있음
사진 업로드 화면UploadScreen	고양이 사진을 업로드하는 화면	사진 리스트 화면	사진 업로드 가능

간단한 앱이므로 이 정도로 요약할 수 있습니다. 이제 직접 화면을 스케치해 봅시다.

표 3-2 데일리 캣츠 앱 화면 구성 스케치

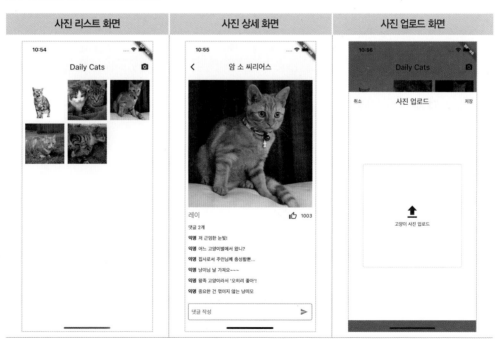

우선은 손으로 화면 구조를 직접 그려 보는 것을 추천합니다. 그림을 못 그려도 괜찮습니다. 어차피 스케치를 그대로 출시하거나 다른 사람들에게 공개하는 것이 아니니까요. 하지만 생각을 정리하기 위해서는 스케치만 한 것이 없습니다. 물론 피그마Figma 처럼 전문적인 프로그램을 사용할 수도 있지만, 자칫하면 배보다 배꼽이 더 큰 상황이 발생할 수도 있습니다.

화면별 구성 요소 스케치

화면은 플러터 앱 개발 과정에서 분명히 중요한 단위입니다. 하지만 화면 내에도 다양한 구성 요소(컴포넌트라고도 합니다)들이 존재하며, 필요한 구성 요소를 분명하게 명시해 줄수록 코드 작성을 수월하게 할 수 있습니다. 화면 단위로만 생각하다 보면 중요한 내용을 누락할 수도 있으며, 여러 화면에 걸쳐서 동일하게 사용되는 요소를 중복으로 만들 수도 있습니다. 이는 다소 비효율적인 일이죠.

앞서 스케치한 화면들을 각각의 요소로 분해해 봅시다. 여러 화면에서 공통적으로 사용할 수 있는 요소를 찾아내는 것이 중요합니다.

표 3-3 데일리 캣츠 앱 화면 요소 분석

사진 리스트 화면	사진 상세 화면	사진 업로드 화면
앱바(제목, [업로드] 버튼)	앱바(제목, [뒤로가기] 버튼)	앱바([저장] 버튼, [취소] 버튼)
고양이 사진 목록(바둑판 모양 배치)	고양이 사진	고양이 사진 [업로드] 버튼
	작성자 이름 및 '좋아요' 수	
	'댓글' 리스트	
	'댓글' 작성 폼	

- **사진 리스트 화면**
  - **앱바**: 앱 상단에 표시되며, 화면 제목과 각종 버튼을 보여 줍니다. 앱을 사용해 보셨다면 익숙한 개념입니다. 플러터에서는 일반적으로 앱바AppBar 라고 합니다.
    : 제목 − Daily Cats
    : [업로드] 버튼
  - **고양이 사진 목록**: 고양이 사진이 바둑판 형식으로 배치됩니다. 나중에 다시 설명하겠지만, 플러터에서는 이를 일반적으로 그리드 뷰GridView 라고 합니다.
    : 개별 고양이 사진

■ **사진 상세 화면**

- 앱바
  : 제목 – (게시물 제목)
  : [뒤로가기] 버튼 – 자동으로 생성됩니다.

- 고양이 사진
  앞선 사진 리스트의 고양이 사진과는 달리, 바둑판 형식으로 배치되지 않으며 하나의 사진이 크게 보여집니다. 플러터에서는 일반적으로 이미지Image 라고 합니다.

- 작성자 이름 – (작성자 이름)

- '좋아요' 수 – ('좋아요' 수)

- '댓글' 수 – ('댓글' 수)

- '댓글' 리스트 – ('댓글' 리스트)

- '댓글' 작성 폼 – 새로운 댓글을 작성하기 위한 폼입니다.
  : 텍스트 박스: 플러터에서는 일반적으로 텍스트 필드TextField 라고 합니다.
  : [전송] 버튼

■ **사진 업로드 화면**

- 앱바

- 고양이 사진 [업로드] 버튼

✍️ **한 걸음 더!**

'(게시물 제목)'처럼 괄호로 표시된 값들은 무엇인가요?

해당 값들은 게시물에 따라서 바뀌어야 합니다. 처음에는 임시 데이터를 만들어서 화면에 표시하지만, 서버 통신 부분을 학습한 이후에는 실제 데이터로 동작하도록 만들 수 있습니다.

사실 초반의 기획은 완벽하지는 않습니다. 오히려 군데군데 엉성한 부분들이 다소 보입니다. 앞으로 내부 혹은 외부 피드백을 거쳐서 수정되는 부분들도 많습니다. 하지만 이 초반 기획 자체는 숙지하고 있어야 합니다. 본인이 만드는 것은 본인 스스로가 제일 잘 알아야 하는 법이니까요.

3.2 프로젝트 생성하기

이제 데일리 캣츠 앱의 프로젝트를 생성해 보겠습니다.

다음 과정을 하나씩 따라 해 봅시다.

1 터미널에서 다음 명령어를 입력합니다.

```
flutter create daily_cats_app
cd daily_cats_app
code .
```

2 이제 비주얼 스튜디오 코드로 넘어가서 작업을 이어서 진행합니다. 플러터에서 자동으로 생성한 파일과 폴더가 보이시나요? [Terminal] ▶ [New Terminal]로 들어가서 비주얼 스튜디오 코드 내부 터미널을 실행해 보겠습니다.

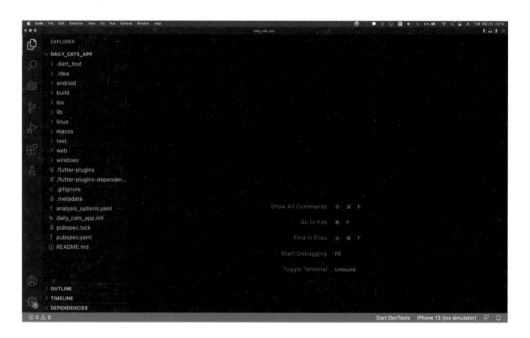

3 비주얼 스튜디오 코드 내부 터미널에서 다음 명령어를 입력합니다.

```
open -a simulator
flutter run
```

파일 구조

최종적으로 만들어질 파일 구조입니다. 지금은 이런 구조가 있다는 정도만 알아두시면 되겠습니다.

3.3 사전 작업

UI 작업에 들어가기 전에 몇 가지 작업을 통해서 우리가 하려는 일을 정의해야 합니다. 이 단계에서는 약간의 고양이 사진도 함께합니다. 가장 즐거운 시간이죠.

이미지 에셋 추가하기

아직은 서버에서 고양이 이미지를 가져올 수 없습니다. 따라서 고양이 이미지 몇 개를 저장해서 임시로 사용하겠습니다. 다음과 같은 순서를 따릅니다.

1 프로젝트 루트 경로에 assets 폴더를 생성합니다.

2 assets 폴더 안에 images 폴더를 생성합니다.

3 images 폴더 안에 cat_00.jpg, cat_01.jpg 등 고양이 이미지를 추가합니다(확장자는 png 등 다른 것을 써도 상관없습니다).

4 프로젝트 루트 경로에 있는 pubspec.yaml 파일을 열고, 다음과 같이 수정합니다 (assets:는 # assets:와 같이 되어 있을 텐데, 해시태그는 삭제합니다).

```
# To add assets to your application, add an assets section, like this:
assets:
            - assets/images/
```

5 터미널에서 'flutter pub get'을 실행합니다.

이제 프로젝트 경로에 몇 개의 고양이 이미지를 추가했고, 해당 이미지들을 플러터에서 사용할 수 있습니다. 윈도우 환경에서는 가끔 비주얼 스튜디오 코드를 재시작하기 전까지 에셋을 인식하지 못하는 경우가 있습니다. 이 경우 가끔 비주얼 스튜디오 코드를 재시작하고 다시 작업하시면 됩니다.

Cat 클래스 작성하기

여기서는 각각의 고양이 게시물을 하나의 Cat이라는 클래스로 정의해 보겠습니다. 다음과 같은 사항을 유의해야 합니다.

- 고양이와 게시물 간의 관계가 1:1이라고 가정합니다.
- 하나의 고양이가 여러 게시물에 대응될 경우, 고양이와 게시물을 별개의 클래스로 작성해야 합니다.

Cat 클래스는 다음과 같은 필드값들을 가지고 있습니다. 생각보다 많죠? 타입이 알쏭달쏭하신가요? 2장의 '다트 핵심 문법 익히기'에서 설명한 것들을 다시 떠올려 봅시다.

표 3-4 Cat 클래스의 필드값

필드명	타입	설명
id	String	고양이 게시물의 고유 ID, 추후 파이어베이스에서 자동 생성
name	String	고양이 이름
title	String	고양이 게시물 제목
link	String	고양이 사진 링크, URL일 수도 있고 다른 형식의 링크일 수도 있음
likeCount	int	'좋아요' 수
replyCount	int	'댓글' 수
created	DateTime	게시물 생성 시각(년, 월, 일, 시, 분, 초, 밀리초)

경우에 따라서는 더 많은 필드가 들어갈 수도 있지만, 여기서는 꼭 필요한 필드만 작성해 보겠습니다. 다음과 같은 순서를 따릅니다.

1 lib 폴더 안에 models 폴더를 생성합니다.

2 models 폴더 안에 cat.dart라는 파일을 생성하고, 다음과 같이 내용을 작성합니다. required 키워드는 해당 클래스를 초기화하기 위해서 꼭 넣어 주어야 하는 값임을 의미합니다. 가령 Cat 클래스에서 필드 값들이 한 번 할당되면 변할 수 없는 final로 선언되었는데, 타입을 보니까 null이 될 수 없습니다. 이 경우 무조건 초기값이 존재해야 하므로 required 키워드가 필요합니다. 반면 null이 될 수 있는 값일 경우 required 키워드가 필요하지 않습니다.

```
// models/cat.dart
class Cat {
  final String id;
  final String name;
  final String title;
  final String link;
  final int likeCount;
  final int replyCount;
  final DateTime created;

  Cat({
    required this.id,
    required this.name,
    required this.title,
    required this.link,
    required this.likeCount,
    required this.replyCount,
    required this.created,
  });
}
```

윗줄의 코드는 클래스 내부에 들어갈 필드의 이름과 타입을 정의한 것입니다. 아랫줄의 Cat 으로 시작하는 코드는 필드 값들을 받아 클래스의 인스턴스를 생성하는 '생성자 함수'입니다. 다트는 생성자 함수를 축약된 문법으로 표현합니다. 클래스에 대해서는 우선 이 정도만 설명해드리겠습니다. 이제 고양이 데이터를 다룰 준비를 마쳤습니다.

> **tip** **클래스를 꼭 생성해야 하나요?**
> 네, 그렇습니다. 물론 Map 형식으로 복잡한 데이터를 다룰 수 없는 것은 아닙니다. 하지만 클래스 형식으로 구조화하여 사용하는 것이 코드의 안정성과 예측 가능성을 높여 줍니다. 또한, 개발자 입장에서도 필드명 자동 완성, 타입 혼동 방지 등 편리한 기능들을 이용할 수 있습니다. 이후 내용에서는 서버와의 통신 과정에서 Map 형식의 데이터를 사용해 클래스 를 초기화하는 방법(Cat.fromMap)에 대해서도 다루게 됩니다.

3.4 UI 작업

이제 눈에 보이는 화면을 구성해 보겠습니다. 화면의 껍데기를 작성하고, 화면과 화면 사이의 이동(내비게이션)을 구현합니다. 이 단계까지는 사용자는 화면에 등장하는 데이터를 변경할 수 없습니다. 이는 상태 관리에서 다룰 예정입니다.

리스트 화면

그림 3-2 데일리 캣츠 앱 리스트 화면

기본 코드 준비하기

리스트 화면을 작성하기 위한 기본 코드를 준비해 보겠습니다. 다음의 과정을 따릅니다.

1 screens/list_screen.dart 파일을 생성하고, stf 키워드를 입력합니다. 참고로 stl 키워드를 입력하면 Stateless 위젯을 생성할 수 있습니다.

2 [Flutter Stateful Widget]을 선택합니다. 그러면 다음과 같은 코드가 자동으로 튀어나옵니다.

```
import 'package:flutter/src/widgets/container.dart';
import 'package:flutter/src/widgets/framework.dart';

class MyWidget extends StatefulWidget {
  const MyWidget({super.key});
```

```
  @override
  State<MyWidget> createState() => _MyWidgetState();
}

class _MyWidgetState extends State<MyWidget> {
  @override
  Widget build(BuildContext context) {
    return Placeholder();
  }
}
```

한 걸음 더!

이것은 무슨 과정인가요? 그리고 Stateful 위젯은 무엇이고, State는 무엇인가요?

이 과정은 플러터 UI의 기본 단위인 위젯을 작성하는 과정입니다. 위젯을 작성할 때는 이미 존재하는 위젯들을 다양한 방법으로 결합합니다. 이는 레고 블록 놀이에 비유해 볼 수 있습니다. Stateful 위젯과 State는 항상 붙어 다닌다고 생각하시면 됩니다.

```
class MyWidget extends StatefulWidget {
  const MyWidget({super.key});

  @override
  State<MyWidget> createState() => _MyWidgetState();
}

class _MyWidgetState extends State<MyWidget> {
  @override
  Widget build(BuildContext context) {
    return Container();
  }
}
```

3 그 상태에서 아무것도 조작하지 않고 "ListScreen"을 입력합니다. 그러면 MyWidget이라는 텍스트가 한 번에 ListScreen으로 변경됩니다.

```
import 'package:flutter/src/widget/container.dart';
import 'package:flutter/src/widget/framework.dart';
```

```
class ListScreen extends StatefulWidget {
  const ListScreen({super.key});

  @override
  State<ListScreen> createState() => _ListScreenState();
}

class _ListScreenState extends State<ListScreen> {
  @override
  Widget build(BuildContext context) {
    return Placeholder();
  }
}
```

4 맨 위에 있는 import문 두 개를 지우고, 다음 import문을 입력합니다. 이렇게 하면 추가적인 import 없이 머티리얼에 속한 모든 위젯을 사용할 수 있습니다.

```
import 'package:flutter/material.dart';
```

5 return Placeholder( );를 return Scaffold( );로 고칩니다. 참고로, Scaffold는 앱바App Bar 등 화면의 여러 구성 요소들을 포함한 단위로, 공식 문서에서는 "머티리얼 디자인의 시각적 레이아웃 구조의 구현체"라고 표현합니다.

6 main.dart의 머티리얼 내부에 있는 home을 const ListScreen( )으로 고칩니다(import 문은 빨간색 밑줄에 커서를 갖다 대고 [Quick Fix]를 클릭하면 자동으로 추가할 수 있습니다).

```
// "hot reload" (press "r" in the console where you ran "flutter run".
// or simp  Type: dynamic
// Notice
// is not   The name 'ListScreen' isn't a class.
          Try correcting the name to match an existing class. dart(creation_with_non_type)
primarySwa
), // ThemeD  View Problem   Quick Fix... (⌘.)
home: const ListScreen(),
```

7 자, 완성된 코드입니다! 터미널에서 'flutter run'을 입력하여 시뮬레이터 또는 에뮬레이터에서 직접 확인해 봅시다.

만약 코드를 변경한 경우, flutter run이 실행 중인 터미널에서 소문자 `r` 키를 입력하여 핫 리로드를 수행하면 앱의 재실행 없이 코드의 변경사항이 반영됩니다. 일부 복잡한 변경사항은 핫 리로드로는 바로 반영할 수 없는데, 이때는 대문자 `R` 키를 입력하여 핫 리스타트Hot Restart를 수행하면 앱이 재실행되면서 코드의 변경사항이 반영됩니다. 앞으로는 별도의 언급 없이도 코드 변경 시 핫 리로드를 수행하시면 되겠습니다.

```
import 'package:flutter/material.dart';

import 'screens/list_screen.dart';

void main() {
  runApp(const MyApp());
}

class MyApp extends StatelessWidget {
  const MyApp({super.key});

  // This widget is the root of your application.
  @override
  Widget build(BuildContext context) {
    return MaterialApp(
      title: 'Flutte Demo',
      theme: ThemeData(
        // This is the theme of your application.
        //
        // Try running your application with "flutter run". You'll see the
        // application has a blue toolbar. Then, without quitting the app, try
        // changing the primarySwatch below to Colors.green and then invoke
        // "hot reload" (press "r" in the console where you ran "flutter run",
        // or simply save your changes to "hot reload" in a flutter IDE).
        // Notice that the counter didn't reset back to zero; the application
        // is not restarted.
        primarySwatch: Colors.blue,
      ),
```

```
      home: const ListScreen(),
    );
  }
}
```

앱바 작성하기

앞에서 앱바의 개념을 설명해드렸습니다. 데일리 캣츠 앱을 기준으로 하면 데일리 캣츠 텍스트 및 우측 아이콘이 위치한 부분이 앱바입니다. 일반적인 앱바의 구조는 가운데 부분에 화면 제목 역할을 하는 텍스트가 위치하고, 좌측과 우측에 아이콘이 위치하는 구조입니다. 추가로 뒤로가기 기능을 사용할 수 있다면 좌측에는 뒤로가기 아이콘이 표시됩니다(이 부분은 내비게이션 파트에서 더 알아보겠습니다).

저희가 만들 앱바의 요구사항을 정리해 보면 다음과 같습니다.

■ **제목: 데일리 캣츠**Daily Cats

제목은 바뀌지 않습니다(const로 선언).

■ **우측: 카메라 버튼**

지금은 아무 기능도 하지 않습니다.

이제 코드를 작성해 봅시다. 다음과 같은 과정을 따릅니다.

1 앞서 작성한 Scaffold 내부에 appBar: AppBar( ) 코드를 작성합니다.

```
import 'package:flutter/material.dart';

class ListScreen extends StatefulWidget {
  const ListScreen({super.key});

  @override
  State<ListScreen> createState() => _ListScreenState();
)
```

```
class _ListScreenState extends State<ListScreen> {
  @override
  Widget build(BuildContext context) {
    return Scaffold(appBar: AppBar(),);
  }
}
```

2 **1**에서 작성한 앱바 내부에 title: const Text("Daily Cats")를 넣어 줍니다. 플러터에서는 이렇게 위젯 내부에 위젯이 들어가는 구조가 많습니다. 마치 러시아의 마트료시카 인형 같지 않나요?

그림 3-3 마트료시카 인형은 인형의 몸체가 상하로 분리되고, 그 안에 더 작은 인형이 3~5개 반복되어 들어가는 구조로 된 인형입니다.

```
import 'package:flutter/material.dart';

class ListScreen extends StatefulWidget {
  const ListScreen({super.key});

  @override
```

```
    State<ListScreen> createState() => _ListScreenState();
}


class _ListScreenState extends State<ListScreen> {
  @override
  Widget build(BuildContext context) {
    return Scaffold(
      appBar: AppBar(
        title: const Text("Daily Cats"),
      ),
    );
  }
}
```

3 **1**에서 작성한 앱바 내부에 actions: [ ]를 넣어 줍니다.

```
import 'package:flutter/material.dart';

class ListScreen extends StatefulWidget {
  const ListScreen({super.key});

  @override
  State<ListScreen> createState() => _ListScreenState();
}


class _ListScreenState extends State<ListScreen> {
  @override
  Widget build(BuildContext context) {
    return Scaffold(
      appBar: AppBar(
        title: const Text("Daily Cats"),
        actions: [],
      ),
    );
  }
}
```

4 **3**에서 작성한 actions의 [ ] 내부에 IconButton( )을 넣어 줍니다.

```dart
import 'package:flutter/material.dart';

class ListScreen extends StatefulWidget {
  const ListScreen({super.key});

  @override
  State<ListScreen> createState() => _ListScreenState();
}

class _ListScreenState extends State<ListScreen> {
  @override
  Widget build(BuildContext context) {
    return Scaffold(
      appBar: AppBar(
        title: const Text("Daily Cats"),
        actions: [
                  IconButton(),
              ],
        ),
      );
  }
}
```

5 **4**에서 작성한 IconButton 내부에 다음 값들을 넣어 줍니다.
icon: const Icon(Icons.camera_alt)
onPressed: ( ) {}

```dart
import 'package:flutter/material.dart';

class ListScreen extends StatefulWidget {
  const ListScreen({super.key});

  @override
```

```
    State<ListScreen> createState() => _ListScreenState();
}

class _ListScreenState extends State<ListScreen> {
  @override
  Widget build(BuildContext context) {
    return Scaffold(
      appBar: AppBar(
        title: const Text("Daily Cats"),
        actions: [
          IconButton(
            icon: const Icon(Icons.camera_alt),
            onPressed: () {},
          ),
        ],
      ),
    );
  }
}
```

6 여기까지의 작업 결과는 다음과 같습니다. 앱바만 존재하는 화면이 만들어졌습니다.

Body 작성하기

리스트 화면의 본문은 통째로 그리드 뷰를 사용해서 바둑판 모양으로 이미지들을 배열합니다. 반면에 ListView(리스트 뷰)는 가로 또는 세로 중 하나의 축으로만 항목들을 배열할 수 있습니다.

- 그리드 뷰는 본문에서 위, 왼쪽, 오른쪽으로 10픽셀씩 떨어져 있으며, 그리드 뷰의 항목들 사이에도 각각 10픽셀의 간격을 두게 됩니다.
- GridView.builder 형태로 사용하게 되면 itemCount번 만큼 itemBuilder가 반복되어 각 항목을 생성합니다(index는 0부터 itemCount − 1까지).
- 이름이 무시무시하게 긴 SliverGridDelegateWithFixedCrossAxisCount의 정체는 우선은 그냥 넘어가겠습니다.

이제 코드를 작성해 봅시다. 다음과 같은 과정을 따릅니다.

1 import문 밑에 다음 코드를 추가해 줍니다(이는 서버에서 데이터를 불러오기 전까지 사용할 임시 데이터입니다).

```
import '../models/cat.dart';

final List<Cat> cats = [];
```

2 다음과 같이 Scaffold 내부에 body: GridView.builder(...)를 넣어 줍니다.

```
import 'package:flutter/material.dart';

import '../models/cat.dart';

final List<Cat> cats = [];

class ListScreen extends StatefulWidget {
  const ListScreen({super.key});
  @override
```

```dart
  State<ListScreen> createState() => _ListScreenState();
}

class _ListScreenState extends State<ListScreen> {
  @override
  Widget build(BuildContext context) {
    return Scaffold(
      appBar: AppBar(
        title: const Text("Daily Cats"),
        actions: [
                                              // 업로드 화면으로 이동
          IconButton(
            onPressed: () {},
            icon: const Icon(Icons.camera_alt),
          ),
        ],
      ),
      body: GridView.builder(
        padding: const EdgeInsets.only(
          top: 10.0,
          left: 10.0,
          right: 10.0,
        ),
        gridDelegate: const SliverGridDelegateWithFixedCrossAxisCount(
          crossAxisCount: 3,
          mainAxisSpacing: 10.0,
          crossAxisSpacing: 10.0,
          childAspectRatio: 1.0,
        ),
        itemCount: cats.length,
        itemBuilder: (_, int index) => GestureDetector(
                      // 상세 화면으로 이동
          onTap: () {},
          child: Image.asset(
            cats[index].link,
            fit: BoxFit.cover,
          ),
        ),
```

```
      ),
    );
  }
}
```

✏️ 한 걸음 더!

그리드 뷰에 대해서 더 자세하게 알고 싶어요!

그리드 뷰는 뒤에서 더 자세히 다룰 예정입니다. 여기서는 crossAxisCount 값에 의해 고양이 사진이 한 줄에 3개씩 표시되고, childAspectRatio 값이 1이므로 너비와 높이가 동일한 정사각형 모양으로 사진을 보여주게 된다는 점을 간략하게 설명하고 넘어가겠습니다.

3 마지막으로 빈 배열이었던 final List〈Cat〉 cats = [ ]; 부분에 샘플 데이터를 넣어 줍니다. 샘플 데이터는 자유롭게 작성해 주시되, 빠진 필드가 있으면 안 됩니다. 앞에서 Cat 클래스를 작성할 때 모든 필드명 앞에 required를 붙여 주었기 때문입니다.

```
final List<Cat> cats = [
  Cat(
    id: "0",
    name: "별님이",
    title: "오늘의 귀염둥이",
    link: "assets/images/cat_00.jpg",
    likeCount: 1930,
    replyCount: 6,
    created: DateTime(2022, 11, 13, 22, 14, 53, 982),
  ),
  Cat(
    id: "1",
    name: "버찌",
    title: "너만 본단 말이야~",
    link: "assets/images/cat_01.jpg",
    likeCount: 3023,
    replyCount: 9,
```

```
    created: DateTime(2022, 10, 24, 11, 00, 23, 689),
  ),
  Cat(
    id: "2",
    name: "레이",
    title: "암 소 씨리어스",
    link: "assets/images/cat_02.jpg",
    likeCount: 1003,
    replyCount: 2,
    created: DateTime(2022, 1, 6, 11, 24, 9, 353),
  ),
  Cat(
    id: "3",
    name: "굿보이",
    title: "고양이와 함께 춤을",
    link: "assets/images/cat_03.jpg",
    likeCount: 2012,
    replyCount: 53,
    created: DateTime(2021, 12, 31, 23, 59, 59, 999),
  ),
  Cat(
    id: "4",
    name: "차라",
    title: "이래뵈어도 난 왕족 고양이야",
    link: "assets/images/cat_04.jpg",
    likeCount: 443,
    replyCount: 1,
    created: DateTime(2022, 4, 23, 17, 32, 50, 725),
  ),
];
```

4 자, 이제 완성입니다!

상세 화면

그림 3-4 데일리 캣츠 앱 상세 화면

상세 화면은 조금 더 복잡합니다. 고양이 이미지, 고양이 이름, '좋아요' 아이콘, '좋아요' 수, '댓글' 수, '댓글' 목록, 작성 일시, '댓글' 작성 폼이 모두 존재하기 때문이죠.

게다가 상세 화면의 고양이 정보는 상세 화면의 이전 화면, 즉 리스트 화면에서 전달됩니다. 상세 화면은 위젯으로써 화면을 표시하기도 하지만, 하나의 클래스의 인스턴스로써 외부로부터 데이터를 입력받아서 사용하는 역할도 수행합니다(앞에서 위젯이 클래스에 속한다는 점을 간략하게 언급했습니다).

상세 화면 작성하기

이제 코드를 작성해 보겠습니다. 다음의 과정을 따릅니다.

1 screens/detail_screen.dart 파일을 생성합니다.

2 Stateful 위젯으로 디테일 스크린DetailScreen 위젯을 생성합니다(앞의 과정과 동일하므로 설명은 생략합니다).

3 import문 밑에 다음 코드를 추가해 줍니다. 각각 Cat 객체를 사용하기 위한 import, 서버에서 댓글을 불러오기 전에 사용할 임시 데이터입니다.

```
import '../models/cat.dart';

final List<String> replies = [];
```

4 `const DetailScreen({super.key});` 코드를 `const DetailScreen({super.key, required this.cat,});`으로 수정합니다.

5 수정한 코드 아랫줄에 `final Cat cat;`을 작성합니다. 이렇게 작성하게 되면 고양이 객체를 외부로부터 받아서 사용하게 됩니다.

6 Scaffold 내부에 앱바를 작성합니다.

타이틀은 Text(widget.cat.title)로 작성합니다. 다른 요소는 작성하지 않습니다. 앞의 과정과 동일하므로 설명은 생략합니다.

7 Scaffold 내부에 body로 `ListView( )`를 넣어 줍니다.

```
import 'package:flutter/material.dart';

import '../models/cat.dart';

final List<String> replies = [];

class DetailScreen extends StatefulWidget {
  const DetailScreen({
    super.key,
    required this.cat,
  });
  final Cat cat;
  @override
```

```
    State<DetailScreen> createState() => _DetailScreenState();
}

class _DetailScreenState extends State<DetailScreen> {
  @override
  Widget build(BuildContext context) {
    return Scaffold(
      appBar: AppBar(
        title: Text(widget.cat.title),
      ),
      body: SafeArea(
        child: ListView(
          padding: const EdgeInsets.only(
            top: 10.0,
            left: 10.0,
            right: 10.0,
          ),
          physics: const ClampingScrollPhysics(),
          children: [],
        ),
      ),
    );
  }
}
```

8 ListView의 children으로 다음과 같은 코드를 작성합니다.

- 기본적으로는 위에서 아래로 위젯을 배치합니다.
- 같은 줄에 위치해야 하는 위젯은 Row 위젯의 children으로 묶어 줍니다.

```
import 'package:flutter/material.dart';

import '../models/cat.dart';

final List<String> replies = [];

class DetailScreen extends StatefulWidget (
```

```
  const DetailScreen({
    super.key,
    required this.cat,
  });
  final Cat cat;

  @override
  State<DetailScreen> createState() => _DetailScreenState();
}

class _DetailScreenState extends State<DetailScreen> {
  @override
  Widget build(BuildContext context) {
    return Scaffold(
      appBar: AppBar(
        title: Text(widget.cat.title),
      ),
      body: SafeArea(
        child: ListView(
          padding: const EdgeInsets.only(
            top: 10.0,
            left: 10.0,
            right: 10.0,
          ),
          physics: const ClampingScrollPhysics(),
          children: [
            AspectRatio(
              aspectRatio: 1,
              child: Image.asset(
                widget.cat.link,
                fit: BoxFit.cover,
              ),
            ),
            Row(
              mainAxisAlignment: MainAxisAlignment.spaceBetween,
              children: [
                Text(
                  widget.cat.name,
                  style: const TextStyle(
```

```
                fontSize: 20.0,
                color: Color(
                  0xFF777777,
                )),
            ),
            Row(
              children: [
                IconButton(
                  padding: EdgeInsets.zero,
                  icon: Icon(
                    Icons.thumb_up_outlined,
                  ),
                  onPressed: () {},
                ),
                Text(
                  widget.cat.likeCount.toString(),
                ),
              ],
            ),
          ],
        ),
        Text(
          "댓글 ${widget.cat.replyCount}개",
        ),
        ...List.generate(
          replies.length,
          (int index) => Padding(
            padding: const EdgeInsets.only(
              top: 10.0,
            ),
            child: Row(
              children: [
                const Text(
                  "익명",
                  style: TextStyle(fontWeight: FontWeight.bold),
                ),
                const Padding(
                  padding: EdgeInsets.symmetric(horizontal: 3.0),
                ),
```

```
            Text(
              replies[index],
            ),
          ],
        ),
      ),
    ),
    Padding(
      padding: const EdgeInsets.only(
        top: 10.0,
      ),
      child: Text(
        "${widget.cat.created.year}년 ${widget.cat.created.month}월 ${widget.cat.created.day}일",
        style: const TextStyle(
          color: Color(
            0xFFAAAAAA,
          )),
      ),
    ),
  ],
      ),
    ),
  );
  }
}
```

9 문자열의 따옴표 내부에서 다른 변수를 사용할 수 있습니다(String interpolation). "$변수명" 또는 "${변수명 또는 표현식}"과 같이 사용하면 됩니다. replies 배열을 수정하여 댓글 임시 데이터를 추가해 줍니다.

```
final List<String> replies = [
  "저 근엄한 눈빛!",
  "어느 고양이별에서 왔니?",
  "집사로서 주인님께 충성할뿐...",
  "냥이님 날 가져요~~~",
```

```
    "왕족 고양이라서 '오히려 좋아'!",
    "중요한 건 꺾이지 않는 냥미모",
];
```

10 screens/list_screen.dart에서 '상세 화면으로 이동' 주석의 위치를 찾고, onTap을 다음과 같이 수정해 줍니다. 이 코드는 내비게이션과 관련된 코드인데, 우선은 이 정도로 말씀드리고 뒤에서 다시 설명드리겠습니다.

onTap 이벤트가 발생하면 리스트 화면 위에 상세 화면을 쌓아 올립니다. 실제 사용자에게는 상세 화면만 보이게 됩니다. 반대로, 뒤로 돌아갈 때는 제일 위에 있는 상세 화면이 사라지고 리스트 화면이 제일 위에 오게 됩니다. Stack의 원리입니다.

```
onTap: () {
    Navigator.of(context).push(
        MaterialPageRoute(
            builder: (context) => DetailScreen(
                cat: cats[index],
            ),
        ),
    );
}
```

11 이제 리스트 화면에서 고양이 사진을 터치하면, 상세 화면으로 이동하게 됩니다. 이것이 바로 내비게이션입니다. 참고로 Navigator.of(context).push( ) 메서드를 사용했을 경우, 앱바의 [뒤로가기] 버튼 및 동작은 자동으로 구현됩니다. 이렇게 하면 댓글 작성 폼을 제외한 모든 UI가 만들어집니다. 여기까지 잘 따라오셨나요?

댓글 작성 폼 작성하기

이번에는 댓글 작성 폼을 만들어 보겠습니다. 다음과 같은 과정을 따릅니다.

1 기존의 ListView 바깥쪽에 SafeArea 위젯과 Stack 위젯을 씌워 줍니다. UI 작업을 하다 보면 이렇게 기존 위젯 바깥에 위젯을 씌워 주는 경우가 많습니다.

```dart
import 'package:flutter/material.dart';

import '../models/cat.dart';

final List<String> replies = [];

class DetailScreen extends StatefulWidget (
  const DetailScreen({
    super.key,
    required this.cat,
  });
  final Cat cat;

  @override
  State<DetailScreen> createState() => _DetailScreenState();
}

class _DetailScreenState extends State<DetailScreen> {
  @override
  Widget build(BuildContext context) {
    return Scaffold(
      appBar: AppBar(
        title: Text(widget.cat.title),
      ),
      body: SafeArea(
        child: Stack(
          children: [
            ListView(
              padding: const EdgeInsets.only(
                top: 10.0,
                left: 10.0,
```

```
          right: 10.0,
        ),
        physics: const ClampingScrollPhysics(),
        children: [
          AspectRatio(
            aspectRatio: 1,
            child: Image.asset(
              widget.cat.link,
              fit: BoxFit.cover,
            ),
          ),
          Row(
            mainAxisAlignment: MainAxisAlignment.spaceBetween,
            children: [
              Text(
                widget.cat.name,
                style: const TextStyle(
                    fontSize: 20.0,
                    color: Color(
                      0xFF777777,
                    )),
              ),
              Row(
                children: [
                  IconButton(
                    padding: EdgeInsets.zero,
                    icon: Icon(
                      Icons.thumb_up_outlined,
                    ),
                    onPressed: () {},
                  ),
                  Text(
                    widget.cat.likeCount.toString(),
                  ),
                ],
              ),
            ],
          ),
          Text(
```

```
                "댓글 ${widget.cat.replyCount}개",
            ),
            ...List.generate(
              replies.length,
              (int index) => Padding(
                padding: const EdgeInsets.only(
                  top: 10.0,
                ),
                child: Row(
                  children: [
                    const Text(
                      "익명",
                      style: TextStyle(fontWeight: FontWeight.bold),
                    ),
                    const Padding(
                      padding: EdgeInsets.symmetric(horizontal: 3.0),
                    ),
                    Text(
                      replies[index],
                    ),
                  ],
                ),
              ),
            ),
            Padding(
              padding: const EdgeInsets.only(
                top: 10.0,
              ),
              child: Text(
                "${widget.cat.created.year}년 ${widget.cat.created.month}월
${widget.cat.created.day}일",
                style: const TextStyle(
                  color: Color(
                    0xFFAAAAAA,
                  )),
              ),
            ),
          ],
        ),
```

```
        ],
      ),
    ),
  );
  }
}
```

2 다음 코드와 같이 Stack의 children의 두 번째 요소로 댓글 폼을 작성합니다.

```
import 'package:flutter/material.dart';

import '../models/cat.dart';

final List<String> replies = [
  "저 근엄한 눈빛!",
  "어느 고양이별에서 왔니?",
  "집사로서 주인님께 충성할뿐...",
  "냥이님 날 가져요~~",
  "왕족 고양이라서 '오히려 좋아'!",
  "중요한 건 꺾이지 않는 냥미모",
];

class DetailScreen extends StatefulWidget {
  const DetailScreen({
    super.key,
    required this.cat,
  });
  final Cat cat;

  @override
  State<DetailScreen> createState() => _DetailScreenState();
}

class _DetailScreenState extends State<DetailScreen> {
  @override
  Widget build(BuildContext context) {
```

```
return Scaffold(
  appBar: AppBar(
    title: Text(widget.cat.title),
  ),
  body: SafeArea(
    child: Stack(
      children: [
        ListView(
          padding: const EdgeInsets.only(
            top: 10.0,
            left: 10.0,
            right: 10.0,
          ),
          physics: const ClampingScrollPhysics(),
          children: [
            AspectRatio(
              aspectRatio: 1,
              child: Image.asset(
                widget.cat.link,
                fit: BoxFit.cover,
              ),
            ),
            Row(
              mainAxisAlignment: MainAxisAlignment.spaceBetween,
              children: [
                Text(
                  widget.cat.name,
                  style: const TextStyle(
                      fontSize: 20.0,
                      color: Color(
                        0xFF777777,
                      )),
                ),
                Row(
                  children: [
                    IconButton(
                      padding: EdgeInsets.zero,
                      icon: Icon(
                        Icons.thumb_up_outlined,
```

```
            ),
            onPressed: () {},
          ),
          Text(
            widget.cat.likeCount.toString(),
          ),
        ],
      ),
    ],
  ),
),
Text(
  "댓글 ${widget.cat.replyCount}개",
),
...List.generate(
  replies.length,
  (int index) => Padding(
    padding: const EdgeInsets.only(
      top: 10.0,
    ),
    child: Row(
      children: [
        const Text(
          "익명",
          style: TextStyle(fontWeight: FontWeight.bold),
        ),
        const Padding(
          padding: EdgeInsets.symmetric(horizontal: 3.0),
        ),
        Text(
          replies[index],
        ),
      ],
    ),
  ),
),
Padding(
  padding: const EdgeInsets.only(
    top: 10.0,
  ),
```

```dart
            child: Text(
              "${widget.cat.created.year}년 ${widget.cat.created.month}월
${widget.cat.created.day}일",
              style: const TextStyle(
                color: Color(
                  0xFFAAAAAA,
                )),
            ),
          ),
        ],
      ),
      Align(
        alignment: Alignment.bottomCenter,
        child: Padding(
          padding: const EdgeInsets.symmetric(
            horizontal: 10.0,
          ),
          child: Container(
            padding: const EdgeInsets.only(
              top: 10.0,
            ),
            color: Theme.of(context).canvasColor,
            child: const TextField(
              autocorrect: false,
              decoration: InputDecoration(
                contentPadding: EdgeInsets.only(
                  top: 5.0,
                  bottom: 5.0,
                  left: 10.0,
                ),
                border: OutlineInputBorder(),
                hintText: "댓글 작성",
                suffixIcon: Icon(
                  Icons.send,
                  color: Colors.blue,
                ),
              ),
            ),
          ),
```

```
          ),
        ),
      ],
    ),
  ),
);
}
}
```

3 이제 댓글 작성 폼이 생겼습니다. 아직은 동작하지 않지만, UI 관점에서 갖출 수 있는 것은 다 갖춘 셈입니다.

업로드 화면

업로드 화면은 다른 화면들과 달리 화면의 일부분만 차지하는 모달 형식으로 구현됩니다. 우선은 [업로드] 버튼만 만들어보고, 추후 기능을 덧붙여 보겠습니다. 다음과 같은 과정을 따릅니다.

1 screens/upload_screen.dart 파일을 생성합니다.

2 Stateful 위젯으로 업로드 스크린UploadScreen 위젯을 생성합니다(앞의 과정과 동일하므로 설명은 생략합니다).

3 이번에는 최상위 위젯이 Container입니다. 다음과 같이 Container를 작성합니다.

```dart
import 'package:flutter/material.dart';

class UploadScreen extends StatefulWidget {
  const UploadScreen({super.key});

  @override
  State<UploadScreen> createState() => _UploadScreenState();
}

class _UploadScreenState extends State<UploadScreen> {
  @override
  Widget build(BuildContext context) {
    return Container(
      width: MediaQuery.of(context).size.width,
      height: MediaQuery.of(context).size.height,
      padding: const EdgeInsets.only(
        top: 100.0,
      ),
    );
  }
}
```

4 Container 내부에 SafeArea를, SafeArea 내부에 Scaffold를 작성하고, Scaffold 내부에 앱바를 먼저 작성합니다.

5 독특한 형태의 화면인 만큼, 작성 방식이 다소 복잡합니다. 추가로 설명을 덧붙이면, 새로운 화면을 쌓아 올리는 내비게이션 방식은 동일하지만, Scaffold가 아닌 위 여백이 100.0 픽셀인 Container를 쌓아 올리므로 기존 화면의 전부가 아니라 일부만 가려지게 됩니다.

```dart
import 'package:flutter/material.dart';

class UploadScreen extends StatefulWidget {
  const UploadScreen({super.key});

  @override
  State<UploadScreen> createState() => _UploadScreenState();
}

class _UploadScreenState extends State<UploadScreen> {
  @override
  Widget build(BuildContext context) {
    return Container(
      width: MediaQuery.of(context).size.width,
      height: MediaQuery.of(context).size.height,
      padding: const EdgeInsets.only(
        top: 100.0,
      ),
      child: SafeArea(
        bottom: false,
        child: Scaffold(
          appBar: AppBar(
            title: const Text("사진 업로드"),
            leading: IconButton(
              icon: const Text("취소"),
              padding: EdgeInsets.zero,
              onPressed: () {
                Navigator.of(context).pop();
              },
            ),
            actions: <Widget>[
              IconButton(
                icon: const Text("저장"),
                padding: EdgeInsets.zero,
                onPressed: () {
                  Navigator.of(context).pop();
                },
              )
            ],
```

```
      ),
     ),
    ),
   );
  }
}
```

6 Scaffold의 body를 다음과 같이 작성합니다.

```dart
import 'package:flutter/material.dart';

class UploadScreen extends StatefulWidget {
  const UploadScreen({super.key});

  @override
  State<UploadScreen> createState() => _UploadScreenState();
}

class _UploadScreenState extends State<UploadScreen> {
  @override
  Widget build(BuildContext context) {
    return Container(
      width: MediaQuery.of(context).size.width,
      height: MediaQuery.of(context).size.height,
      padding: const EdgeInsets.only(
        top: 100.0,
      ),
      child: SafeArea(
        bottom: false,
        child: Scaffold(
          appBar: AppBar(
            title: const Text("사진 업로드"),
            leading: IconButton(
              icon: const Text("취소"),
              padding: EdgeInsets.zero,
              onPressed: () {
```

```
          Navigator.of(context).pop();
        },
      ),
    ),
    actions: <Widget>[
      IconButton(
        icon: const Text("저장"),
        padding: EdgeInsets.zero,
        onPressed: () {
          Navigator.of(context).pop();
        },
      )
    ],
  ),
  body: Container(
    color: Colors.white,
    child: Center(
      child: SingleChildScrollView(
        child: Column(
          children: [
            Container(
              width: 300.0,
              height: 300.0,
              decoration: BoxDecoration(
                borderRadius: BorderRadius.circular(5.0),
                border: Border.all(
                  width: 0.5,
                  color: const Color(0xFFAAAAAA),
                ),
              ),
              child: Column(
                mainAxisAlignment: MainAxisAlignment.center,
                children: const [
                  Icon(
                    Icons.upload,
                    size: 50.0,
                  ),
                  Text("고양이 사진 업로드"),
                ],
              ),
```

```
                        ),
                    ],
                  ),
                ),
              ),
            ),
          ),
        ),
      );
    }
  }
```

내비게이션

대개 내비게이션Navigation이라는 단어에는 다양한 의미가 있지만, 모바일 앱 개발에서는 일반적으로 화면과 화면 사이를 이동하는 것을 의미합니다. 여기서는 가장 먼저 각 내비게이션 코드에 대해 간략하게 알아보고 넘어가겠습니다.

리스트 화면과 상세 화면 연결하기

먼저 내비게이션 동작을 정의해 보겠습니다.

내비게이션의 출발점은 리스트 화면이며, 도착 지점은 개별 고양이 사진의 상세 화면입니다. 화면 전환 과정에서 현재의 고양이 정보cat를 넘겨 주어야 합니다. 내비게이션의 트리거Trigger는 개별 고양이 사진을 터치하는 것입니다. 이는 앞서 작성했으나 비워 둔 Gesture Detector의 onTap에 들어갈 함수에 해당합니다. 과정을 도식화하면 다음과 같습니다.

표 3-5 데일리 캣츠 앱 내비게이션 동작 예시

출발	도착	트리거
리스트 화면	상세 화면(개별 고양이 사진)	고양이 사진 터치

이제 코드를 작성해 보겠습니다. 다음의 순서를 따릅니다.

1 앞서 작성한 screens/list_screen.dart 코드에서 '상세 화면으로 이동' 주석을 찾아서 다음과 같이 수정합니다.

```
onTap: () {
  Navigator.of(context).push(
    MaterialPageRoute(
      builder: (context) => DetailScreen(
        cat: cats[index],
      ),
    ),
  );
},
```

2 이로써 끝입니다! 수정 후에는 반드시 잘 작동하는지 확인해 보아야 합니다. 앞서 언급한 것처럼, Scaffold를 사용했다면 뒤로가기, 즉 [Back] 버튼은 알아서 구현해 주므로 고려할 필요가 없습니다.

리스트 화면과 업로드 화면 연결하기

이번에도 먼저 내비게이션 동작을 정의해 보겠습니다.

내비게이션의 출발점은 리스트 화면이며, 도착 지점은 업로드 화면입니다. 화면 전환 과정에서 넘겨 주어야 할 정보는 없습니다. 내비게이션의 트리거는 카메라 모양 버튼을 터치하는 것입니다. 이는 앞서 작성했으나 비워 둔 카메라 버튼의 onTap에 들어갈 함수에 해당합니다. 과정을 도식화하면 다음과 같습니다.

표 3-6 데일리 캣츠 앱 내비게이션 동작 예시

출발	도착	트리거
리스트 화면	업로드 화면	카메라 모양 버튼

이제 코드를 작성해 보겠습니다. 다음의 순서를 따릅니다.

1 screens/list_screen.dart에서 업로드 화면으로 이동 주석의 위치를 찾아서 onPressed 를 다음과 같이 수정해 줍니다. 카메라 버튼을 눌렀을 때, 우리가 만든 '사진 업로드' 다이 얼로그가 나오도록 하기 위해서입니다.

onPressed 이벤트가 발생하면 리스트 화면 위에 상세 화면을 쌓습니다. 반대로, 뒤로 돌아갈 때는 제 일 위에 있는 상세 화면이 사라지고 리스트 화면이 제일 위에 오게 됩니다. 컴퓨터 자료 구조에서 다루 는 스택의 원리입니다.

```
onPressed: () {
    showDialog(
        context: context,
        builder: (_) => const UploadScreen(),
    );
}
```

2 이제 리스트 화면의 [카메라(◉)] 버튼을 클릭하여 사진 업로드 화면으로 들어갈 수 있 습니다.

3.5 상태 관리

앱 내에는 고정된 텍스트도 있는 반면에 사용자와의 상호 작용에 의해 변화하는 텍스트도 있습니다. 꼭 텍스트로 한정하지 않아도, 화면에 보이는 모든 것을 변화하는 요소와 변화하지 않는 요소로 분류할 수 있습니다. 가령, SNS 인스타그램에서 [하트] 버튼을 누르면 [하트] 버튼의 아이콘이 비어 있는 하트에서 꽉 찬 하트 모양으로 변화하는 것을 확인할 수 있습니다.

이렇게 변화하는 데이터, 좀 더 구체적으로는 자기 자신의 값이 바뀜에 따라서 화면을 갱신하게 되는 데이터를 상태State 라고 합니다. 그리고 이러한 상태를 관리하는 것을 상태 관리State Management 라고 합니다. 플러터를 비롯하여 리액트 등의 웹 프런트엔드 라이브러리, iOS의 스위프트UI 등에서는 상태의 변화를 화면에 그대로 반영하는 방식[1]을 채택해서 자체적으로 적절한 상태 관리 방법을 제공하고 있습니다. 상태의 개념은 이후 더 상세하게 설명할 예정입니다.

데일리 캣츠 앱에서 상태가 필요한 곳은 어디일까요? 생각해 보면 꽤 많습니다.

■ **리스트 화면**
  - 고양이 사진 목록
    고양이 사진이 추가될 때마다 목록이 갱신되어야 합니다.

■ **상세 화면**
  - [좋아요] 버튼
    '좋아요'가 해제된 상태에서는 '좋아요'가 설정되어야 하며, '좋아요'가 설정된 상태에서는 '좋아요'가 해제되어야 합니다.
  - '좋아요' 수
    '좋아요'가 추가될 때마다 '좋아요' 수가 1씩 증가해야 합니다.
  - '댓글' 수
    '댓글'이 추가될 때마다 '댓글' 수가 1씩 증가해야 합니다.
  - '댓글' 목록
    '댓글'이 작성되면 새로운 댓글이 '댓글' 목록에 추가되어야 합니다.

■ **업로드 화면**
  - 섬네일
    업로드한 고양이 사진이 표시되어야 합니다.

---

1 이를 선언형 UI Declarative UI 라고 합니다.

여기서는 우선 '일반 상태'의 예시로 [좋아요] 버튼 동작을 구현해 보겠습니다.

좋아요 버튼 작성하기

[좋아요] 버튼을 구현해 보겠습니다. 이 버튼은 일종의 스위치switch입니다. '좋아요'가 해제된 상태에서 버튼을 터치하면 '좋아요'가 설정됩니다. 반대로 '좋아요'가 설정된 상태에서 버튼을 터치하면 '좋아요'가 해제됩니다.

여기서 '좋아요'는 설정 상태거나 해제 상태거나 하는 단 두 가지 경우만 존재합니다. 이는 불리언bool 타입의 변수를 사용해서 나타낼 수 있습니다. 기본값은 '좋아요 해제false'입니다(사용자가 누르지도 않은 '좋아요'가 설정되어 있다면 황당하겠죠).

또한 변수의 값이 바뀔 때마다 화면에 반영되어야 합니다. 이는 해당 변수가 상태State여야 한다는 의미입니다. 플러터 세계의 규칙은 이렇습니다. 상태에 해당하는 변수에 값이 바뀔 때는 화면이 업데이트됩니다. 상태가 아닌 변수의 값이 바뀔 때는 화면이 업데이트되지 않습니다.

변수가 상태가 되려면 다음 두 가지 조건을 만족해야 합니다.

- State를 상속받은 클래스 내부에서 선언되어야 합니다.
- 변수의 값을 변경할 때, 플러터에서 제공하는 방식을 사용해야 합니다.

첫 조건은 지금까지 배운 내용으로 쉽게 적용할 수 있지만, 두 번째 조건은 다소 난해합니다. 플러터에서 제공하는 변수의 값을 변경하는 방식이 뭘까요? 코드를 작성하면서 알아보겠습니다.

이제 코드를 작성해 보겠습니다. 다음의 과정을 따릅니다.

1 lib/detail_screen.dart 코드에서 isLiked 변수를 추가합니다. 단 한 줄의 코드만 추가하면 됩니다.

```
class _DetailScreenState extends State<DetailScreen> {
  bool isLiked = false;
  // 기존 코드...
}
```

2 isLiked의 값에 따라 [좋아요] 버튼의 모양이 바뀌도록 설정하겠습니다. 기존에 있던 IconButton의 icon: Icon(Icons.thumb_up_outlined) 코드를 다음과 같이 변경합니다.

```
icon: Icon(isLiked ? Icons.thumb_up : Icons.thumb_up_outlined),
```

3 버튼을 누르면 상태가 바뀌어야겠죠. 기존에 있던 IconButton의 onPressed: ( ) { } 코드를 다음과 같이 변경합니다.

```
onPressed: () {
  setState(() {
    isLiked = !isLiked;
  });
},
```

앞서 언급했던 플러터에서 제공하는 방식이 바로 setState입니다. 조금 복잡해 보일 수도 있는데요. 차근차근 설명해 보겠습니다.

- setState는 함수를 입력받는 함수입니다.
- setState의 입력으로 주어지는 함수에서 변수의 값을 변화시킵니다.

우선은 이 정도만 언급하고, 추후 setState에 대해서 본격적으로 다루겠습니다.

✨ 한 걸음 더!

전역 상태 Global State**란 무엇인가요?**

고양이 사진 목록을 생각해 봅시다. 고양이 사진 목록은 업로드 화면에서 만들어지지만, 리스트 화면에 표시되어야 합니다. 이처럼 여러 위젯을 넘나들며 사용되는 상태를 전역 상태라고 합니다.

전역 상태에 대해서는 다룰 내용이 많으므로, 여기서는 잠시 언급만 하고 넘어가겠습니다. 대표적인 전역 상태 라이브러리인 BloC, GetX, Provider 등을 검색해 보시면 유용한 정보를 얻을 수 있습니다.

3.6 라이브러리 사용하기

앱에는 다양한 기능이 들어갑니다. 사진을 찍거나, 모바일 기기의 주소록을 참조하거나, 네트워크 통신을 하는 등의 기능들이죠. 그렇다면 과연 개발자들은 이 모든 기능을 처음부터 만들어낼까요?

물론 그렇지 않습니다. 앱에 포함되는 기능 중에서는 소규모의 개발자들이 직접 구현하기 어려운 기능들이 많습니다. 이럴 때는 해당 기능들을 미리 구현해둔 라이브러리를 사용하게 됩니다. 라이브러리를 사용하면 복잡한 기능을 밑바닥부터 구현할 필요가 없어지므로 개발이 편리해집니다.

특히 요즘에는 다수의 개발자가 기여하여 유지보수해 나가는 오픈 소스 라이브러리들이 다수 존재합니다. 예를 들어, 자바스크립트/Node.js NPM, Python PyPI 등 오픈 소스로 유명한 진영에서는 별도의 오픈 소스 라이브러리 생태계가 존재하며, 철저하게 관리되고 있습니다. 다트 및 플러터에서 쓰이는 라이브러리들은 pub.dev 웹사이트에서 확인할 수 있으며, 별도의 인증을 받은 라이브러리들은 ✪ flutter.dev 와 같은 인증 마크가 표시됩니다.

데일리 캣츠 앱에서 사용할 이미지를 업로드하기 위해서는 라이브러리의 도움이 필요합니다. 여기서는 라이브러리 사용법을 간단히 알아보겠습니다.

이미지 픽커

이미지 픽커 Image Picker 라이브러리는 시스템 갤러리에 존재하는 이미지를 사용할 수 있도록 해 주는 라이브러리입니다.

라이브러리를 설치해 보겠습니다. 다음의 과정을 따릅니다. 참고로 라이브러리는 'pubspec.yaml' 파일에 바로 추가한 다음에 터미널에서 'flutter pub get' 명령어를 입력하는 방법으로도 추가할 수 있습니다.

```
flutter pub add image_picker
```

1 먼저 갤러리 사용 권한이 필요합니다.

iOS는 ios/Runner/Info.plist 파일에 다음 코드를 추가합니다.

```
<key>NSPhotoLibraryUsageDescription</key>
<string>고양이 사진 앱이 이미지 첨부 및 저장을 위해 사용자의 갤러리에 접근하려고 합니
다.</string>
```

안드로이드는 별도의 작업이 필요하지 않습니다.

2 여기서는 우선 screens/upload_screen.dart 코드를 사용하여 이미지 업로드를 구현해
보겠습니다.

```dart
import 'dart:io';

import 'package:flutter/material.dart';
import 'package:image_picker/image_picker.dart';

class UploadScreen extends StatefulWidget {
  const UploadScreen({super.key});

  @override
  State<UploadScreen> createState() => _UploadScreenState();
}

class _UploadScreenState extends State<UploadScreen> {
  String? imagePath;

  Future<String?> selectImage() async {
    final picker = ImagePicker();
    XFile? pickImage = await picker.pickImage(
      source: ImageSource.gallery,
    );
    if (pickImage == null) return null;
    return pickImage.path;
```

```
    }

    @override
    Widget build(BuildContext context) {
      return Container(
        width: MediaQuery.of(context).size.width,
        height: MediaQuery.of(context).size.height,
        padding: const EdgeInsets.only(
          top: 100.0,
        ),
        child: SafeArea(
          bottom: false,
          child: Scaffold(
            appBar: AppBar(
              title: const Text("사진 업로드"),
              leading: IconButton(
                icon: const Text("취소"),
                padding: EdgeInsets.zero,
                onPressed: () {
                  Navigator.of(context).pop();
                },
              ),
              actions: <Widget>[
                IconButton(
                  icon: const Text("저장"),
                  padding: EdgeInsets.zero,
                  onPressed: () {
                    Navigator.of(context).pop();
                  },
                )
              ],
            ),
            body: Container(
              color: Colors.white,
              child: Center(
                child: SingleChildScrollView(
                  child: GestureDetector(
                    onTap: () {
```

```
        selectImage().then((String? path) {
          if (path == null) return;
          setState(() {
            imagePath = path;
          });
        });
      },
      behavior: HitTestBehavior.translucent,
      child: Column(
        children: [
          Container(
            width: 300.0,
            height: 300.0,
            decoration: BoxDecoration(
              borderRadius: BorderRadius.circular(5.0),
              border: Border.all(
                width: 0.5,
                color: const Color(0xFFAAAAAA),
              ),
            ),
            child: imagePath != null
                ? Image.file(File(imagePath!),
                    width: 200.0, height: 200.0)
                : Column(
                    mainAxisAlignment: MainAxisAlignment.center,
                    children: const [
                      Icon(
                        Icons.upload,
                        size: 50.0,
                      ),
                      Text("고양이 사진 업로드"),
                    ],
                  ),
          ),
        ],
      ),
    ),
  ),
```

```
            ),
          ),
        ),
      ),
    );
  }
}
```

3 자, 구현되었습니다!

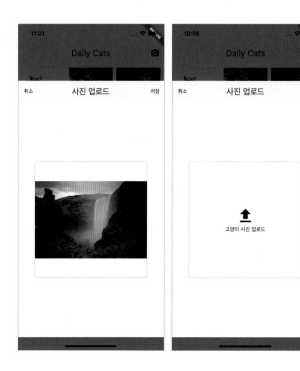

04 앱 개발 과정 정확하게 톺아보기

3장에서는 앱 개발을 위해 거쳐야 하는 일련의 과정을 빠르게 알아보았습니다. 비교적 친근한 예시를 사용했지만, 아직은 다소 낯선 개념들을 많이 보셨으리라 여겨집니다. 다만 3장은 과정 전체를 한눈에 보여드리는 것이 목적이었으므로 의도적으로 자세한 설명은 생략했습니다.

이제 4장에서는 3장에서 생략했던 내용들을 자세히 다룹니다. 순서는 3장에서 다루었던 과정과 비슷합니다. 단, 플러터의 핵심 개념들을 앱 개발의 각 과정에 따라서 자주 볼 수 있는 코드 예제들과 함께 설명합니다. 그리고 마지막에는 핵심 예제로 내용을 한 번 더 정리합니다. 3장에서 궁금하셨던 부분이나 알고 싶었던 부분을 4장을 통해 학습하시면 되겠습니다.

4.1 UI 작업(위젯)

위젯은 플러터에서 UI를 구성하는 기본 단위입니다. 플러터 개발은 위젯이라는 레고 블록들을 이리저리 결합하고, 반복해서 사용하며, 필요한 경우 분리하거나 합치는 작업의 연속입니다.

코드 관점에서 모든 위젯은 Stateless 위젯, Stateful 위젯 등의 클래스를 상속받은 클래스이기도 합니다.

선언형 UI, UI = f(state)

플러터의 위젯은 바깥으로부터 입력된 필드 값과 상태에 따라서 다르게 보입니다.

플러터에서 개발자는 UI를 직접 변경하지 않습니다. 개발자는 단지 UI의 최종 결과에 해당하는 모습을 위젯을 조합해서 만들어냅니다. 변경될 수 있는 값은 조금 특별한 변수, 상태state를 사용해서 표현합니다. 이를 선언형 UIDeclarative UI 라고 합니다.

상태가 변경되면 위젯은 스스로를 업데이트합니다. 즉, UI는 상태의 함수입니다(UI = f(state)). 상태에 대해서는 다음 장에서 더 자세히 알아보겠습니다.

리액트의 컴포넌트, 플러터의 위젯

웹 프런트엔드, 특히 리액트 개발자라면 플러터의 위젯을 비교적 수월하게 이해할 수 있습니다. 특히 공통점과 차이점을 잘 이해할 수 있다면 이해가 한결 더 쉬워집니다. 다음은 공통점과 차이점입니다.

- **공통점**
  - 리액트가 컴포넌트 단위로 UI를 구성한다면, 플러터는 위젯 단위로 UI를 작성합니다. 리액트와 플러터는 컴포넌트/위젯을 재사용할 수 있으며, 컴포넌트/위젯을 결합하여 새로운 컴포넌트/위젯을 만들 수 있습니다.
  - 리액트의 컴포넌트, 플러터의 위젯 모두 선언형Declarative으로 UI를 작성합니다(↔ 명령형Imperative UI).
  - 리액트의 컴포넌트, 플러터의 위젯(Stateful 위젯) 모두 상태를 가질 수 있습니다(단, 플러터의 위젯 중에는 상태를 가질 수 없는 Stateless 위젯이 존재합니다).

- **차이점**
  - 리액트는 기본적으로 웹 프런트엔드 라이브러리이므로, 최하위 컴포넌트로 내려가면 HTML 요소들(〈div〉, 〈button〉, 〈a〉 등)이 사용됩니다. 하지만 플러터에서의 최하위 컴포넌트들은 일반적으로 머티리얼 위젯(텍스트Text, 아이콘Icon 등)입니다. 마치 리액트에서 머티리얼 UI 또는 Ant Design 등 디자인 라이브러리에서 제공하는 컴포넌트들을 사용하는 것과 비슷합니다.
  - 리액트는 레이아웃과 스타일 관련 상당 부분이 CSS의 영역이지만, 플러터에는 레이아웃 관련 기본 위젯(Container, Row, Column, SizedBox 등) 및 스타일 관련 기본 클래스(TextStyle 등)가 다수 존재합니다(단, spaceBetween, fontWeight 등 CSS에서 영향을 받은 네이밍 컨벤션이 존재해서 프런트 개발자들에게 익숙합니다).
  - 리액트는 클래스 또는 함수로 컴포넌트를 생성할 수 있고 함수 컴포넌트가 권장되지만, 위젯은 기본적으로 클래스입니다.
  - 리액트의 컴포넌트는 HTML과 유사한 (그리고 자바스크립트와 차이가 있는) JSX 문법을 사용하지만, 플러터의 위젯은 일반적인 다트 문법을 사용합니다.

Stateless 위젯과 Stateful 위젯

위젯은 상태 포함 여부에 따라서 Stateless(상태가 없는) 위젯 또는 Stateful(상태가 있는) 위젯으로 나눌 수 있습니다. 많은 참고문헌에서 가능한 한 Stateless 위젯을 작성하는 것을 권장하고 있습니다.

Stateless 위젯을 쉽게 구성하고 싶다면 비주얼 스튜디오 코드에서 플러터 익스텐션을 설치한 후에 stl만 입력하고 Enter 키를 눌러보세요. 템플릿이 바로 튀어나옵니다(Stateful 위젯은 stf입니다). 다음은 두 위젯을 비교한 표입니다.

표 4-1 Stateless 위젯과 Stateful 위젯 비교

구분	Stateless 위젯	Stateful 위젯
설명	상태를 포함하지 않는 위젯 하지만 Provider 등 전역 상태는 사용할 수 있음	상태를 포함하는 위젯 위젯 본체, 위젯 상태가 별개의 클래스로 구분됨 로직 및 UI는 위젯 본체가 아닌 위젯 상태에 작성
특징	build 메서드: 완성된 위젯 타입의 UI를 반환	build 메서드: Stateful 위젯 클래스가 아닌 State 클래스의 인스턴스에 존재, 완성된 위젯 타입의 UI를 반환 createState 메서드: 위젯 내부에서 상태 생성, 템플릿에서 굳이 수정할 필요 없음 initState 메서드: 상태를 초기화함 setState(() {}): 상태 변경 시, 해당 메서드의 콜백 함수 내에 상태 변경 로직을 넣어야 UI에 반영됨
템플릿	```class MyWidget extends StatelessWidget { const MyWidget({Key? key}) : super(key: key); @override Widget build(BuildContext context) { } }```	```class MyWidget extends StatefulWidget { const MyWidget({Key? key}) : super(key: key); @override State createState() => _MyWidgetState(); } class _MyWidgetState extends State { @override Widget build(BuildContext context) { } }```

위젯 트리

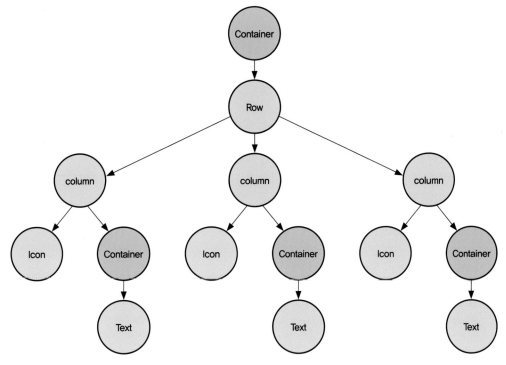

그림 4-1 위젯 트리 개념 도식화

플러터 UI는 기본적으로 위젯들을 조합해서 만들어지며, 위젯 간의 포함 관계에 의한 위계가 존재합니다. Container, Row, Column 등은 레이아웃에 관련된 위젯들이며, child(단수) 혹은 children(복수) 프로퍼티로 하위 위젯을 가질 수 있습니다.

리액트의 컴포넌트 트리와 유사하게, 플러터는 위젯의 상태가 변경될 때 최소한의 변경만 수행합니다.

4.2 플러터 기본 위젯

텍스트, 아이콘, 이미지

가장 기본적인 단위의 위젯입니다. 주로 위젯 트리의 맨 끝에 위치합니다(즉, 자식 위젯을 가지지 않습니다).

- **텍스트** Text

텍스트 스타일 TextStyle(위젯 아님)

- **아이콘** Icon

- **이미지** Image

- …

가령, 아이콘과 텍스트를 사용하여 간단한 안내 페이지를 제작할 수 있습니다. 다음과 같습니다.

```dart
import 'package:flutter/material.dart';

void main() => runApp(MyApp());

class MyApp extends StatelessWidget {
  @override
  Widget build(BuildContext context) {
    return MaterialApp(
      title: 'Flutter Demo',
      theme: ThemeData(
        primarySwatch: Colors.blue,
      ),
      home: const HomeScreen(),
    );
  }
}

class HomeScreen extends StatelessWidget {

  const HomeScreen({
    Key? key,
  }) : super(key: key);

  @override
  Widget build(BuildContext context) {
    return Scaffold(
      appBar: AppBar(
        title: const Text("잠깐!"),
```

```
        ),
      body: Center(
        child: Column(
          mainAxisAlignment: MainAxisAlignment.center,
          children: const [
            Icon(Icons.info),
            Text(
              "접근할 수 없는 페이지입니다.",
            ),
          ],
        ),
      ),
    );
  }
}
```

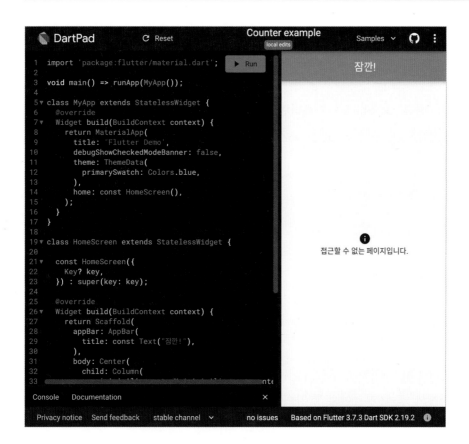

레이아웃

이들은 위젯들의 배치에 주로 관여합니다. 주로 child(또는 children)로 자식 위젯을 받아서 표시합니다.

먼저 기본 재료가 되는 위젯들인 Container, Row, Column, Stack에 대해 간단히 설명드리 겠습니다.

Container는 플러터 공식 설명에 따르면 기본적인 채우기, 위치 조정, 크기 조정을 결합한 편 의성 위젯A convenience widget that combines common painting, positioning, and sizing widgets 입니다. 조 금 더 풀어서 설명하면, (특별한 기능을 갖고 있지 않은) 기본 UI 요소를 만들어내는 단위라 고 생각하면 좋을 것 같습니다. Container 위젯은 화면을 꾸미기 위한 다양한 기능을 제공하 기 때문에, 과장을 조금 보태서 Container만으로 웬만한 디자인 요구사항을 만족시킬 수 있 습니다.

Row와 Column은 Container와 같은 UI의 요소들을 각각 가로, 세로로 배치하는 위젯들입 니다. 따라서 이들은 자식 위젯을 여러 개 받습니다(children 속성을 가짐). Column 안에 Row를, Row 안에 Column을 사용하여 복잡한 레이아웃 구조를 직접 구현할 수도 있습니다.

Stack은 겹겹이 쌓이는 UI 요소들을 배치하는 위젯입니다. 가로축Row, 세로축Column과 같은 또 하나의 축인 셈이지요. Stack을 사용하면 하나의 위젯이 다른 위젯 위에 '떠 있는' 것처럼 만들 수 있습니다.

- Container
  BoxDecoration(위젯 아님)

- Padding

- SizedBox

- Column

- Row

- Flex

- ListView

- GridView

- SingleChildScrollView

- Stack

- Align

- AspectRatio

- …

Flex와 그 짝꿍인 Flexible을 이용하면 상대적 길이를 가진 Container를 만들어낼 수 있습 니다. flex 속성의 기본값은 1인데, 중간의 초록색 Container는 2를 입력했습니다. 따라서 1:2:1 비율의 길이를 가진 3개의 Container가 만들어집니다. 다음과 같습니다.

```dart
import 'package:flutter/material.dart';

void main() => runApp(MyApp());

class MyApp extends StatelessWidget {
  @override
  Widget build(BuildContext context) {
    return MaterialApp(
      title: 'Flutter Demo',
      theme: ThemeData(
        primarySwatch: Colors.blue,
      ),
      home: const HomeScreen(),
    );
  }
}

class HomeScreen extends StatelessWidget {
  const HomeScreen({
    Key? key,
  }) : super(key: key);

  @override
  Widget build(BuildContext context) {
    return Scaffold(
      appBar: AppBar(
        title: const Text("잠깐!"),
      ),
      body: Padding(
        padding: const EdgeInsets.all(10.0),
        child: Flex(
          direction: Axis.horizontal,
          children: [
            Flexible(
              child: Container(color: Colors.red, height: 30.0),
            ),
            Flexible(
              flex: 2,
              child: Container(color: Colors.green, height: 30.0),
```

```
            ),
            Flexible(
              child: Container(color: Colors.blue, height: 30.0),
            ),
          ],
        ),
      ),
    );
  }
}
```

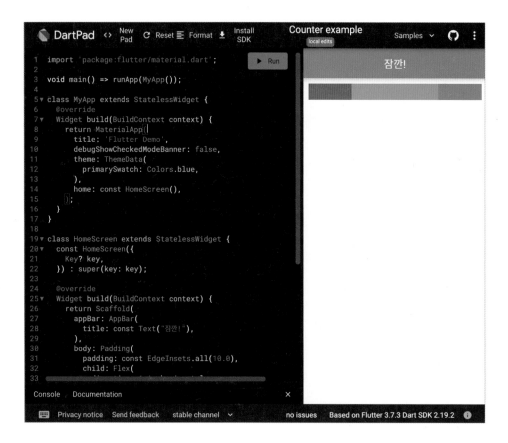

입력, 폼

사용자의 입력을 받고 사용자와 상호 작용하는 위젯입니다. 주로 상태 관리 및 서버 호출과 연관됩니다.

ElevatedButton은 말 그대로 화면에서 조금 떠 있는 듯한 입체 효과를 주는 버튼입니다. 앱 전체에 걸쳐서 머티리얼을 사용하고 있다면 가장 기본적으로 사용하게 되는 버튼 위젯입니다(TextButton, OutlinedButton 등의 다른 버튼도 있습니다). 버튼 위젯인 만큼 탭(onTap), 비활성화(disabled) 등 버튼에 주어지는 기본적인 속성들을 갖고 있으며, 필요에 맞게 스타일을 조정할 수 있습니다. 참고로 예전 코드를 보다 보면 RaisedButton이라는 위젯도 있는데, 이는 사용이 중단되었으므로 ElevatedButton으로 대체해야 합니다.

그림 4-2 ElevatedButton 예시[1]

- **ElevatedButton**
- **Radio**
- **Switch**
- **Checkbox**
- **TextField**
- **TextFormField**
- ...

---

1 https://api.flutter.dev/flutter/material/ElevatedButton-class.html

머티리얼 구성 요소, 제스처, 기타

여기 속하는 위젯들은 구글에서 개발한 머티리얼 디자인의 구성 요소들이거나 시각적으로 보이지 않지만, 주어진 영역에서 사용자의 터치 동작을 감지하는 GestureDetector 등 제스처 관련 위젯입니다.

- MaterialApp

- Material

- Scaffold

- AppBar

- BottomNavigationBar

- GestureDetector

- …

4.3 [핵심 예제] 회원가입

위젯들을 조합해서 복잡한 UI를 작성해 봅시다. 다음의 순서를 따릅니다.

1 ListView를 작성하고, padding을 설정해 줍니다.

```
class HomeScreen extends StatelessWidget {
  const HomeScreen({super.key});

  @override
  Widget build(BuildContext context) {
    return Scaffold(
        appBar: AppBar(
          title: const Text("회원가입"),
        ),
        body: ListView(
          padding: const EdgeInsets.symmetric(
            vertical: 20.0,
```

```
                horizontal: 30.0,
                            ),
                        ),
                );
        }
}
```

2 설명 텍스트를 작성합니다.

textAlign을 TextAlign.center로 설정해야 가운데 정렬로 보여집니다.

```
const Text(
        "다음 정보를 모두 입력해 주세요.",
        textAlign: TextAlign.center,
),
```

3 이름, 이메일, 비밀번호, 비밀번호 확인 텍스트 필드를 작성합니다.

TextField 위젯은 다양한 옵션을 설정할 수 있습니다. 대표적으로는 기기에서 표시되는 키보드의 종류 (keyboardType), 비밀번호 스타일로 텍스트 숨김 여부(obscureText) 등이 있습니다.

```
const TextField(
        autocorrect: false,
        autofocus: true,
        decoration: InputDecoration(
                hintText: "이름",
                ),
        keyboardType: TextInputType.name,
        textInputAction: TextInputAction.next,
),
const TextField(
        autocorrect: false,
        decoration: InputDecoration(
                hintText: "이메일",
        ),
),
```

```
      keyboardType: TextInputType.emailAddress,
      textInputAction: TextInputAction.next,
),
const TextField(
      autocorrect: false,
      decoration: InputDecoration(
            hintText: "비밀번호",
      ),
      textInputAction: TextInputAction.next,
      obscureText: true,
),
const TextField(
      autocorrect: false,
      decoration: InputDecoration(
            hintText: "비밀번호 확인",
      ),
      textInputAction: TextInputAction.done,
      obscureText: true,
),
```

4 스위치 및 "이용약관에 동의합니다" 텍스트를 작성합니다.

- Row 위젯을 사용해 한 줄에 여러 위젯을 나열할 수 있습니다.
- Row는 기본적으로 위젯들을 왼쪽 정렬하지만, mainAxisAlignment를 MainAxisAlignment. spaceBetween으로 설정하면 스크린샷처럼 위젯들이 양옆으로 딱 붙습니다.

```
Row(
      mainAxisAlignment: MainAxisAlignment.spaceBetween,
      children: [
            Switch(
                  onChanged: (_) {},
                  value: false,
            ),
            const Text(
                  "이용약관에 동의합니다.",
            ),
      ],
),
```

5 마지막으로 제출 버튼을 작성합니다.

ElevatedButton.icon 위젯을 이용해 아이콘과 텍스트를 함께 나타낼 수 있습니다.

```
ElevatedButton.icon(
            icon: const Icon(Icons.send),
            label: const Text("제출"),
            onPressed: () {},
),
```

6 결과는 다음과 같습니다.

```
class HomeScreen extends StatelessWidget {
  const HomeScreen({super.key});

  @override
  Widget build(BuildContext context) {
```

```
return Scaffold(
    appBar: AppBar(
      title: const Text("회원가입"),
    ),
    body: ListView(
      padding: const EdgeInsets.symmetric(
        vertical: 20.0,
        horizontal: 30.0,
      ),
      children: [
        const Text(
          "다음 정보를 모두 입력해 주세요.",
          textAlign: TextAlign.center,
        ),
        const TextField(
          autocorrect: false,
          autofocus: true,
          decoration: InputDecoration(
            hintText: "이름",
          ),
          keyboardType: TextInputType.name,
          textInputAction: TextInputAction.next,
        ),
        const TextField(
          autocorrect: false,
          decoration: InputDecoration(
            hintText: "이메일",
          ),
          keyboardType: TextInputType.emailAddress,
          textInputAction: TextInputAction.next,
        ),
        const TextField(
          autocorrect: false,
          decoration: InputDecoration(
            hintText: "비밀번호",
          ),
          textInputAction: TextInputAction.next,
          obscureText: true,
        ),
```

```
      const TextField(
        autocorrect: false,
        decoration: InputDecoration(
          hintText: "비밀번호 확인",
        ),
        textInputAction: TextInputAction.done,
        obscureText: true,
      ),
      Row(
        mainAxisAlignment: MainAxisAlignment.spaceBetween,
        children: [
          Switch(
            onChanged: (_) {},
            value: false,
          ),
          const Text(
            "이용약관에 동의합니다.",
          ),
        ],
      ),
      ElevatedButton.icon(
        icon: const Icon(Icons.send),
        label: const Text("제출"),
        onPressed: () {},
      ),
    ],
  ),
);
}
```

🖊️ **한 걸음 더!**

Body의 최상위 위젯에 Column이 아닌 ListView를 사용한 이유가 있나요?

우선 여기서는 ListView든 Column이든 여러 위젯을 위에서 아래로 나열한다는 측면에서 동일하게 사용할 수 있습니다(세부적으로 다르게 작동하는 경우는 있습니다). 추가로 ListView는 기본적으로 스크롤에 최적화되어 있어서 스크롤 없이 모든 항목을 보여 줄 수 없는 경우에는 자동으로 스크롤을 구현합니다. Column은 그렇지 않기 때문에 일부 위젯이 깨져서 보이지 않을 수 있습니다.

핵심 예제를 응용하면 가로와 세로로 복잡하게 위젯을 배열하는 일도 어렵지 않게 수행할 수 있습니다. 아직은 상태와 서버 연동을 다루지 않았지만, 상태를 다루면 입력받은 값을 저장하는 방법을 배울 수 있고 서버 연동을 다루면 입력받은 값을 서버로 보내는 방법을 배울 수 있습니다.

4.4 상태 관리

플러터 개발을 하다 보면 데이터의 변화에 따라 화면을 바꾸어야 할 때가 종종 있습니다. flutter create 명령어를 통해 앱을 생성해 보면 샘플 코드에서 바로 이런 부분을 확인할 수 있습니다.

```
flutter create counter_app
cd counter_app
flutter run
```

그림의 화면에서 오른쪽 아래에 위치한 [+] 버튼을 터치하면 숫자가 1씩 증가하며, 동시에 화면이 갱신됩니다. 이렇게 UI에 반영되는, 즉 변화가 생길 때 UI가 업데이트되는 데이터를 상태(State)라고 합니다.

참고로 우측 아래에 위치한 화면에 '떠 있는' 버튼을 플로팅 액션 버튼이라고 합니다. 안드로이드 스타일의 머티리얼에서만 제공되며, iOS 스타일의 쿠퍼티노에서는 제공되지 않습니다.

여기서 질문을 하나 던져보겠습니다. 어떤 변수든 간에 화면을 갱신하기 위해 사용할 수 있을까요?

예상하셨겠지만, 정답은 "아니요."입니다. 복잡한 앱에서는 내부에서 다양한 목적을 위해서 변수를 사용하는데요. 화면을 갱신하는 작업은 플러터 입장에서 많은 리소스가 소모되는 일입니다. 따라서 불필요한 경우라면 화면을 갱신하는 일이 일어나서는 안 됩니다.

setState

앞서 3장에서 setState를 실제로 사용해 본 적이 있습니다. 상태를 변경할 때 주로 사용하게 되는데요.

플러터 공식 문서에서는 setState를 다음과 같이 설명하고 있습니다.

> 🖐 **한 걸음 더!**
>
> **플러터 공식 문서상의 setState 설명**
> 플러터에게 이 객체의 내부 상태가 변경되었다는 것을 알립니다.
>
> setState를 호출하는 것은 이 객체의 내부 상태가 하위 트리의 UI에 영향을 끼칠 수 있는 방식으로 변경되었다는 것을 알리며, 이는 플러터가 해당 State 객체를 위한 새로운 빌드를 스케줄링하게 합니다.
>
> setState 없이 상태를 변경할 경우, 플러터는 새로운 빌드를 스케줄링하지 않으며 또한 하위 트리가 새로운 상태를 반영하기 위해 업데이트되지 않을 것입니다.

즉, setState는 상태를 변경하는 방법입니다. 웹 프런트엔드에서 사용하는 리액트와 달리 플러터는 상태로 쓰이는 값이라 할지라도 일반 변수처럼 선언하고 사용합니다. 하지만 값을 변경해줄 때는 setState 내부에서 변경해 주어야 이에 맞추어서 UI에 변경사항을 반영할 수 있습니다.

setState의 입력값으로 함수가 들어간다는 점을 꼭 기억해 주세요. setState의 입력값으로 들어가는 함수 내부에서 상태 변경을 수행해야만 UI가 업데이트됩니다.

```
setState(() {
  value = newValue;
}),
```

initState, dispose

상태 관리를 하다 보면 신경 쓰이는 것들이 있습니다. 예를 들어서 화면이 보이기 시작할 때 HTTP 통신 등을 통해 특정한 값을 가져와야 할 경우, 또는 화면이 닫힐 때 값이 바뀌거나 사라져야 할 경우 등입니다. 또는 타이머Timer를 사용한다면, 화면이 보이기 시작할 때는 타이머를 시작하고, 화면이 닫힐 때 타이머를 종료하도록 코드를 작성해야 할 수도 있습니다.

이들은 상태의 생명 주기에 따라 동작하는 생명 주기 메서드Lifecycle Method입니다. 이와 같은 기능들은 리액트 등 상태 관리를 제공하는 대부분의 라이브러리/프레임워크에서 제공하고 있습니다.

이는 Stateful 위젯과 별도로 State 클래스를 상속받은 인스턴스(State 객체)가 존재해야 하는 이유이기도 합니다. Stateful 위젯은 State 객체를 생성하고, State 객체는 플러터에 의해 자신의 BuildContext를 갖게 됩니다(즉, 위젯 트리에 삽입됩니다). 그 이후에 상태 초기화가 수행됩니다.

이후에 상태가 업데이트될 때마다 State 객체의 build 메서드가 호출되면서 UI가 업데이트됩니다. 개발자가 UI 업데이트를 유도하는 대표적인 방법이 바로 아까 배웠던 setState 메서드입니다!

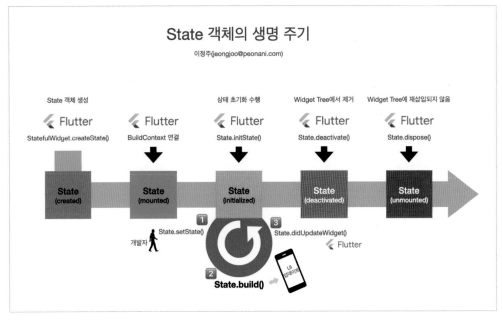

그림 4-3 State 객체의 생명 주기

State가 일시적으로 위젯 트리에서 제거될 때는 deactivate 메서드가 호출되며, 영구적으로 제거될 때에는 dispose 메서드가 호출됩니다.

생명 주기마다 그에 해당하는 생명 주기 메서드들이 존재하지만, 일반적으로 initState 및 dispose 메서드를 사용하여 기능을 구현할 일이 많습니다.

■ **initState**

화면이 로드될 때 새로운 데이터를 받아옵니다.

일부 역할은 FutureBuilder로 대체 가능합니다.

■ **dispose**

화면이 사라질 때 이벤트 리스너를 정리합니다.

참고로, 이벤트 리스너 등 일부 코드는 화면이 사라질 때에도 유지될 수 있으며(이벤트 리스너는 비동기 함수이기 때문입니다), 이에 따른 문제가 발생할 수 있습니다.

다음은 initState를 사용한 코드입니다(initState 내부에서는 setState를 사용하지 않는다는 것에 주의하세요. 앞의 그림을 다시 확인해 보면, initState는 build가 이루어지기 전에 이미 호출되므로, setState를 통해 build 메서드의 실행을 다시 요청할 필요가 없기 때문입니다).

```
import 'package:flutter/material.dart';

void main() => runApp(MyApp());

class MyApp extends StatelessWidget {
  @override
  Widget build(BuildContext context) {
    return MaterialApp(
      title: 'Flutter Demo',
      theme: ThemeData(
        primarySwatch: Colors.blue,
      ),
      home: const HomeScreen(),
    );
  }
}

class HomeScreen extends StatefulWidget {
  const HomeScreen({
    Key? key,
  }) : super(key: key);

  @override
  State<HomeScreen> createState() => _HomeScreenState();
}

class _HomeScreenState extends State<HomeScreen> {
  String color = "";

  @override
  void initState() {
    super.initState();
    color = "블루";
  }

  @override
  Widget build(BuildContext context) {
    return Scaffold(
```

```
    appBar: AppBar(
      title: const Text("잠깐!"),
    ),
    body: Center(
      child: Text(
        "내가 좋아하는 색깔은 $color",
      ),
    ),
  );
}
}
```

initState의 역할을 한 줄씩 설명해 보겠습니다.

■ @override

라이프사이클 메서드에는 반드시 붙여 주어야 합니다.

■ super.initState();

마찬가지로 반드시 첫 줄에 작성해 주어야 하는 코드입니다.

■ color = "블루";

상태를 변경합니다. setState를 사용하지 않는 것에 주의하세요.

✨ **한 걸음 더!**

initState 관련 주의점

• @override 키워드를 붙여야 합니다.

  build 등과 유사하게, 오버라이드하여 사용하는 메서드이기 때문입니다.

• 첫 줄에 super.initState(); 를 작성해야 합니다.

  프레임워크에 미리 정의된 initState(); 작업을 호출해 주어야 하기 때문입니다.

• setState를 사용하지 않아야 합니다.

  라이프사이클상, setState를 호출할 수 있는 타이밍이 아닙니다. 하지만 UI가 아직 생성되기 전이므로 여기서 수정한 값들은 UI에 반영됩니다.

상태 넘기기

지금까지 상태 관리에 대한 기본적인 내용을 설명했습니다. 지금까지의 정의에 따르면 상태는 위젯 내에 선언하는 변수로, 그 값이 바뀔 때 UI가 업데이트(또는 리빌드)되어야만 하는 데이터입니다. 하지만 모든 상태가 하나의 위젯 내부에서만 사용될 수 있는 것은 아닙니다. 위젯을 넘나들며 사용해야 하는 상태도 분명히 존재합니다. 대표적으로 로그인 등이 그렇습니다.

예를 들어서 다음 코드처럼 다른 화면으로 상태를 넘겨서 사용할 수 있습니다.

```dart
import 'package:flutter/material.dart';

void main() => runApp(MyApp());

class MyApp extends StatelessWidget {
  @override
  Widget build(BuildContext context) {
```

```
    return MaterialApp(
      title: 'Flutter Demo',
      theme: ThemeData(
        primarySwatch: Colors.blue,
      ),
      home: const HomeScreen(),
    );
  }
}

class HomeScreen extends StatefulWidget {
  const HomeScreen({
    Key? key,
  }) : super(key: key);

  @override
  State<HomeScreen> createState() => _HomeScreenState();
}

class _HomeScreenState extends State<HomeScreen> {
  String color = "";

  @override
  void initState() {
    super.initState();
    color = "블루";
  }

  @override
  Widget build(BuildContext context) {
    return Scaffold(
      appBar: AppBar(
        title: const Text("잠깐!"),
      ),
      body: Center(
        child: ElevatedButton(
          onPressed: () {
            Navigator.of(context).push(
```

```
                MaterialPageRoute(
                  builder: (_) => DetailScreen(
                    color: color,
                  ),
                ),
              );
            },
            child: const Text(
              "내가 좋아하는 색깔은?",
            ),
          ),
        ),
      ),
    );
  }
}


class DetailScreen extends StatelessWidget {
  const DetailScreen({
    Key? key,
    required this.color,
  }) : super(key: key);

  final String color;

  @override
  Widget build(BuildContext context) {
    return Scaffold(
      appBar: AppBar(
        title: const Text("정답!"),
      ),
      body: Center(
        child: Text(
          color,
        ),
      ),
    );
  }
}
```

코드의 구조가 다소 바뀌었죠? 이제 HomeScreen에서 버튼을 누르면, DetailScreen이라는 별도의 화면에서 color 변수에 들어 있는 값을 표시하고 있습니다.

이렇게 필드 값을 넘기는 방식으로 상태를 넘길 수 있습니다.

> ✏️ **한 걸음 더!**
>
> **상태 넘기기의 단점**
>
> - 단방향적입니다. 예를 들어, 부모 위젯에서 자식 위젯 방향으로만 상태를 넘길 수 있으며, 그 반대로 넘기는 것은 불가능합니다.
>
> - 위젯 트리가 복잡해진다면 같은 상태를 조부모 위젯에서 손자 위젯 방향으로 여러 번 넘겨 주어야 합니다. 웹 프론트엔드에서 흔히 프롭 드릴링 Prop Drilling 이라고 부르는 상황입니다.

전역 상태 관리

앞의 내용을 통해서 setState로 상태를 다루는 방법을 알아보았습니다. 하지만 실무 앱 개발에서는 여러 스크린을 통틀어서 하나의 앱 상태를 공유해야 할 필요성이 생깁니다. 이를 위해 다양한 방법을 취할 수 있으며, 고민해야 할 지점들 또한 많습니다. 이어지는 내용에서는 플러터 앱에서 전역 상태를 다루는 기본적인 내용에 대해 알아보겠습니다.

참고로 플러터 공식 문서에서는 전역 상태Global state를 관리하는 예시들을 다음과 같이 소개하고 있습니다.

- **사용자 환경 설정값**User preferences
- **로그인 정보**Login info
- **SNS 앱의 알림**Notifications in a social networking app
- **쇼핑 앱의 쇼핑 카트**The shopping cart in an e-commerce app
- **뉴스 앱의 기사 읽음/읽지 않음 상태**Read/unread state of articles in a news app

다양한 전역 상태 라이브러리가 존재하는데, 이 중에서 Provider를 알아보겠습니다.

Provider의 등장 배경

Provider는 플러터의 전역 상태 관리 라이브러리입니다.

플러터는 기본적으로 'setState()' 함수만 지원하는데, 이는 리액트로 따지면 useState Hook만 존재하는 꼴입니다. **따라서 위젯 간에 서로의 상태를 공유할 수 없습니다.**

이를 해소하기 위해서 GetX, BloC, Redux, RiverPod 등 다양한 라이브러리 또는 디자인 패턴이 등장했습니다. 여기서는 Provider를 설명하겠습니다.

리액트의 useContext가 그랬듯이 Provider도 플러터 공식 문서[2]에 튜토리얼이 등장합니다.

Provider의 장점

Provider의 장점으로는 다음과 같은 것들이 있습니다.

- 비교적 사용하기 쉬우며 매우 강력하고 장래가 유망한 패키지입니다. BloC은 UI와 디자인을 분리하는 디자인 패턴인데, 어렵다는 평이 많습니다. 엄밀히 말하면 BloC은 디자인 패턴이고 Provider는 라이브러리입니다. Provider를 BloC이나 Flux 패턴으로 구현해서 사용하는 것도 가능합니다.
- 이후 알아볼 Provider+ChangeNotifier는 관심사의 분리를 만족시키면서 좀 더 간결한 코드로 사용할 수 있습니다.
- 복잡한 프로젝트의 경우, Provider+BloC으로도 사용할 수 있습니다.

....

2 https://docs.flutter.dev/development/data-and-backend/state-mgmt/simple

Provider의 사용 순서

1 개별 상태 클래스는 ChangeNotifier 클래스를 상속(extends)하거나 믹스인(with)하여 작성합니다. 개별 상태 클래스가 이미 부모 클래스를 상속받은 경우, 다중 상속이 불가능하므로 믹스인을 사용합니다.

```
// providers/auth_provider.dart
   import 'package:flutter/material.dart'; // ChangeNotifier 사용을 위해 필요

   class AuthState with ChangeNotifier {
   }
```

2 개별 상태 클래스가 다음과 같은 값들을 가지도록 합니다.

- 상태값(_로 시작하는 private 프로퍼티)
- 상태값 getter (변수명 앞에 get이 붙습니다)
- 상태 변경 함수(반드시 notifyListeners( )를 호출해 주어야 합니다)

```
// providers/auth_provider.dart
   import 'package:flutter/material.dart';

   class AuthState with ChangeNotifier {
     String? _token;
     String? get token => _token;

     void setToken(String newToken) {
       _token = newToken;
       notifyListeners();
     }

     void clearToken() {
       _token = null;
       notifyListeners();
     }
   }
```

3 lib/main.dart의 main( ) 함수의 runApp( )의 인자로 MultiProvider를 넣어 줍니다. 기존 인자였던 MyApp 위젯은 MultiProvider의 child로 들어갑니다.

```
// lib/main.dart
   import 'package:provider/provider.dart';
   import 'providers/auth_provider.dart';

   void main() async {
     // main()이 비동기일 때, runApp() 시점에서 Flutter 엔진과 위젯의 바인딩이 미리 완
료되도록 함
     WidgetsFlutterBinding.ensureInitialized();
     // runApp()을 아래와 같이 수정
     runApp(MultiProvider(
       providers: [
         ChangeNotifierProvider<AuthState>(create: (_) => AuthState())
       ],
       child: const MyApp(),
     ));
   }
```

4 이제 실제 상태값을 사용합니다.

- package:provider/provider.dart 임포트가 필요합니다(기존의 BuildContext(context) 객체를 확장하여 watch(), read() 등의 메서드 추가).
- 물론 1번에서 만든 개별 상태들도 임포트가 필요합니다.
- 상태 등의 프로퍼티 호출 시, context.watch〈개별 상태 클래스〉().프로퍼티를 사용합니다.
  Provider.of〈개별 상태 클래스〉(context)와 동일합니다.
  데이터 값이 변경되면 위젯을 리빌드합니다.
- 상태 변경 함수 등의 메서드 호출 시, context.read〈개별 상태 클래스〉().메서드()를 사용합니다.
  Provider.of〈개별 상태 클래스〉(context, listen: false)와 동일합니다.
  데이터 값이 변경되어도 위젯을 리빌드하지 않습니다.
- 상태와 상태 변경 함수를 모두 하나의 위젯 내에서 사용해야 할 경우, Consumer〈개별 상태 클래스〉 사용이 권장됩니다.

```
// lib.main.dart
    import 'package:provider/provider.dart';
    import 'providers/auth_provider.dart';

    void main() async {
        // main()이 비동기일 때, runApp() 시점에서 Flutter 엔진과 위젯의 바인딩이 미리 완
료되도록 함
        WidgetsFlutterBinding.ensureInitialized();
        // runApp()을 아래와 같이 수정
        runApp(MultiProvider(
          providers: [
            ChangeNotifierProvider<AuthState>(create: (_) => AuthState())
          ],
          child: const MyApp(),
        ));
    }

    class MyApp extends StatelessWidget {
      const MyApp({Key? key}) : super(key: key);

      @override
      Widget build(BuildContext context) {
        return MaterialApp(
          title: 'Flutter Demo',
          theme: ThemeData(
            primarySwatch: Colors.blue,
          ),
          home: context.watch<AuthState>().token != null
              ? const BoardsScreen()
              : const LoginScreen(),
        );
      }
    }
```

Provider에 대한 플러터 공식 문서의 번역도 있습니다.

간단한 앱 상태 관리

앞서 선언형 UI 프로그래밍, 일시적 상태와 앱 상태의 차이점에 대해 살펴보았으니 이제 간단한 앱 상태 관리에 대해 배울 준비를 마친 것입니다.

여기서 우리는 'provider' 패키지를 사용하려고 합니다. 플러터 초보자이고 Redux, Rx, hooks 등 다른 접근법을 선택할 강력한 유인이 없다면 'provider'로 시작하는 것이 좋습니다. 'provider' 패키지는 이해하기 쉽고 많은 코드를 필요로 하지 않습니다. 또한 다른 접근법에서도 적용 가능한 개념들을 사용하고 있습니다.

앞서 말한 것처럼 다른 반응형 프레임워크의 상태 관리에 대한 탄탄한 배경지식을 갖추고 있다면, Redux 등 다른 패키지와 튜토리얼을 찾아 볼 수 있습니다.

---

3 https://docs.flutter.dev/development/data-and-backend/state-mgmt/simple

4 https://pub.dev/packages/provider

5 https://www.youtube.com/watch?v=d_m5csmrf7I

6 https://terry1213.github.io/flutter/flutter-provider

7 https://couldi.tistory.com/40

예제 설명

[그림 4-4]와 같은 단순한 앱을 생각해 봅시다.[8]

이 앱은 두 개의 분리된 스크린을 가집니다. 카탈로그('MyCatalog' 위젯) 및 카트('MyCart' 위젯)입니다. 쇼핑 앱을 예시로 들었지만, 단순한 SNS 앱에서도 동일한 구조를 사용할 수 있습니다(카탈로그-담벼락, 카트-즐겨찾기에 각각 대응합니다).

또한, 카탈로그 스크린에는 커스텀 앱바('MyAppBar') 및 수많은 리스트 아이템의 스크롤 뷰('MyListItems')가 포함됩니다.

다음은 해당 앱을 위젯 트리로 시각화한 것입니다.

그림 4-4 앱 예시

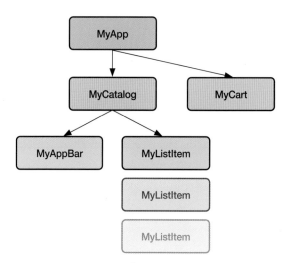

그림 4-5 해당 앱의 위젯 트리[9]

따라서 우리는 최소 5개의 '위젯'을 상속받은 클래스가 필요합니다. 상당수는 다른 곳에 "속한" 상태에 접근해야 할 필요가 있습니다. 예를 들어, 각 'MyListItem'은 자기 자신을 상태에

---

8 해당 부분은 플러터 공식 문서를 참고했습니다.

9 https://docs.flutter.dev/data-and-backend/state-mgmt/simple

추가할 수 있어야 합니다. 또한 현재 보여주는 'MyListItem'이 이미 카트에 추가되어 있는지 확인할 수 있어야 합니다.

여기서 첫 번째 질문이 나오게 됩니다. 바로 '카트의 현재 상태를 어디에 저장해야 하지?'라는 질문입니다.

상태 위로 올리기

플러터에서는 상태를 해당 상태를 사용하는 위젯들보다 위에 놓는 것이 타당합니다.

왜 그럴까요? 플러터와 같은 선언형 프레임워크에서 UI를 변경하고 싶다면, 리빌드를 수행해야 할 필요가 있기 때문입니다. 'MyCart.updateWith(somethingNew)'와 같은 쉬운 방법은 없습니다. 다시 말해서, 특정 메서드를 호출하는 등의 방법으로 위젯 바깥에서 "명령형"으로 UI 변경을 수행하는 것은 어렵습니다. 또한 어찌어찌 해당 방식으로 구현한다고 해도, 이는 프레임워크가 개발자를 돕기보다는 정면충돌하게 만드는 것입니다.

```
// BAD: 이렇게 하지 마세요
void myTapHandler() {
  var cartWidget = somehowGetMyCartWidget();
  cartWidget.updateWith(item);
}
```

이 코드가 작동하게 만든다고 해도, 'MyCart' 위젯 내부에서 다음과 같은 문제들에 대응해야 합니다.

```
// BAD: 이렇게 하지 마세요
Widget build(BuildContext context) {
  return SomeWidget(
    // 카트의 초기 상태입니다.
  );
}

void updateWith(Item item) {
```

```
    // 여기서 UI를 변경합니다.
  }
```

명령형 패러다임을 사용하여 UI를 변경하기에는 UI의 현재 상태를 고려하고 새로운 데이터를 적용해야 할 필요가 있습니다. 버그를 피하기가 어려운 방법이죠.

플러터에서는 콘텐츠가 바뀔 때마다 새로운 위젯을 구성합니다. 'MyCart.updateWith (somethingNew)'와 같은 메서드 호출 대신에 'MyCart(contents)'와 같은 생성자 함수를 사용합니다. 새로운 위젯은 부모 위젯의 빌드 메서드에서만 구성할 수 있으므로 콘텐츠를 바꾸기 위해서는 해당 콘텐츠는 'MyCart'의 부모 위젯 또는 그 위에 존재해야 합니다.

```
// GOOD
void myTapHandler(BuildContext context) {
  var cartModel = somehowGetMyCartModel(context);
  cartModel.add(item);
}
```

이제 'MyCart'는 UI가 어떻게 달라지며 빌드되든 간에 UI를 구성하는 코드가 단일화됩니다.

```
// GOOD
Widget build(BuildContext context) {
  var cartModel = somehowGetMyCartModel(context);
  return SomeWidget(
    // 카트의 현재 상태를 가지고, 단 한 번 UI를 구성할 뿐입니다.
    // · · ·
  );
}
```

이 예제에서, 콘텐츠는 'MyApp' 위젯 내에 존재해야 합니다. 콘텐츠가 바뀔 때마다, 이는 'MyCart'를 위에서부터 리빌드합니다(나중에 더 자세히 다룰 예정입니다). 이것 때문에, 'MyCart'는 라이프사이클에 대해 걱정할 필요가 없습니다. 해당 위젯은 단순히 주어진 콘텐츠에 따라 무엇을 보여줄 것인지 선언할 뿐입니다. 콘텐츠가 바뀌면, 기존의 'MyCart' 위젯은 사라지고 새로운 'MyCart' 위젯으로 완전히 대체됩니다. 이를 도식화하면 다음과 같습니다.

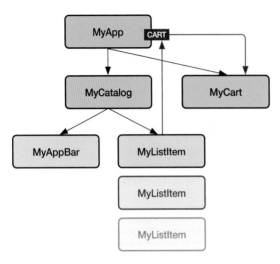

그림 4-6 위젯 트리 수정 도식화

이게 바로 위젯이 "불변"이라고 말하는 것의 의미입니다. 위젯은 변하지 않고 대체될 뿐입니다.

이제 카트의 상태를 어디에다 둘지 알았으니, 해당 상태에 어떻게 접근할 수 있는지 알아 봅시다.

상태 접근

사용자가 카탈로그에 있는 아이템 중 하나를 클릭하면, 해당 아이템은 카트에 추가됩니다. 그런데 만약 카트가 'MyListItem' 위에 자리 잡고 있다면 어떻게 해야 할까요?

가장 쉬운 방법은 'MyListItem'이 클릭 시 호출할 수 있는 콜백 함수를 제공하는 것입니다. 다트의 함수는 일급 객체이므로, 원하는 어떤 방법으로든 전달할 수 있습니다. 따라서, 'MyCatalog' 내부에 다음과 같이 정의할 수 있습니다.

```
@override
Widget build(BuildContext context) {
  return SomeWidget(
```

```
    // 부모의 메서드의 레퍼런스를 전달하는 Widget을 구성합니다.
    MyListItem(myTapCallback),
  );
}

void myTapCallback(Item item) {
  print('user tapped on $item');
}
```

이 방법도 물론 잘 작동하지만, 다양한 위치에서 수정이 필요한 앱 상태에는 매우 많은 콜백 함수를 전달해야 합니다.

다행스럽게도 플러터는 위젯이 자손 위젯들(즉, 단지 자식만이 아닌 위젯 트리상 하위에 있는 모든 위젯)에게 데이터와 서비스를 제공할 수 있는 메커니즘을 가지고 있습니다. 모든 것이 위젯인 플러터에 대해서 예상한 것처럼, 이 메커니즘도 사실 특별한 형태의 위젯('Inherited' 위젯, 'InheritedNotifier', 'InheritedModel' 등)입니다. 여기서는 이들을 다루지 않겠습니다. Inherited 위젯에 대해 더 궁금하다면 다양한 자료를 참조해 보시기 바랍니다.

대신, 우리는 쉽게 사용할 수 있는 패키지, 'provider'를 사용하려고 합니다.

'provider'로 작업하기 이전에, 'pubspec.yaml' 파일에 의존성을 추가해야 한다는 것을 잊지 마세요.

```
name: my_name
description: Blah blah blah.

# ...

dependencies:
  flutter:
    sdk: flutter


  provider: ^6.0.0
```

```
dev_dependencies:
    # ...
```

이제 코드에 'import 'package:provider/provider.dart';'로 'provider' 패키지를 추가할 수 있으며 빌드를 시작할 수 있습니다.

'provider'와 함께라면, 콜백 함수나 'Inherited' 위젯에 대해 걱정할 필요는 없습니다. 하지만 다음 세 가지 개념에 대해서 이해할 필요가 있습니다.

- ChangeNotifier
- ChangeNotifierProvider
- Consumer

하나씩 살펴 보겠습니다.

ChangeNotifier

'ChangeNotifier'는 플러터 SDK에 포함된 단순한 클래스로, 구독자에게 변경 알림을 제공합니다. 즉, 무언가가 'ChangeNotifier'에 속한다면 변경사항을 알릴 수 있다는 것입니다 (Observable이라는 용어가 더 익숙하시다면, 이 또한 Observable의 하나의 형태라고 이해하시면 됩니다).

'provider' 라이브러리에서 'ChangeNotifier'는 앱 상태를 캡슐화하는 하나의 방법입니다. 꽝장히 단순한 앱에서는 단 하나의 'ChangeNotifier'만 사용해도 됩니다. 좀 더 복잡한 앱에서는 여러 개의 모델이 있으므로 따라서 'ChangeNotifier'도 여러 개입니다('ChangeNotifier'를 반드시 'provider' 라이브러리와 사용하지 않아도 되지만, 같이 쓰는 것이 훨씬 편합니다).

우리의 쇼핑 앱에서는 'ChangeNotifier'에서 카트의 상태를 관리할 것입니다. 다음의 코드처럼 'ChangeNotifier'를 상속하는 새로운 상태를 만들어 봅시다.

```
class CartModel extends ChangeNotifier {
  /// 카트의 내부, 프라이빗 상태입니다.
  final List<Item> _items = [];

  /// 카트 내부 항목에 대한 변경 불가능한 뷰(UnmodifiableListView)입니다.
  UnmodifiableListView<Item> get items => UnmodifiableListView(_items);

  /// 현재 카트에 있는 모든 항목들의 가격 합계입니다(모든 항목의 가격이 $42라고 가정).
  int get totalPrice => _items.length * 42;

  /// 카트에 [item]을 추가합니다. 해당 메서드와 [removeAll] 메서드만이 바깥에서
  /// 카트를 수정할 수 있는 방법입니다.
  void add(Item item) {
    _items.add(item);
    // 해당 호출은 이 모델을 Listen 중인 Widget이 리빌드하도록 합니다.
    notifyListeners();
  }

  /// 카트의 모든 항목을 제거합니다.
  void removeAll() {
    _items.clear();
    // 해당 호출은 이 모델을 Listen 중인 Widget이 리빌드하도록 합니다.
    notifyListeners();
  }
}
```

‘ChangeNotifier’에 관련된 유일한 코드는 ‘notifyListeners()’ 메서드 호출입니다. 앱의 UI 의 변경과 관련된 모델 변경이 일어날 때는 해당 메서드를 반드시 호출하세요. ‘CartModel’ 클래스 내의 다른 코드는 모델 그 자체와 비즈니스 로직입니다.

‘ChangeNotifier’는 ‘flutter:foundation’ 패키지의 일부분이며, 플러터 내의 다른 고수준 클 래스에 의존하지 않습니다.

ChangeNotifierProvider

'ChangeNotifierProvider'는 하위 위젯들에게 'ChangeNotifier'의 인스턴스를 제공해 주는 위젯입니다. 'provider' 라이브러리에 포함되어 있습니다.

우리는 이미 'ChangeNotifierProvider'를 어디에 넣어야 할지 알고 있습니다. 바로 이를 접근해야 할 위젯들의 상위에 있어야겠죠. 'CartModel'의 경우라면 'MyCart'와 'MyCatalog'의 공통 조상 어딘가에 있어야겠죠.

스코프 오염을 막기 위해, 'ChangeNotifierProvider'를 필요한 것보다 더 상위에 위치시키기는 꺼려집니다. 그러나 이 경우에는 'MyCart'와 'MyCatalog'의 공통 조상은 'MyApp'입니다.

```
void main() {
  runApp(
    ChangeNotifierProvider(
      create: (context) => CartModel(),
      child: const MyApp(),
    ),
  );
}
```

여기서 'CartModel'의 새로운 인스턴스를 생성하는 빌더를 정의한다는 점을 기억하세요. 'ChangeNotifierProvider'는 절대로 필요한 경우가 아니라면 'CartModel'을 새로 만들지 않을 만큼 똑똑합니다. 또한 인스턴스가 더 이상 필요하지 않을 때는 자동으로 'CartModel'에서 'dispose()'를 호출합니다.

여러 Provider 클래스를 사용해야 한다면, 'MultiProvider'를 사용하세요.

```
void main() {
  runApp(
    MultiProvider(
      providers: [
        ChangeNotifierProvider(create: (context) => CartModel()),
        Provider(create: (context) => SomeOtherClass()),
      ],
```

```
      child: const MyApp(),
    ),
  );
}
```

Consumer

이제 'CartModel'은 맨 위 'ChangeNotifierProvider' 선언을 통해 앱 내의 위젯에 공급되므로, 바로 사용할 수 있습니다.

이때 'Consumer' 위젯을 사용하면 됩니다.

```
return Consumer<CartModel>(
  builder: (context, cart, child) {
    return Text('Total price: ${cart.totalPrice}');
  },
);
```

우리는 우리가 접근하고자 하는 모델의 타입을 명시해야 합니다. 여기서는 우리가 원하는 것은 'CartModel'이므로, 'Consumer〈CartModel〉'과 같이 작성합니다. 제네릭 형식으로 ('〈CartModel〉') 명시해 주지 않으면 'provider' 라이브러리는 우리를 도와줄 수 없습니다. 'provider'는 타입에 기반하고 있고, 타입이 없으면 우리가 원하는 것이 무엇인지 알지 못합니다.

'Consumer' 위젯의 유일한 필수 인자는 바로 'builder'입니다. 'builder'는 'ChangeNotifier'가 변경될 때마다 호출되는 함수입니다(즉, 모델에서 'notifyListeners()' 메서드를 호출하면, 이에 대응하는 'Consumer' 위젯들의 모든 'builder'가 호출됩니다).

'builder'는 세 개의 인자를 가지고 호출됩니다.

- 첫 번째 인자는 'context'로, 모든 빌드 메서드에서 볼 수 있는 BuildContext입니다.
- 두 번째 인자는 'ChangeNotifier'의 인스턴스로, 처음부터 우리가 필요로 했던 것입니다. 해당 데이터를 사용하여 UI가 어떻게 보일지 선언형으로 작성할 수 있습니다.

- 세 번째 인자는 'child'로, 최적화를 위해 사용됩니다. 'Consumer' 아래에 해당 모델에 따라 변경되지 않는 거대한 위젯 서브트리가 있는 경우, 이를 한 번만 구성하고 'builder'를 통해 가져올 수 있습니다.

```
return Consumer<CartModel>(
  builder: (context, cart, child) => Stack(
    children: [
      // Use SomeExpensiveWidget here, without rebuilding every time.
      if (child != null) child,
      Text('Total price: ${cart.totalPrice}'),
    ],
  ),
  // Build the expensive widget here.
  child: const SomeExpensiveWidget(),
);
```

'Consumer' 위젯은 가능한 한 위젯 트리의 깊숙한 안쪽에 있는 것이 좋습니다. 어디선가 세부 사항이 바뀌었다고 해서 UI의 큰 부분이 리빌드되는 것은 바람직하지 않겠죠.

```
// 이렇게 하지 마세요
return Consumer<CartModel>(
  builder: (context, cart, child) {
    return HumongousWidget(
      // ...
      child: AnotherMonstrousWidget(
        // ...
        child: Text('Total price: ${cart.totalPrice}'),
      ),
    );
  },
);
```

대신에 이렇게 해야 합니다.

```
// 이렇게 하세요
return HumongousWidget(
  // ...
  child: AnotherMonstrousWidget(
    // ...
    child: Consumer<CartModel>(
      builder: (context, cart, child) {
        return Text('Total price: ${cart.totalPrice}');
      },
    ),
  ),
);
```

Provider.of

때때로, UI를 변경시키는 모델의 데이터가 필요하지는 않지만, 모델에 접근해야 할 때가 있습니다. 예를 들어서 'ClearCart' 버튼으로 사용자가 카트의 모든 것을 삭제할 수 있는 기능을 제공하고 싶습니다. 카트의 내용을 보여줄 필요는 없지만, 'clear()' 메서드는 호출해야 할 필요가 있겠죠.

우리는 이때 'Consumer〈CartModel〉'을 사용할 수 있지만, 이는 낭비일 것입니다. 리빌드될 필요가 없는 위젯을 리빌드하도록 플러터에 요청하는 꼴이 되는 거죠.

이런 경우 우리는 'Provider.of'을 사용할 수 있습니다. 단, 'listen' 파라미터를 'false'로 설정해서요.

```
Provider.of<CartModel>(context, listen: false).removeAll();
```

빌드 메서드에서 이 코드를 사용하면 'notifyListeners()'가 호출되더라도 위젯이 리빌드되지 않을 것입니다.

context.watch⟨State⟩

'Provider.of⟨State⟩(context)'와 동일합니다. 빌드 메서드 내부에서만 사용할 수 있으며, 'notifyListeners()'가 호출되면 위젯이 리빌드됩니다. 해당 상태가 바뀔 때마다 UI가 업데이트되어야 하는 경우에 사용하면 좋습니다.

context.read⟨State⟩

'Provider.of⟨State⟩(context, listen: false)'와 동일합니다. 'notifyListeners()'가 호출되더라도 위젯이 리빌드되지 않습니다. 해당 상태가 바뀔 때마다 UI가 업데이트될 필요가 없는 경우, 상태를 변경하기 위한 메서드를 호출하는 경우에 사용하면 좋습니다.

결과물 확인하기

다음 링크에서 결과물을 확인해 봅시다.

- **Provider Shopper**[10]**(앞의 예제)**
- **Provider Counter**[11]**(더 쉬운 예시)**

여기까지 읽고 따라 해 보았다면, 상태 기반 애플리케이션을 개발하는 데 있어서 장족의 발전을 이루었을 것입니다. 'provider'를 사용하여 나만의 앱을 빌드해 보면서 상태 관리를 마스터해 보세요. 여기까지가 3주 4일 차의 학습 과정이며, 5일 차는 그간의 내용을 복습하는 것으로 진행합니다.

---

10 https://github.com/flutter/samples/tree/main/provider_shopper

11 https://github.com/flutter/samples/tree/main/provider_counter

한 걸음 더!

Provider에 리스너 부착하기

Provider에 함수를 부착할 수 있으며, 이를 리스너Listener라 합니다. 리스너로 부착된 함수는 Provider의 상태 값이 변화할 때마다 호출됩니다. 만약 리액트React가 익숙하시다면, Hooks 중에서 useEffect를 떠올리시면 될 것 같습니다. 일반적으로 initState 시에 리스너를 부착하고(addListener), dispose 시에 리스너 부착을 해제합니다 (removeListener).

한 걸음 더!

상태는 다다익선일까?

실제 플러터로 앱을 제작해 보면, Stateless 위젯을 쓰는 경우는 많지 않고, Stateful 위젯을 사용하여 화면을 구현하게 됩니다. 그리고 개발자 자기 자신도 모르는 사이에 수많은 상태를 만들어서 사용하게 됩니다.

하지만 상태를 여러 개 만들어 사용하는 것은 신중하게 판단해야 합니다. 상태가 자주 변경될 경우 그때마다 UI를 리빌드rebuild해야 하며, 소프트웨어 관점에서 이 또한 비용cost에 해당되기 때문입니다. 다음과 같은 원칙을 생각해 보시면 좋겠습니다.

- UI의 리빌드가 필요없는 경우, 상태가 아닌 일반 변수로 작성한다.

  당연히 이 경우는 상태의 정의에 부합하지 않으므로, 일반 변수로 작성합니다.

- 정확히 동일한 시점에 변경되어야 하는 여러 개의 상태는 묶어서 리스트(List), 맵(Map) 또는 클래스(Class) 구조로 작성한다.

- 정확히 동일한 시점에 변경되어야 하는 여러 개의 상태가 별개로 존재하는 경우, 여러 번의 리빌드rebuild가 불필요하게 발생할 수 있습니다. 당연히 개발자 스스로도 혼란스럽습니다. 이때는 상태를 합쳐야 하는데, 앞서 말씀드린 것처럼 다양한 방법이 존재할 수 있습니다.

- 특정 상태에서 파생된 상태는 별도의 상태로 만들지 않는다.

  "count에서 1을 더한 값"과 같이 특정 상태에서 파생된 상태는 기존에 있는 상태를 이용하여 값을 도출하는 게 적절합니다. 플러터에 많은 영향을 준 것으로 알려진 리액트 웹 프런트엔드 개발에서 자주 쓰이는 상태 관리 라이브러리 리코일Recoil에서도, 독립적인 상태를 아톰Atom, 아톰에서 파생된 상태를 셀렉터Selector로 나눠서 관리합니다.

4.5 내비게이션

사실 앞의 '상태 넘기기' 챕터에서 설명하지 않았던 부분이 있었습니다. 혹시 눈치채셨나요? 바로 HomeScreen에서 DetailScreen으로 넘어가는 부분이었습니다! 이러한 화면 전환을 개념적으로 내비게이션이라고 합니다.

사실 내비게이션에는 다양한 의미가 있지만, 모바일 앱 개발에서는 일반적으로 화면과 화면 사이를 이동하는 것을 의미합니다.

일반적으로, 웹사이트에서의 내비게이션은 페이지 간 이동입니다. 각각의 페이지는 URL 주소가 부여되며, 이에 따라 다음의 조건이 성립합니다.

- 페이지 이동이란 URL 주소가 바뀌는 것입니다. 웹사이트의 링크를 클릭하면, 링크에 명시된 URL 주소로 이동하는 것입니다.
- 임의의 URL 주소를 입력하여 특정 페이지에 접근할 수 있습니다. 여러분 모두 특정 웹 페이지를 즐겨찾기에 추가해두고 이를 이용해서 접속해 보신 적이 있을 겁니다. 즐겨찾기의 원리 자체가 URL 주소를 저장해둔 후, 사용자가 원할 때 해당 URL 주소로 사용자를 이동시켜 주는 것입니다.

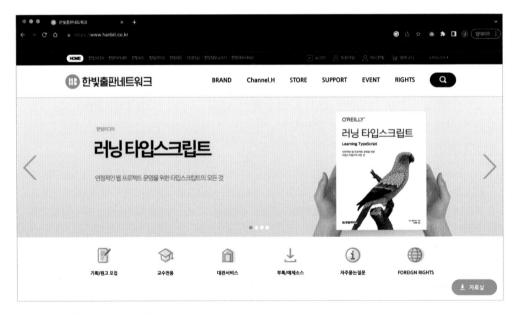

그림 4-7 한빛출판네트워크 공식 웹사이트

플러터 앱을 포함한 모바일 앱에서도 페이지 간 이동을 하는 방식으로 내비게이션을 구현할 수 있습니다. 하지만 일반적으로는 푸시 앤 팝Push and Pop 방식이 많이 쓰입니다.

- 앱이 맨 처음에 로드하는 화면은 일반적으로 고정되어 있습니다.
- 새로운 화면을 불러오게 될 때, 화면 위에 화면을 하나씩 쌓습니다Push. 컴퓨터 관련 분야에서 일반적으로 이야기하는 Stack의 원리입니다.
- 뒤로가기 버튼을 누를 때, 맨 위에 쌓인 화면부터 하나씩 제거됩니다Pop. 결국에는 맨 처음에 로드된 화면으로 되돌아가게 됩니다.

여기서 Stack에 쌓이는 단위를 화면이라고 표현했지만, 플러터에서는 흔히 라우트Route 라는 표현을 사용합니다.

앞서 살펴본 데일리 캣츠 앱에 대입해서 생각해 보면 이해가 쉽습니다.

- 고양이 사진 목록 화면에서 상세 화면으로 넘어가는 것이 바로 Push입니다.
- 반대로 상세 화면에서 고양이 사진 목록 화면으로 돌아오는 것이 Pop입니다.

앱바를 사용한다면, Push로 들어간 화면에서 [뒤로가기] 버튼을 자동으로 만들어 줍니다. 물론, 예상하셨듯이 [뒤로가기] 버튼의 역할이 바로 Pop입니다.

이해를 위해 앞에서 사용했던 코드를 한 번 더 보겠습니다.

```
onPressed: () {
  Navigator.of(context).push(
    MaterialPageRoute(
      builder: (_) => DetailScreen(
        color: color,
      ),
    ),
  );
},
```

push 안에는 다음 화면이 될 위젯을 바로 넣어두는 게 아니라, MaterialPageRoute라는 특수한 무언가(?)를 사용하여 다음 화면이 될 위젯을 지정하고 있습니다.

이는 개념적으로 push가 위젯을 직접 집어넣는 게 아니라, Route라고 하는 Navigator에서 쓰는 특수한 단위를 집어넣기 때문에 그렇습니다.

✍️ **한 걸음 더!**

또 하나의 내비게이션

여기서는 자세히 설명하지 않았지만 또 한 가지의 내비게이션 방식이 있습니다. 바로 탭 내비게이션인데요. 상단 탭 또는 하단 탭을 통해 여러 화면을 넘나들 수 있습니다.

Navigator 위젯

Navigator는 반드시 Navigator.of(context)와 같이 사용해야 합니다.

- Navigator 위젯 자체의 특징으로, 반드시 context가 필요합니다. 이와 같은 위젯을 Inherited 위젯이라고 합니다.
- context를 통해 현재 Navigator를 호출하는 위젯이 위젯 트리에서 어느 위치에 있는지 파악합니다. 잘못된 context가 들어갈 경우, 엉뚱한 동작이 일어날 수 있습니다.

✍️ **한 걸음 더!**

내비게이션과 함께 화면 전환 효과도 넣고 싶다면?

다음 코드를 활용하면 더 쉽게 목표에 가까워질 수 있습니다.

먼저 animated_page_route.dart 파일을 작성합니다.

```dart
import 'package:flutter/material.dart';
PageRouteBuilder<dynamic> animatedPageRoute({
  required RoutePageBuilder pageBuilder,
}) {
  return PageRouteBuilder(
    pageBuilder: pageBuilder,
    transitionsBuilder: (_, animation, __, child) {
      const begin = Offset(
        1.0,
```

```
      0.0,
    );
    const end = Offset.zero;
    const curve = Curves.ease;

    var tween = Tween(
      begin: begin,
      end: end,
    ).chain(
      CurveTween(
        curve: curve,
      ),
    );

    return SlideTransition(
      position: animation.drive(
        tween,
      ),
      child: child,
    );
  },
  );
}
```

실제 활용할 때는 다음과 같이 사용합니다(NextScreen으로 이동한다고 가정).

```
Navigator.of(context).push(
  animatedPageRoute(
    pageBuilder: (_, __, ___) => const NextScreen(),
  ),
);
```

이렇게 작성하면 화면이 옆에서 등장하는 내비게이션이 구현됩니다. begin, curve 변수를 조작한다면 다양한 애니메이션 효과를 넣을 수 있으니 필요한 경우 더 찾아보시기 바랍니다.

4.6 서버 통신

지금까지 UI 작업, 상태 관리와 내비게이션에 대해 다루었습니다. 화면에 단순히 정적인 내용을 표시하는 것에서, 상태 관리를 통해 사용자 인터랙션을 가능케 하고, 내비게이션을 통해 화면 전환을 가능케 했는데요. 여기까지만 해도 앱에 필요한 많은 기능을 제작할 수 있습니다. 하지만 여기까지의 모든 기능은 내 디바이스 안에서만 동작할 뿐입니다. 앱 내에 실시간으로 추가, 수정, 삭제되어야 하는 콘텐츠가 있다면 어떨까요? 매번 앱을 업데이트해야 반영할 수 있을까요? '자유게시판'처럼 내 디바이스 바깥에 있는 데이터를 가져오거나, 또는 내 디바이스 바깥으로 데이터를 전송하는 기능은 어떻게 구현할 수 있을까요?

일반적으로 이와 같은 기능들은 하나의 서버Server를 두고, 서버와 클라이언트(앱) 간의 통신을 통해서 구현합니다. 서버란 클라이언트에게 네트워크를 통해 정보나 서비스를 제공하는 컴퓨터 시스템[12]을 의미합니다. 즉, 서버란 중앙에서 관리되어야 할 모든 데이터를 가지고 있으며, 이를 HTTP 통신 등을 통해 클라이언트에게 제공할 수 있는 하나의 시스템입니다.

여기서는 서버와 클라이언트(앱)가 통신하는 가장 일반적인 방법인 HTTP 통신에 관해 설명하고, HTTP 통신에서 데이터를 주고받는 형식인 JSON에 대해서 알아보겠습니다. 또한 앱에서 필요한 서버 역할을 수행하는 솔루션인 구글 파이어베이스에 대해 알아보고, 몇 가지 기능을 직접 활용해 보겠습니다.

HTTP 통신

HTTP HyperText Transfer Protocol는 하이퍼텍스트 통신 규약으로, 웹을 통해 정보를 주고받기 위해 주로 쓰이는 약속입니다. 클라이언트가 서버에 요청을 보내면 서버가 클라이언트의 요청에 따른 응답을 보내는 방식으로 주로 사용됩니다.

웹 페이지의 3요소인 HTML, CSS, 자바스크립트를 포함하여, 웹에서 주고받는 데이터의 거의 대부분은 HTTP 요청 및 응답을 통해 웹 브라우저에 도착하여 적절하게 보여집니다.

다음은 HTTP 요청 및 응답의 간단한 예시입니다.[13] 단, 일반적으로는 HTTP 요청과 응답을 더 편리하게 보낼 수 있도록 하는 라이브러리를 사용하게 되므로, 다음 예시와 같은 HTTP 요청/응답을 개발자가 직접 작성하지는 않습니다.

---

12 https://ko.wikipedia.org/wiki/%EC%84%9C%EB%B2%84

13 https://ko.wikipedia.org/wiki/HTTP

표 4-2 HTTP 요청 및 응답 예시

HTTP 요청 예시	HTTP 응답 예시
메서드 URI 헤더 (공백) 본문	상태 코드 헤더 (공백) 본문
```GET /restapi/v1.0 HTTP/1.1 Accept: application/json Authorization: Bearer UExBMDFUMDRQV1MwMnzpd vtYYNWMSJ7CL8h0zM6q6a9ntw```	```HTTP/1.1 200 OK Date: Mon, 23 May 2005 22:38:34 GMT Content-Type: text/html; charset=UTF-8 Content-Encoding: UTF-8 Content-Length: 138 Last-Modified: Wed, 08 Jan 2003 23:11:55 GMT Server: Apache/1.3.3.7 (Unix) (Red-Hat/ Linux) ETag: "3f80f-1b6-3e1cb03b" Accept-Ranges: bytes Connection: close <html> <head> <title>An Example Page</title> </head> <body> Hello World, this is a very simple HTML document. </body> </html>```

HTTP 요청은 자원의 위치 URI, Uniform Resource Identifier 를 정확히 지정하고, 메서드라고 불리는 행위를 지정해서 보내야 정상적으로 처리될 수 있습니다. 예를 들어서 하나의 사서함이 있다면 우리는 사서함으로 편지를 보낼 수도 있고, (적절한 권한이 있다면) 사서함을 열어 볼 수도 있는 것입니다. 물론 이를 위해서는 사서함의 주소를 정확히 알고 있어야겠죠.

사서함으로 편지를 보내면 상대방 측에서 답장을 보낼 수 있습니다. 메신저로 친구에게 연락하면 친구도 나에게 답장을 보낼 수 있습니다. 하지만 우리는 편지나 메신저에 대한 답장이 상대방의 확인 및 처리 시점에 따라 달라질 수 있다는 것을 알고 있습니다. HTTP 요청에 대한 응답도 그렇습니다.

다트를 포함한 대부분의 프로그래밍 언어, 플러터를 포함한 대부분의 프레임워크에서는 HTTP 요청에 대한 응답을 마냥 기다리고 있지만은 않습니다. 사용자 인터랙션 처리 등 다른 할 일이 있으면 그 일을 진행하고 있다가 HTTP 응답을 받으면 비로소 그에 대한 처리를 수행합니다. 이를 비동기asynchronous 처리라고 합니다. 타이머 기능과 함께, 앞서 배운 비동기 함수를 사용하는 또 하나의 대표적 사례입니다.

편지에 대한 답장은 일반적으로 받는 사람이 읽을 수 있는 언어로 작성되어 있을 것입니다. 하지만 국제 우편이라면 어떨까요? 보안이 필요한 우편이라면 어떨까요? 외국어나 암호문으로 작성된 답장을 받을 수도 있겠네요. HTTP 요청에 대한 응답도 사실 여러 가지 형식으로 올 수 있습니다. 일반적인 텍스트text/plain, 웹 페이지에 대한 구조화 언어인 HTMLtext/html, 그리고 추후 얘기할 JSONapplication/json 등이 주로 사용되는 응답 형식입니다.

다행히, HTTP 응답의 헤더에는 Content-Type이 명시되어 있으므로(text/plain, text/html, application/json 등), Content-Type에 따라 적절한 방법으로 처리하면 됩니다. 암호화된 데이터를 처리한다면 복호화하는 방법도 존재할 것이므로 그대로 처리하면 됩니다. 또한 한글 등의 인코딩 문제가 발생할 수 있으므로, 이 또한 별도의 방법으로 처리합니다.

메서드

HTTP 요청은 기본적으로 특정 위치URI에 요청을 보내는 형식입니다. 그런데 이를 잘 생각해 보면, "무엇을"은 있는데 "어떻게"가 없습니다. '특정 위치에서 찾을 수 있는 자원을 어떻게 처리할 것인가?' 메서드는 이를 명시하는 역할을 수행합니다.

사실 메서드는 일종의 추상적인 약속입니다. 실제 메서드의 기능을 어떻게 구현할지는 서버 개발자의 몫입니다(그래도 대부분의 서버 개발자는 원래 정의에 맞게 메서드의 기능을 구현하기 위해서 노력합니다). 메서드 이름만 보고 기능을 지레짐작하기보다는 서버 개발자에게 직접 문의하거나 API 문서를 참조해야 합니다.

여기서는 주요 메서드 몇 개를 설명하겠습니다. 여기서 다루지 않은 메서드에 대한 설명은 위키백과[14]를 참고하시기 바랍니다.

---

14 https://en.wikipedia.org/wiki/Hypertext_Transfer_Protocol#Request_methods

표 4-3 주요 메서드

메서드	설명	비고
GET	서버의 자원을 가져온다. • GET 전후로 서버 자원에 어떤 변화도 없다. 즉, 여러 번 호출해도 동일한 결과를 보장한다(멱동성; Idempotent).	요청 Body가 존재하지 않음
POST	서버의 자원을 추가한다. • n번 요청하면, n번 추가된다. 즉, 한 번 호출하는 것과 여러 번 호출하는 것이 같지 않다.	요청 Body가 존재함
PUT	서버한 자원을 수정한다.	요청 Body가 존재함
PATCH	서버한 자원을 수정한다.	요청 Body가 존재함
DELETE	서버의 자원을 삭제한다.	요청 Body가 존재하지 않거나 존재함

🖊️ 한 걸음 더!

CRUD란?

CRUD는 Create-Read-Update-Delete의 약자입니다. 조회, 생성, 수정, 삭제라는 API로 할 수 있는 기능들을 묶어서 부르는 것입니다. CRUD의 대표적인 예시로는 게시판 기능이 있습니다. 기능이 완전히 구현된 게시판은 일반적으로 조회/검색, 게시물 작성, 게시물 수정, 게시물 삭제가 가능합니다.

상태 코드

상태 코드Status Code란 HTTP 요청에 대한 응답의 상태를 나타내는 코드입니다. 상태 코드는 숫자로 표시하지만, 숫자마다 할당된 짤막한 메시지도 존재합니다. 여기서는 자주 만나는 상태 코드 몇 가지를 소개합니다.[15]

표 4-4 자주 쓰이는 상태 코드

코드	메시지	설명	비고
2XX	Success	요청에 대한 성공 응답	
200	OK	성공	
201	Created	생성됨	POST, PATCH 메서드의 성공

---

15 https://ko.wikipedia.org/wiki/HTTP

3XX	Redirect	자료의 위치가 바뀜	
301	Moved Permanently	새로운 위치로 영구적으로 이동됨 • (앞으로도 계속) 새로운 위치로 다시 요청을 시도해야 함	
4XX	Client Error	클라이언트 측의 오류. 잘못된 요청 등	
401	Unauthorized	인증되지 않음 • 헤더에 인증 정보를 싣는 등 올바른 인증 방법으로 다시 시도 해야 함	
403	Forbidden	서버에 의해 거부됨	
404	Not Found	요청한 위치에 자원이 없음 • 쉽게 말해서, 번지수가 틀렸음	
5XX	Server Error	서버 측의 오류	
502	Bad Gateway	게이트웨이 문제	
503	Service Unavailable	(임시적으로) 서버가 요청을 받을 수 없음	
504	Gateway Timeout	게이트웨이 타임아웃 • 요청을 처리하는 데 시간이 너무 많이 걸림	

✍️ 한 걸음 더!

HTTP Cats

HTTP Cats 웹사이트[16]에서 귀여운 고양이 사진과 함께 다양한 상태 코드를 확인할 수 있습니다. 다소 생소한 상태 코드들까지 흥미롭게 이해하고 싶다면, 지금 바로 접속하세요!

dart:http 라이브러리

dart:http 라이브러리는 API 요청 및 응답 등 HTTP 통신과 관련된 작업을 쉽게 할 수 있도록 도와줍니다. API 요청을 보내면 언제 응답을 받을지 알 수 없으므로 모든 작업은 Future(비동기) 기반으로 이루어집니다.

dart:http 라이브러리는 다트에 기본적으로 포함된 라이브러리는 아니지만, 다트 개발진이 만든 공식 라이브러리입니다.

여기 아주 간단한 API가 있습니다. Cat Facts라는 API인데요. 말 그대로 고양이와 관련된 재밌는 사실들을 API를 통해 제공하고 있습니다.

---

16 https://http.cat

그림 4-8 Cat Facts 웹사이트

Cat Facts에서는 다양한 API를 지원하지만, 여기서는 설명을 위해 facts/random API만 간략히 소개하겠습니다. 이 API를 사용하면 서버로부터 고양이에 대한 무작위(랜덤) 정보를 하나씩 받을 수 있습니다.

```
GET https://cat-fact.herokuapp.com/facts/random
```

한 걸음 더!

API 사용 방법은 어떻게 알 수 있나요?

공식 문서를 참조하면 API의 사용 방법을 쉽게 알 수 있습니다. 단, 요청과 응답, 헤더와 Body, 메서드, JSON 등이 책에서 설명하고 있는 내용 정도의 사전 지식이 필요할 수 있습니다. 앞서 언급한 Cat Facts의 공식 문서[17]도 참조해볼 수 있습니다. 또한, Postman 웹사이트[18]에서 이와 비슷한 유형의 무료 API를 확인할 수 있습니다.

---

17 https://alexwohlbruck.github.io/cat-facts/

18 https://documEnter.getpostman.com/view/8854915/Szf7znEe

지금부터는 다트패드에서 실습해 보겠습니다. 다음과 같이 코드를 작성해 볼까요?

```dart
import 'package:http/http.dart' as http;

Future<void> getData() async {
  final Uri uri = Uri.https("cat-fact.herokuapp.com", "facts/random");
  final http.Response response = await http.get(uri);
  final int statusCode = response.statusCode;
  print("Status Code: $statusCode");
  print("Response Body: ${response.body}");
}

void main() {
  getData();
}
```

먼저, main( ) 함수가 있는데도 getData( )라는 별도의 함수를 작성한 이유는 다음과 같습니다.

- HTTP 요청 및 응답과 관련된 함수들은 일반적으로 비동기(asynchronous)입니다. 비동기를 지원하기 위해서는 함수명 옆에 async 키워드를 넣고, 함수의 출력 타입은 Future〈타입〉[19]가 되어야 합니다.
- 현재는 큰 의미가 없지만, 함수를 살짝 고쳐서 추후에 검색 기능처럼 입력으로 키워드를 받고, 출력으로 검색 결과를 받는 방식으로 구현할 수 있습니다.

이제 코드를 한 줄씩 설명해 보겠습니다.

```dart
import 'package:http/http.dart' as http;
```

우리에게 필요한 dart:http 라이브러리를 불러옵니다. 다트패드에서는 해당 라이브러리를 별다른 설치 과정 없이 import만 해서 사용할 수 있습니다.

---

19 '타입'에는 실제 타입이 들어가서 Future에 의한 최종 반환값의 타입을 나타냅니다.

뒤에 as http를 붙이는 것에 주의하세요. 이후에는 http.get과 같이 http.(메서드명) 방식으로 내부 메서드들을 사용하게 됩니다.

```
final Uri uri = Uri.https("cat-fact.herokuapp.com", "facts/random");
```

URI Uniform Resource Identifier를 작성합니다. URI는 URL Uniform Resource Locator과 비슷하지만, 더 넓은 개념입니다. 이는 마치 우편물을 보낼 때 주소를 특정하는 과정에 비유할 수 있습니다. 사실 실생활에서의 우편물은 주소가 틀려도 어찌어찌 잘 도착하는 경우가 종종 있습니다. 집배원이 주소를 유추할 수 있는 상황이 많기 때문입니다. 하지만 HTTP 세계에서는 주소가 정확히 일치해야 요청을 보내고 응답을 받을 수 있습니다.

다음과 같은 순서로 URI를 작성합니다.

- **(맨 앞의 https:// 생략) 도메인**
- **(맨 앞의 / 생략) 세부 경로**
- **(Map 형식) 쿼리 파라미터**

현재는 쿼리 파라미터가 존재하지 않으므로, 도메인과 세부 경로를 각각 나누어서 넣어 줍니다.

```
final http.Response response = await http.get(uri);
```

이 한 줄로 API 요청과 응답 수신이 이뤄집니다. 라이브러리를 이용하니 참 편리하죠? await 키워드를 사용하여 HTTP 요청에 대한 응답이 올 때까지 다트가 기다리도록 합니다.

- 물론 http.get뿐만 아니라 http.post 등 다른 메서드도 지원합니다. http.get은 요청 body가 없으므로 단순히 URI만 보내게 됩니다. http.post의 경우는 일반적으로 요청 body를 보내기 때문에, body에 들어갈 내용을 같이 보낼 수 있습니다.

```
final int statusCode = response.statusCode;
```

await문 이후이므로 이 줄부터는 요청에 대한 응답을 수신한 상황으로 볼 수 있습니다. 응답의 상태 코드만 별도의 변수로 저장합니다.

```
print("Status Code: $statusCode");
```

상태 코드를 print합니다.

```
print("Response Body: ${response.body}");
```

응답 body를 print합니다.

다음과 같은 결과를 얻으셨나요? 참고로, Response Body에 있는 값들은 요청할 때마다 바뀌고, 가끔은 "text" 부분에 정말 의미 없는 텍스트가 표시되기도 합니다.

```
Status Code: 200
Response Body: {"status":{"verified":null,"sentCount":0},"_id":"61b830a766b26cede617a48
7","user":"61b82e5766b26cede617a314","text":"S.","type":"cat","deleted":false,"created
At":"2021-12-14T05:50:31.858Z","updatedAt":"2021-12-14T05:50:31.858Z","__v":0}
```

이 코드를 조금 응용해서, 고양이에 대한 랜덤한 사실을 표시하는 앱을 만들어 보겠습니다. 그 전에, Response Body에 들어간 값들이 다소 외계어처럼 느껴지셨나요? 이렇게 생긴 데이터 형식을 JSON이라고 하는데요. JSON에 대해 잠깐 알아보겠습니다.

JSON이란?

JSON(JavaScript Object Notation)이란 텍스트 형식으로 구조화된 데이터를 표기하는 방식입니다. 이름처럼 자바스크립트에서 유래한 방법입니다. 특히 프로그래밍 언어와 관계없이 데이터를 전달하고 싶을 때 많이 사용합니다(대부분의 프로그래밍 언어는 JSON을 편리하게 다룰 수 있는 방법을 기본적으로 제공합니다 – 마치 HTTP 관련 라이브러리처럼요).

앞서 확인해본 Response Body 데이터를 JSON으로 조금 더 예쁘게 표기해 보겠습니다.

```json
{
  "status": {
    "verified": null,
    "sentCount": 0
  },
  "_id": "61b830a766b26cede617a487",
  "user": "61b82e5766b26cede617a314",
  "text": "S.",
  "type": "cat",
  "deleted": false,
  "createdAt": "2021-12-14T05:50:31.858Z",
  "updatedAt": "2021-12-14T05:50:31.858Z",
  "__v": 0
}
```

대략적인 구조가 눈에 잘 들어오시나요? 대부분의 JSON은 이렇게 기본적으로 다트의 Map 과 유사합니다. Key에는 문자열(String)이 위치하며, Value에는 JSON에서 사용할 수 있는 몇몇 타입에 해당하는 값이 위치합니다. 실제로는 이 값들만 따로 떼어도(**예** false) 유효한 JSON이라는 게 흥미롭습니다.

JSON이 될 수 있는 타입은 다음과 같습니다. 다음은 각 타입과 예시입니다.

■ **정수(다트의 int)**

24

■ **실수(다트의 double)**

6.71

■ **문자열(다트의 String) – 큰따옴표만 사용 가능**

"hello"

■ **불리언(다트의 bool)**

true

■ **배열(다트의 List) – Value는 각각이 유효한 JSON**

[1, "hi", false]

■ **객체(다트의 Map) – Key는 문자열, Value는 각각이 유효한 JSON**

{"name": "jeongjoo", "age": 27, "deleted": false}

함수는 JSON에 포함할 수 없다는 것에 주의하세요.

프로그래밍에서 많이 사용되는 파일 중에 JSON 파일(*.json)이 있는데요. 사실 확장자만 다를 뿐이고 일반적인 텍스트와 다를 것이 없습니다. 이는 다트(*.dart)나 파이썬(*.py) 등 다른 프로그래밍 언어에서 쓰는 파일 형식도 동일합니다. 하지만 일반 텍스트처럼 자유롭게 작성할 수는 없고, JSON의 형식을 준수해야만 유효한 JSON이 됩니다.

앞서 대부분의 프로그래밍 언어에서 JSON을 편리하게 다루는 방법을 제공한다고 설명했는데요. 그렇다고 텍스트 형식의 JSON을 그대로 사용할 수 있는 것은 아닙니다.

■ **Map 객체 등 JSON이 될 수 있는 변수를 JSON으로 변환**

문자열화Stringify, 직렬화Serialize 라고도 합니다.

■ **JSON을 대응되는 타입(예 Map)의 변수로 변환**

파싱Parse, 역직렬화Deserialize 이라고도 합니다.

이어지는 내용에서 다트에서의 JSON ↔ Map 타입 상호 변환에 관해 설명하겠습니다.

1주차 2주차 3주차 4주차 5주차

JSON ↔ Map 타입 상호 변환하기

앞에서 다룬 Cat Facts 코드를 약간만 수정해 볼까요?

```
import 'package:http/http.dart' as http;
import 'dart:convert';

Future<void> getData() async {
  final Uri uri = Uri.https("cat-fact.herokuapp.com", "facts/random");
  final http.Response response = await http.get(uri);
  final int statusCode = response.statusCode;
  final Map<String, dynamic> body = jsonDecode(response.body);
  print("Status Code: $statusCode");
  print("Response Body: $(body["text"])");
}

void main() {
  getData();
}
```

중간에 JSON 형식의 response.body를 Map〈String, dynamic〉 형식의 body로 바꾸어서 사용합니다. 그리고 body 내부에 있는 text 필드의 값만 꺼내서 사용합니다. 이제는 다른 정보가 아닌 랜덤한 메시지만 출력됩니다.

```
Status Code: 200
Response Body: Cats are kool.
```

앱에서 데이터 표시하기

새로운 프로젝트를 만들지 않아도, 다트패드를 사용해서 쉽게 확인할 수 있습니다.

```dart
import 'package:flutter/material.dart';
import 'package:http/http.dart' as http;
import 'dart:convert';

void main() => runApp(MyApp());

class MyApp extends StatelessWidget {
  @override
  Widget build(BuildContext context) {
    return MaterialApp(
      title: 'Flutter Demo',
      theme: ThemeData(
        primarySwatch: Colors.blue,
      ),
      home: const HomeScreen(),
    );
  }
}

class HomeScreen extends StatefulWidget {
  const HomeScreen({
    Key? key,
  }) : super(key: key);

  @override
  State<HomeScreen> createState() => _HomeScreenState();
}

class _HomeScreenState extends State<HomeScreen> {
  String message = "";

  Future<void> getData() async {
```

```
    final Uri uri = Uri.https("cat-fact.herokuapp.com", "facts/random");
    final http.Response response = await http.get(uri);
    final int statusCode = response.statusCode;
  if (statusCode == 200) {
    final Map<String, dynamic> body = jsonDecode(response.body);
    setState(() {
      message = body["text"];
    }),
  }
}


@override
Widget build(BuildContext context) {
  return Scaffold(
    appBar: AppBar(
      title: const Text("Cat Facts"),
    ),
    body: Center(
      child: Column(
        mainAxisAlignment: MainAxisAlignment.center,
        children: [
          Text(
            message,
          ),
        ],
      ),
    ),
    floatingActionButton: FloatingActionButton(
      onPressed: getData,
      tooltip: 'Increment',
      child: const Icon(Icons.refresh),
    ),
  );
}
}
```

[새로고침Refresh] 버튼을 누르면 새로운 Cat Facts가 출력됩니다.

원리는 앞서 작성한 코드와 거의 동일한데요. 결과를 print하는 대신 message라는 상태 값에 할당합니다. 그리고 상태 코드가 200이 아닐 경우, 즉 API가 정상적으로 호출되지 않은 경우에는 Cat Facts를 업데이트하지 않습니다.

✍️ **한 걸음 더!**

방어적 코딩

"코딩을 방어적으로 하라."라는 이야기를 들어 보신 적이 있나요? 이런 말을 들으면 '코딩이 전쟁도 아니고, 웬 방어?'라는 생각을 하실 수도 있습니다(근데 현업에서의 코딩은 가끔 전쟁 같기도 합니다). 하지만 개발자 본인의 잘못이 아니더라도 코드에서 문제가 일어날 수 있는 경우의 수는 무궁무진하며, 혹시 모를 문제에 대비하여 안전 지향적으로 코드를 짜놓을 수 있습니다. 굳이 비슷한 개념을 찾자면 '방어운전'을 들 수 있겠네요.

특히 API 호출 코드는 서버가 정상적으로 작동하는지, 서버에서 어떤 값을 건네주는지에 따라 오류 발생의 가능성이 굉장히 높은 부분입니다. 그러니 다음과 같은 사항을 유의하면 도움이 됩니다.

• 코드 외부
　– API 문서를 주의 사항 및 샘플 코드까지 꼼꼼하게 체크합니다.
　– 백엔드(서버) 개발자와의 소통을 생활화하고, 사소한 부분까지 모두 정해 놓습니다.

• 코드 내부
　– HTTP 요청 시 null 값이나 빈 문자열이 넘어갈 가능성은 없는지 확인합니다.

– HTTP 응답의 상태 코드를 정확히 확인하여, 상태 코드별로 알맞은 작업을 수행합니다.

– 옵셔널 체이닝(?.) 연산자를 사용하여 잘 오던 값이 어느 순간 null로 올 가능성에 대비합니다.

– 에러 발생 시 별도의 코드를 실행할 수 있는 try-catch문을 활용합니다.

파이어베이스

파이어베이스란 구글에서 제공하는 모바일 및 웹 개발 도구로, 앱에 필요한 다양한 백엔드 backend 기능을 쉽게 추가할 수 있습니다. 대표적으로 인증(로그인), 데이터베이스, 스토리지 (저장 공간) 등이 이에 해당합니다. 여기서는 파이어베이스 프로젝트를 생성하고, iOS 및 안 드로이드 앱을 추가하고, 다양한 활용 사례를 다루고자 합니다.

파이어베이스 사용을 위해서는 구글 아이디가 필요합니다. 구글 아이디를 준비해 주세요.

[파이어베이스 콘솔] 파이어베이스 프로젝트 생성하기

여기서는 파이어베이스 프로젝트 생성을 다루겠습니다. 다음의 순서를 따릅니다.

1 파이어베이스 콘솔[20]에 접속합니다.

---

20 https://console.firebase.google.com

2 [프로젝트 만들기] 버튼을 클릭합니다.

3 프로젝트 이름을 지정하고, 체크박스에 체크한 후 [계속] 버튼을 클릭합니다.

4 애널리틱스 사용을 체크 해제하고, [프로젝트 만들기] 버튼을 클릭합니다.

[파이어베이스 콘솔] 플러터파이어 라이브러리 설치하기, iOS 및 안드로이드 앱 추가하기

1 Firebase CLI를 설치합니다.

```
curl -sL https://firebase.tools | bash
```

2 파이어베이스에 로그인합니다(별도의 웹 페이지가 뜨면, 해당 웹 페이지에서 구글 로그인을 진행합니다).

```
firebase login
```

```
jeongjoo@172 ~ % firebase login
i  Firebase optionally collects CLI usage and error reporting information to hel
p improve our products. Data is collected in accordance with Google's privacy po
licy (https://policies.google.com/privacy) and is not used to identify you.

? Allow Firebase to collect CLI usage and error reporting information? No

Visit this URL on this device to log in:
https://accounts.google.com/o/oauth2/auth?client_id=563584335869-fgrhgmd47bqneki
j5i8b5pr03ho849e6.apps.googleusercontent.com&scope=email%20openid%20https%3A%2F%
2Fwww.googleapis.com%2Fauth%2Fcloudplatformprojects.readonly%20https%3A%2F%2Fwww
.googleapis.com%2Fauth%2Ffirebase%20https%3A%2F%2Fwww.googleapis.com%2Fauth%2Fcl
oud-platform&response_type=code&state=256734355&redirect_uri=http%3A%2F%2Flocalh
ost%3A9005

Waiting for authentication...

✓  Success! Logged in as jeongjoo@peonani.com
jeongjoo@172 ~ %
```

Woohoo!
Firebase CLI Login Successful

You are logged in to the Firebase Command-Line
interface. You can immediately close this window and
continue using the CLI.

3 파이어베이스 프로젝트 리스트를 확인하고, 1에서 만든 프로젝트가 있는지 확인합니다.

```
firebase projects:list
```

```
[jeongjoo@172 ~ % firebase projects:list
✓ Preparing the list of your Firebase projects

 ┌─────────────────────┬──────────────┬────────────────┬──────────────────────┐
 │ Project Display Name │  Project ID  │ Project Number │ Resource Location ID │
 ├─────────────────────┼──────────────┼────────────────┼──────────────────────┤
 │ jj-on-fire          │ jj-on-fire   │ 1038314455248  │ [Not specified]      │
 └─────────────────────┴──────────────┴────────────────┴──────────────────────┘

1 project(s) total.
jeongjoo@172 ~ % █
```

4 (프로젝트 루트에서) 'firebase_core' 라이브러리를 설치합니다.

```
flutter pub add firebase_core
```

```
  collection 1.16.0 (1.17.1 available)
  cross_file 0.3.3+2 (0.3.3+4 available)
+ firebase_core 2.6.0
+ firebase_core_platform_interface 4.5.3
+ firebase_core_web 2.2.0
  image_picker 0.8.6 (0.8.6+1 available)
  image_picker_android 0.8.5+3 (0.8.5+6 available)
  image_picker_ios 0.8.6+1 (0.8.6+7 available)
  js 0.6.4 (0.6.7 available)
  matcher 0.12.12 (0.12.14 available)
  material_color_utilities 0.1.5 (0.2.0 available)
  meta 1.8.0 (1.9.0 available)
  path 1.8.2 (1.8.3 available)
  source_span 1.9.0 (1.9.1 available)
  stack_trace 1.10.0 (1.11.0 available)
  stream_channel 2.1.0 (2.1.1 available)
  string_scanner 1.1.1 (1.2.0 available)
  test_api 0.4.12 (0.4.18 available)
  vector_math 2.1.2 (2.1.4 available)
Downloading firebase_core 2.6.0...
Downloading firebase_core_web 2.2.0...
Downloading firebase_core_platform_interface 4.5.3...
Changed 3 dependencies!
jeongjoo@172 daily_cats_app % █
```

5 플러터파이어 초기화를 진행합니다.

```
dart pub global activate flutterfire_cli
vi ~/.zshrc
source ~/.zshrc
flutterfire configure
```

```
Downloading term_glyph 1.2.1...
Downloading json_annotation 4.8.0...
Downloading async 2.10.0...
Building package executables... (1.7s)
Built flutterfire_cli:flutterfire.
Installed executable flutterfire.
Warning: Pub installs executables into $HOME/.pub-cache/bin, which is not on you
r path.
You can fix that by adding this to your shell's config file (.bashrc, .bash_prof
ile, etc.):

  export PATH="$PATH":"$HOME/.pub-cache/bin"

Activated flutterfire_cli 0.2.7.
[jeongjoo@172 daily_cats_app % flutterfire configure
zsh: command not found: flutterfire
[jeongjoo@172 daily_cats_app % vi ~/.zshrc
[jeongjoo@172 daily_cats_app % source ~/.zshrc
[jeongjoo@172 daily_cats_app % flutterfire configure
i Found 1 Firebase projects.
? Select a Firebase project to configure your Flutter application with ›
❯ jj-on-fire (jj-on-fire)
  <create a new project>
```

```
Installed executable flutterfire.
Warning: Pub installs executables into $HOME/.pub-cache/bin, which is not on you
r path.
You can fix that by adding this to your shell's config file (.bashrc, .bash_prof
ile, etc.):

  export PATH="$PATH":"$HOME/.pub-cache/bin"

Activated flutterfire_cli 0.2.7.
[jeongjoo@172 daily_cats_app % flutterfire configure
zsh: command not found: flutterfire
[jeongjoo@172 daily_cats_app % vi ~/.zshrc
[jeongjoo@172 daily_cats_app % source ~/.zshrc
[jeongjoo@172 daily_cats_app % flutterfire configure
i Found 1 Firebase projects.
✓ Select a Firebase project to configure your Flutter application with · jj-on-f
ire (jj-on-fire)
? Which platforms should your configuration support (use arrow keys & space to s
elect)? ›
✓ android
✓ ios
  macos
  web
```

```
i Found 1 Firebase projects.
✓ Select a Firebase project to configure your Flutter application with · jj-on-f
ire (jj-on-fire)
? Which platforms should your configuration support (use arrow keys & space to s
✓ Which platforms should your configuration support (use arrow keys & space to s
elect)? · android, ios
i Firebase android app com.example.daily_cats_app is not registered on Firebase
project jj-on-fire.
i Registered a new Firebase android app on Firebase project jj-on-fire.
i Firebase ios app com.example.dailyCatsApp is not registered on Firebase projec
t jj-on-fire.
i Registered a new Firebase ios app on Firebase project jj-on-fire.
? The files android/build.gradle & android/app/build.gradle will be updated to a
pply Firebase configuration and gradle build plugins. Do you want to continue? (
✓ The files android/build.gradle & android/app/build.gradle will be updated to a
pply Firebase configuration and gradle build plugins. Do you want to continue? ·
  yes

Firebase configuration file lib/firebase_options.dart generated successfully wit
h the following Firebase apps:

Platform   Firebase App Id
android    1:1038314455248:android:01232d6c5073715980ded5
ios        1:1038314455248:ios:2848cb869dd0c4fa80ded5

Learn more about using this file and next steps from the documentation:
 > https://firebase.google.com/docs/flutter/setup
jeongjoo@172 daily_cats_app %
```

6 방향키를 이용해서 움직이며, 스페이스바를 이용해서 선택 토글하고, Enter 를 이용해서 다음 항목으로 넘어갑니다. 첫 번째로 대상이 되는 파이어베이스 프로젝트를 선택(jj-on-fire)하고, 두 번째로는 타겟 플랫폼을 선택(안드로이드, ios)합니다. 여기까지 하면 'firebase_options.dart' 파일이 생성됩니다.

7 'lib/main.dart'에 파이어베이스 초기화 코드를 추가합니다.

```dart
import 'package:firebase_core/firebase_core.dart';
import 'firebase_options.dart';

void main() async {
  WidgetsFlutterBinding.ensureInitialized();
  await Firebase.initializeApp(
    options: DefaultFirebaseOptions.currentPlatform,
  );
  runApp(MyApp());
}
```

8 'android/build.gradle' 파일을 확인하고, 다음 코드가 없으면 추가합니다.

```
buildscript {
    // ...
    dependencies {
        // ...
        classpath 'com.google.gms:google-services:4.3.10'
    }
}
```

9 'android/app/build.gradle' 파일을 확인하고, 다음 코드가 없으면 추가합니다.

```
apply plugin: 'com.google.gms.google-services'
```

실시간 데이터베이스로 게시판 기능 추가하기

파이어베이스에서 제공하는 데이터베이스 기능을 통해 게시판 기능을 추가할 수 있습니다.

우선, 게시판의 데이터는 다음과 같은 형식으로 작성해 보겠습니다.

표 4-5 게시판 데이터 형식

필드	타입	설명	비고
id	int	게시물 고유 ID	
title	String	제목	
writer	String	작성자	
content	String	내용	
created	DateTime	생성 시각	데이터베이스에서는 String 형식 (예 "2023-02-17T08:11:12.522Z")[21]

---

21 시간 단위 끝에 Z가 붙으면 국제 표준시(UTC, Universal Time Coordinated)를 의미합니다. 한국 시간이 아닌 것에 유의하세요(9시간을 더해야 한국 시간입니다).

게시판의 데이터는 파이어베이스 콘솔에서 직접 넣어 주겠습니다. 다음의 순서를 따릅니다.

1 파이어베이스 콘솔에서 빌드 ▶ Realtime Database에 들어갑니다.

2 [데이터베이스 만들기] 버튼을 클릭합니다.

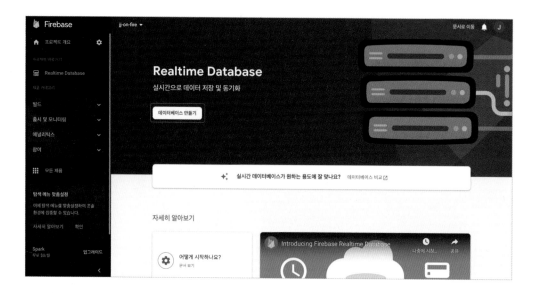

3 [다음] 버튼을 클릭합니다.

4 [테스트 모드에서 시작]을 선택한 후, [사용 설정] 버튼을 클릭합니다(추후 보안 규칙 설정이 필요합니다).

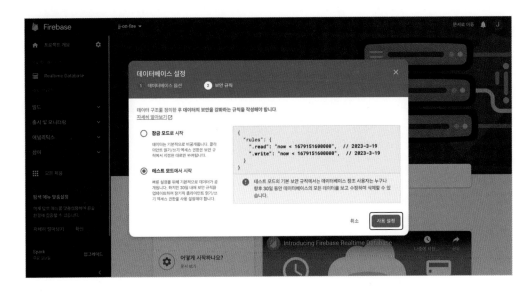

5 현재는 아무런 데이터가 없습니다. 데이터를 작성해 볼까요?

6 먼저 간단한 JSON 파일을 만들어 줍니다. 비주얼 스튜디오 코드 등에서 작성하여, data. json으로 저장합니다.

```json
[
  {
    "id": 4,
    "title": "너무바빠 하루하루",
    "writer": "기억나",
    "content": "오늘 또 내일 시간이 어떻게 가는지 모르겠어요.",
    "created": "2023-02-17T08:32:12.428Z"
  },
  {
    "id": 3,
    "title": "그대에게 말하지 못한 비밀",
    "writer": "댕댕이",
    "content": "사실은 민트초코를 좋아해요",
    "created": "2023-02-16T00:23:64.194Z"
  },
  {
    "id": 2,
    "title": "우리집 근처 맛집!!",
    "writer": "먹보",
    "content": "요즘에는 아마도 '스프카레'가 핫한 것 같기도 ㅎㅎ",
    "created": "2023-02-15T21:13:58.842Z"
  },
  {
    "id": 1,
    "title": "응답하라 시리즈를 보면서 예전이 그립네요",
    "writer": "추억",
    "content": "그때 그 정겹던 시절이 떠올라요",
    "created": "2023-02-11T00:12:54.753Z"
  }
]
```

7 5번의 화면에서 [… > JSON 가져오기] 버튼을 클릭합니다.

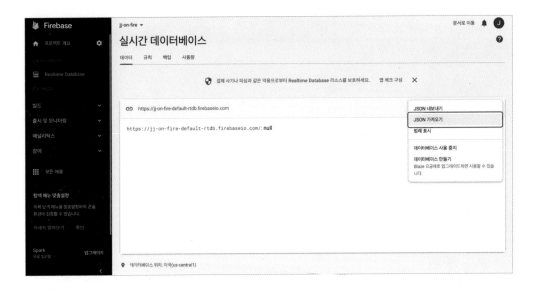

8 JSON 파일을 첨부하여 가져옵니다.

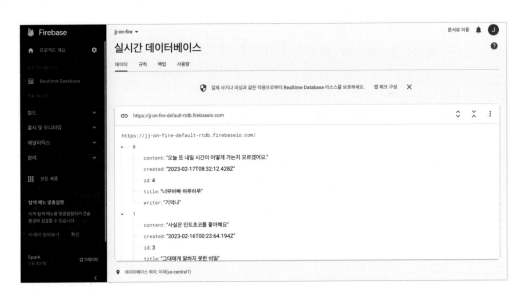

9 데이터가 정상적으로 입력되었습니다!

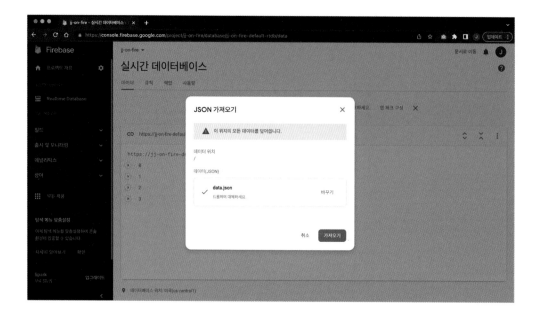

이제 플러터에서 게시판 목록을 불러와 봅시다. 다음과 같이 코드를 작성합니다.

먼저, 파이어베이스 데이터베이스를 추가 설치합니다.

```
flutter pub add firebase_database
```

그리고 코드를 작성합니다.

main.dart

```dart
import 'package:flutter/material.dart';
import 'screens/home_screen.dart';
import 'package:firebase_core/firebase_core.dart';
import 'firebase_options.dart';

void main() async {
  WidgetsFlutterBinding.ensureInitialized();
```

```dart
  await Firebase.initializeApp(
    options: DefaultFirebaseOptions.currentPlatform,
  );
  runApp(MyApp());
}

class MyApp extends StatelessWidget {
  const MyApp({super.key});

  // This widget is the root of your application.
  @override
  Widget build(BuildContext context) {
    return MaterialApp(
      title: 'Flutter Demo',
      theme: ThemeData(
        // This is the theme of your application.
        //
        // Try running your application with "flutter run". You'll see the
        // application has a blue toolbar. Then, without quitting the app, try
        // changing the primarySwatch below to Colors.green and then invoke
        // "hot reload" (press "r" in the console where you ran "flutter run",
        // or simply save your changes to "hot reload" in a Flutter IDE).
        // Notice that the counter didn't reset back to zero; the application
        // is not restarted.
        primarySwatch: Colors.blue,
      ),
      home: const HomeScreen(),
    );
  }
}
```

screens/home_screen.dart

```dart
import 'dart:convert';

import 'package:flutter/material.dart';
import 'package:firebase_database/firebase_database.dart';
```

```
class HomeScreen extends StatefulWidget {
  const HomeScreen({super.key});

  @override
  State<HomeScreen> createState() => _HomeScreenState();
}

class _HomeScreenState extends State<HomeScreen> {
  FirebaseDatabase database = FirebaseDatabase.instance;
  DatabaseReference rootRef = FirebaseDatabase.instance.ref();
  List<dynamic> boardList = [];

  @override
  void initState() {
    super.initState();
    rootRef.get().then((snapshot) {
      if (snapshot.exists) {
        setState(() {
          boardList = snapshot.value as List? ?? [];
        });
      }
    });
  }


  @override
  Widget build(BuildContext context) {
    return Scaffold(
        appBar: AppBar(
          title: const Text("게시물 목록"),
        ),
        body: Column(
          children: boardList.map((item) => Text(item["title"])).toList(),
        ));
  }
}
```

다음 스크린샷과 같이 화면에 데이터베이스에서 가져온 내용을 표시할 수 있습니다.

파이어베이스의 다른 추가 기능

파이어베이스의 다른 기능들도 추가로 몇 가지 소개하려고 합니다.

- **Firebase Firestore**

또 다른 방식의 데이터베이스

- **Firebase Storage**

이미지 저장소 등 파일 저장소 역할

- **Firebase Analytics**

앱에 대한 통계 분석 등 제공

- **Firebase Cloud Messaging**

앱으로 도달하는 푸시 알림 기능 제공

- **Firebase Dynamic Links(2025년까지 제공 예정)**

앱으로 통하는 URL, 딥 링크 제공

4.7 [핵심 예제] 파이어베이스 추가 구현

앞서 파이어베이스로 구현한 기능에 더해, 게시물 상세 열람, 게시물의 작성, 삭제가 가능한 게시판을 만들어 봅시다.

> ✏️ 한 걸음 더!
>
> **파이어베이스로 게시판 만들기**
>
> 파이어베이스를 통해 간단한 게시판을 구현할 수 있습니다. 필요한 기능들과 각각의 구현 원리를 간단히 소개해 보겠습니다.
>
> - 게시물 목록 열람
>   - 데이터베이스에서 값을 불러와서 게시물 목록을 열람할 수 있습니다. 이 경우, 게시물 내용은 데이터베이스에서 불러오지 않는 게 일반적입니다. 어차피 상세 내용은 별도의 화면에서 보기 때문입니다.
>
> - 게시물 상세 열람
>   - 이 또한 마찬가지로 데이터베이스에서 값을 불러와서 게시물 상세를 열람할 수 있습니다.
>
> - 게시물의 작성
>   - 앞서 좋아요를 입력한 것처럼, 데이터베이스에 값을 추가하는 방식으로 게시물을 작성합니다.
>
> - 게시물의 수정
>   - 이 방법 역시 데이터베이스에 있는 값을 수정하는 방식으로 게시물을 수정합니다.
>
> - 게시물의 삭제
>   - 이 방법 역시 데이터베이스에 있는 값을 삭제하는 방식으로 게시물을 삭제합니다.
>
> - 댓글 작성
>   - 이 방법 역시 데이터베이스에 값을 추가하는 방식으로 댓글을 작성합니다. 중요한 것은, 댓글은 언제나 게시물이 있어야 존재할 수 있으므로 자신이 속한 게시물의 ID를 갖고 있어야 합니다. 또한, 게시물 상세 열람 시 댓글 또한 열람할 수 있도록 값을 잘 불러와야 합니다.
>
> - 댓글 삭제
>   - 이 방법 역시 데이터베이스에 있는 값을 삭제하는 방식으로 댓글을 삭제합니다.

✍️ 한 걸음 더!

Flask로 간단한 백엔드 만들기

앞서 확인하신 것처럼 HTTP 요청에는 그에 대응할 백엔드가 필요합니다. 하지만 여러분이 백엔드 개발자를 겸하고 있는 경우가 아니라면, 일반적인 백엔드 개발에 발을 들이기에는 생소하고 난해할 수 있습니다. 물론 파이어베이스를 사용할 수 있지만, 비용이나 데이터 관리 문제 등으로 파이어베이스를 사용할 수 없는 경우도 분명히 존재합니다.

이럴 때 저는 Flask를 추천드리고 싶습니다. Flask란 빠르고 쉽게 시작할 수 있는 Python 기반 웹 백엔드 프레임워크입니다. 파이썬에 능숙하신 개발자라면, Flask를 통해 단순한 API 서버를 만들어서 사용하는 것을 추천드립니다. 참고로, iOS 시뮬레이터와 안드로이드 에뮬레이터에서 시뮬레이터/에뮬레이터 바깥의 localhost에 접근하는 방법은 다음과 같습니다.

- **iOS:** localhost 또는 127.0.0.1
- **Android:** 10.0.2.2

주소창에 그대로 입력하면 정상적으로 실행할 수 있습니다.

물론 Flask는 이 책에서 본격적으로 다루는 내용의 범위를 벗어납니다. 따라서 Flask 예제 코드를 몇 가지 보여드리고 마무리하겠습니다.

`예제1` 화면에 Hello, World! 출력

```python
# app.py
from flask import Flask

app = Flask(__name__)

@app.route("/")
def hello_world():
    return "<p>Hello, World!</p>"
```

http://127.0.0.1:5000에 접속해 보세요. Hello, World!가 보이시나요?

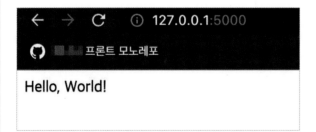

[예제 2] 사람 이름을 받아서 Hello, World! 출력

```python
# app.py
from flask import Flask, request

app = Flask(__name__)

@app.route("/")
def hello_world():
    return "<p>Hello, World!</p>"

@app.route("/greeting", methods=["GET"])
def greet_developer():
    name = request.args.get("name")
    return "<p>Hello, " + name + "!</p>"
```

서버를 재가동하고, http://127.0.0.1:5000/greeting?name=jeongjoo에 접속해 보세요. 이름이 정상적으로 출력되나요?

4.8 라이브러리 사용하기

앞에서 이미지 관련 라이브러리를 사용해 보았습니다. 그렇다면 라이브러리Library란 대체 무엇일까요?

다트 및 플러터의 프로젝트 단위는 패키지package이므로, 라이브러리 대신에 '패키지'라는 용어를 사용하는 경우가 있습니다. 하지만 이 책에서는 일반적으로 많이 쓰이는 용어인 라이브러리를 사용하고자 합니다.

라이브러리 실제 사용은 앞선 image_picker 및 파이어베이스에서 설명해드렸습니다. 여기서는 라이브러리를 사용할 때의 주의점을 간략히 설명해드리겠습니다.

- 다트 버전을 확인합니다. 가령, 다트 1 또는 플러터 1 기준으로 만들어진 라이브러리들은 호환성이 좋지 못합니다.
- pub.dev에서의 평점, Verified 여부 등을 확인합니다.
- ios, 안드로이드, web 등 원하는 플랫폼에서 모두 지원되는지 확인합니다.
- 라이브러리의 API 문서화가 잘 되어 있는지 확인합니다. 문서화가 잘 되어 있지 않은 라이브러리는 사용하기 어렵습니다.
- 충분히 구현할 수 있는 기능인데, 라이브러리를 쓰고 있지 않은지 확인합니다. 라이브러리 의존성이 복잡해지면, 라이브러리 버전업이 되지 않아서 플러터 버전업을 하지 못하는 상황이 발생할 수 있습니다.

4.9 배포 및 출시

여기서는 앱을 iOS의 앱 스토어 및 안드로이드의 플레이 스토어에 배포하는 방법을 상세하게 다루겠습니다.

앱 아이콘 생성하기

앱 아이콘이란 말 그대로 앱에서 사용되는 대표 아이콘입니다. 잘 알려져 있듯, iOS와 안드로이드 모두 초기 버전부터 앱 아이콘을 통해 앱을 표시해 오고 있습니다. 애플의 앱 스토어, 구글의 플레이 스토어 또한 앱 아이콘을 노출시키고 있습니다. 따라서 앱 아이콘은 앱의 정체성을 나타내고 앱을 홍보하는 데 굉장히 중요합니다.[22] 앱 아이콘을 신중하게 디자인한 후, 아래 순서를 따라 변환 과정을 수행하시기 바랍니다.

1 가로세로 1024 사이즈의 PNG 이미지를 준비합니다.

둥근 모서리, 그림자, 투명도 등은 포함하지 않습니다. 애플과 구글이 자동으로 생성해 줍니다.

---

22 https://developer.apple.com/design/human-interface-guidelines/app-icons

2 appicon.co 웹사이트에 이미지를 업로드하고 변환합니다.

- 이미지 파일을 드래그합니다
- iOS, iPadOS, 안드로이드 선택 후 [Generate] 버튼을 클릭합니다.

3 완성된 파일을 다운로드합니다. 완성된 파일은 대략 다음과 같은 경로를 가지고 있습니다.

iOS 앱 아이콘 적용하기

ios/Runner/Assets.xcassets 폴더의 다음 폴더를 덮어씁니다.

- AppIcon.appiconset

안드로이드 앱 아이콘 적용하기

안드로이드/app/src/main/res 폴더의 다음 폴더들을 덮어씁니다.[23]

- mipmap-hdpi
- mipmap-mdpi
- mipmap-xhdpi
- mipmap-xxhdpi
- mipmap-xxxhdpi

플레이 스토어 앱 아이콘 적용하기

생성된 파일 중 playstore.png를 플레이 스토어의 다음 위치에 업로드합니다.

- 앱 정보 → 기본 스토어 등록정보의 그래픽 → 앱 아이콘
- 그래픽 이미지에 대해서는 스크린샷 및 그래픽 이미지 생성하기 참조

----

23 여기서는 다루지 않지만, 안드로이드 8.0부터는 전경과 배경을 분리하여 아이콘을 더 깔끔하게 보여줄 수 있는 Adaptive Icon 이라는 방법 또한 제공합니다(https://developer.android.com/develop/ui/views/launch/icon_design_adaptive).

앱 스크린샷 생성하기

많은 분이 이미 아시겠지만, 앱 스토어 등에서 앱을 홍보하기 위해서는 독창적인 스크린샷을 올리는 경우가 많습니다. 이제 앱 스크린샷은 선택이 아닌 필수입니다.

앱 스토어상의 특정 앱의 스크린샷을 예시로 보여드리고자 합니다.

그림 4-9 앱 스크린샷

앱 스토어에 앱 스크린샷 적용하기

다음은 애플에서 공식적으로 밝힌 제약 조건[24]입니다.

- 최대 3개의 앱 미리보기와 10개의 스크린샷을 업로드할 수 있습니다. 앱이 여러 기기의 크기 및 현지화에 걸쳐 동일한 경우, 가장 높은 해상도의 스크린샷을 제공하십시오.
  iPhone의 경우 6.5형 iPhone Xs Max와 5.5형 기기(iPhone 6s Plus, iPhone 7 Plus, iPhone 8 Plus)의 스크린샷이 각각 요구됩니다.
  - 5.5 형 세로형 : 1242 * 2208 픽셀 / 가로형 : 2280 * 1242 픽셀

---

24 앱 미리보기와 스크린샷 업로드 – App Store Connect 도움말(https://help.apple.com/app-store-connect/?lang=ko#/ devd1093d90d)

- 6.5 형 세로형 : 1284 * 2778 픽셀 / 가로형 : 2778 * 1284 픽셀

iPad의 경우 12.9형 iPad Pro(2세대)와 12.9형 iPad Pro(3세대)의 스크린샷이 요구됩니다.

- 모든 언어와 지원되는 모든 기기에서 앱이 동일하게 보이지 않거나 작동하지 않는 경우에는 다른 기기 크기 및 현지화의 스크린샷 또는 앱 미리보기를 추가할 수 있습니다.

- 더 높은 해상도의 자산이 더 작은 크기의 기기에 알맞게 축소되도록 하거나 모든 크기의 기기에 개별적인 자산 세트를 사용하는 경우, 현지화에 따라 모두 같은 옵션을 앱 미리보기 및 스크린샷에 적용해야 합니다.

- 앱에서 "메시지" 프레임워크나 "WatchKit"를 사용하는 경우, 추가적인 스크린샷이 필요합니다. 맥 운영체제 및 tvOS 앱의 경우, 별도의 스크린샷 세트가 필요합니다.

플레이 스토어에 앱 스크린샷 적용하기

다음은 구글에서 공식적으로 밝힌 요구 사항[25]입니다. 애플보다는 덜 까다로운 편입니다. 단, 적극 권장되는 사항까지 지키는 것이 좋습니다. 필수 요구사항은 다음과 같습니다.

- 스토어 등록정보를 게시하려면 다음 요구사항을 충족하는 스크린샷을 폼 팩터 전체에 걸쳐 2장 이상 제공해야 합니다.
  - JPEG 또는 24비트 PNG(알파-투명도 미포함)
  - 최소 크기: 320픽셀
  - 최대 크기: 3,840픽셀
- 스크린샷의 최대 크기는 최소 크기의 2배를 넘을 수 없습니다.

적극 권장되는 사항은 다음과 같습니다.

- 구글 Play의 일부 섹션에는 추천 앱과 게임 그룹이 스크린샷을 사용한 큰 형식으로 표시됩니다. 스크린샷을 사용하는 형식으로 추천 콘텐츠에 표시되려면 다음 가이드라인을 준수해야 합니다.
  앱의 경우 해상도 1080픽셀 이상의 스크린샷을 최소 4개 제공해야 합니다. 가로 모드(최소 1920×1080픽셀) 스크린샷의 경우 16:9, 세로 모드 스크린샷(최소 1080×1920픽셀)의 경우 9:16이어야 합니다.
  게임의 경우 최소 3개의 16:9 가로 모드 스크린샷(최소 1920×1080픽셀) 또는 3개의 9:16 세로 모드 스크린샷(최소 1080×1920픽셀)을 제공해야 합니다. 이러한 스크린샷은 인게임 경험을 묘사하여 사용자가 게임을 다운로드하여 플레이하면 어떨지 상상할 수 있도록 도와야 합니다.

---

25 미리보기 애셋을 추가하여 앱 홍보하기 – Play Console 고객센터(https://support.google.com/googleplay/android-developer /answer/9866151?hl=ko)

- 스크린샷은 핵심 기능과 콘텐츠에 중점을 두고 실제 인앱 또는 인게임 환경을 보여 주어야 사용자가 앱 또는 게임 환경이 어떤 모습인지 예상할 수 있습니다.

  앱 또는 게임 자체에서 캡처한 영상을 사용합니다. 핵심 게임플레이 또는 앱 사용이 기기 외부에 있지 않은 이상 기기를 작동하는 사람(⑩ 기기를 탭하는 손가락)은 포함하지 않습니다.

- 업로드된 여러 이미지에 UI가 나뉘어 표시된 스타일화된 스크린샷은 허용되지만, 가능한 한 처음 3개 스크린샷에 UI를 우선순위로 배치합니다.

- 필요한 경우에만 태그라인을 추가하여 앱 또는 게임의 주요 특징을 전달합니다. 태그라인은 이미지의 20% 이상을 차지해서는 안 됩니다.

  구글 Play 실적, 순위, 수상 내역, 사용자 평가, 가격 및 프로모션 정보를 반영하거나 암시하는 콘텐츠를 포함하지 않습니다. 예를 들어 '최고', '1위', '인기', '신규', '할인', '백만 다운로드'와 같은 단어를 사용하지 않습니다.

  '지금 다운로드하세요', '지금 설치하세요', '지금 플레이하세요' 또는 '지금 사용해 보세요'와 같은 클릭 유도 문구를 추가하는 것을 피하세요.

  텍스트와 잘 분간이 가지 않는 작은 글꼴이나 배경을 스크린샷에 과도하게 추가하지 않습니다. 대부분의 휴대전화 화면에서는 보이지 않습니다.

- 금방 유행이 지나버릴 수 있는 태그라인 또는 콘텐츠는 자주 업데이트해야 하므로 피합니다.

  특정 시기에만 해당하는 콘텐츠(⑩ 연말연시 관련 업데이트)는 시기적절하게 나타나고 사라져야 합니다.

- 다양한 시장과 언어에 맞게 그래픽 및 브랜딩 문구를 현지화합니다.

  인 게임 UI는 시장별로 현지화될 필요는 없지만, 추가 태그라인이나 텍스트 오버레이는 현지화되어야 합니다.

- 제출하기 전에 알림바에서 과도한 요소를 수정합니다. 서비스 제공업체 또는 알림을 표시하지 않습니다. 배터리, Wi-Fi 및 셀 서비스 로고가 가득 찬 상태여야 합니다.

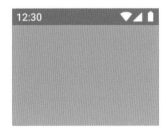

그림 4-10 알림바 구성 요소

- 적절한 가로세로 비율의 고화질 이미지를 사용합니다.

  브랜드에서 의도하지 않은 방식으로 흐리거나 왜곡되거나 모자이크된 스크린샷을 포함하지 않습니다.

  늘어나거나 압축된 이미지를 포함하지 않습니다.

스크린샷을 적절히 회전합니다. 뒤집히거나 잘못된 방향으로 놓인 이미지 등 왜곡된 이미지를 업로드해서는 안 됩니다.

- 다음과 같이 부적절하거나 반복적인 이미지 요소는 사용을 피합니다.
  정당한 허가를 받지 않은 제3자의 상표 등록 문자 또는 로고
  기기 이미지(금세 유행에서 밀려나거나 해당 기기를 사용하지 않는 사용자의 관심은 받지 못할 수 있음)
  구글 Play 또는 기타 스토어의 배지 또는 아이콘

앱 그래픽 이미지 생성 및 적용하기

구글 플레이 스토어에서는 앱 홍보를 위해 '그래픽 이미지' 또한 요구합니다. 다음과 같은 것들입니다.

그림 4-11 그래픽 이미지 예시

다음은 이와 관련된 구글 플레이 스토어 측의 설명입니다.

앱을 게시하려면 그래픽 이미지가 필요합니다. 그래픽 이미지는 구글 Play에서 앱이 추천되는 모든 곳에 사용되며 앱 또는 게임 환경을 제공하고 신규 사용자를 유도하는 강력한 도구이기도 합니다.

그래픽 이미지는 플레이 스토어 앱 및 웹사이트 내 다양한 위치에 표시됩니다. 프로모션 동영상이 있는 경우 그래픽 이미지가 커버 이미지로 사용되고 이미지 위에 재생 버튼이 오버레이됩니다. 플레이 스토어 앱에서는 웹사이트에 그래픽 이미지가 크게 표시되어 앱 컬렉션 또는 추천 게임을 강조합니다.

그래픽 이미지는 일반적으로 앱 아이콘 또는 제목 등의 최상위 앱 메타데이터와 관련된 맥락에 표시됩니다.

작업 순서는 다음과 같습니다.

1 그래픽 이미지를 준비합니다(크기: 1024 * 500, PNG 또는 JPG).

2 생성된 그래픽 이미지를 플레이 스 토어의 다음 위치에 업로드합니다.

앱 정보 ▶ 기본 스토어 등록정보의 그래픽 ▶ 그래픽 이미지

iOS 앱 스토어에 앱 배포하기

- **TestFlight에 베타 앱 배포하기**
- **앱 스토어에서 앱 심사받기**

Apple Developer Program 등록하기

iOS 앱 스토어에 앱을 배포하기 위해서는 Apple Developer Program에 등록하는 과정이 필수적입니다. 여기서는 자세히 다루지는 않으므로, 애플 공식 문서 등 다른 자료를 참고하시기 바랍니다.

App Store Connect에서

1 App Store Connect[26]에 접속합니다.

2 [내 앱] 버튼을 클릭합니다.

앱이 없으면 추가합니다.

26 https://appstoreconnect.apple.com

3 [내 앱 이름]을 클릭합니다.

4 TestFlight 탭으로 이동합니다.

5 테스트 정보를 작성합니다.

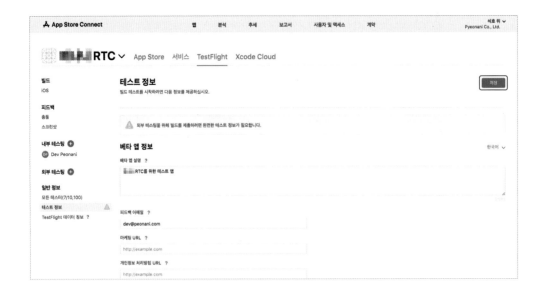

엑스코드에서

1 'ios/Runner.xcworkspace' 파일을 엽니다.

2 Product ▶ Archive 메뉴로 들어갑니다.

- Archive 작업을 수행하는 데 잠시 시간이 걸릴 수 있습니다.
- 에러가 뜬 경우 코드를 다시 확인합니다. 가령, Podfile의 버전이 'platform :ios, '14.0''로 지정되어 있다면, 아래 스크린샷과 같이 엑스코드의 Runner ▶ General ▶ Deployment Info의 버전도 14.0으로 설정되어야 합니다.

3 Window ▶ Organizer 메뉴로 들어갑니다.

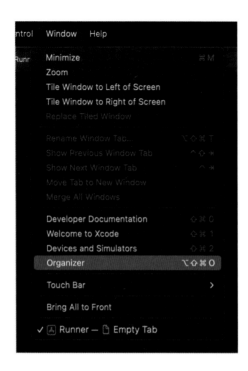

4 맨 위(최신) Runner를 클릭하고, [Distribute App] 버튼을 클릭합니다.

5 App Store Connect를 선택하고(기본값) [Next] 버튼을 클릭합니다.

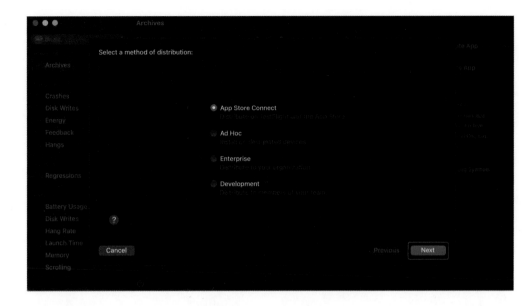

6 Upload를 선택하고(기본값) [Next] 버튼을 클릭합니다.

7 Upload your app's symbols, Manage Version and Build Number를 선택하고(기본값) [Next] 버튼을 클릭합니다.

8 Automatically Manage Signing를 선택하고(기본값) [Next] 버튼을 클릭합니다.

9 [Upload] 버튼을 클릭합니다.

10 [Done] 버튼을 클릭합니다.

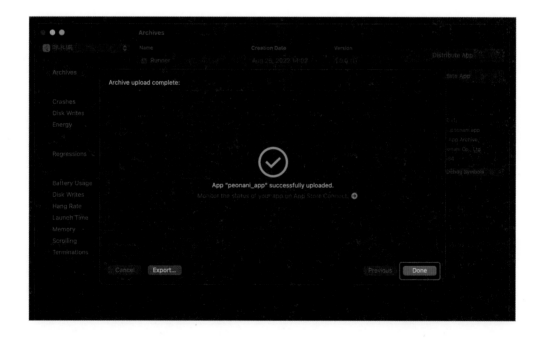

11 일반적으로 업로드 몇 분 후에 배포가 진행됩니다. App Store Connect에서 진행 상황을 확인할 수 있습니다.

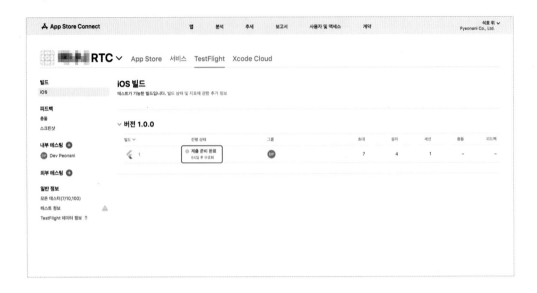

다시 App Store Connect에서

1 내부 테스팅의 [+] 버튼을 클릭합니다.

2 내부 테스터를 추가합니다(이메일로 초대 코드 전송).

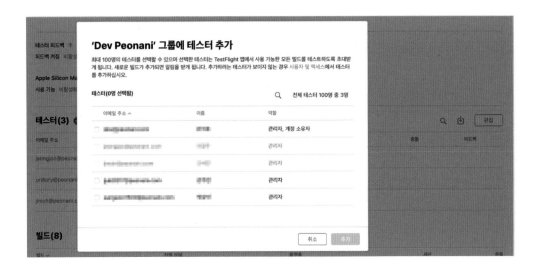

테스트 기기에서

1 앱 스토어에서 TestFlight 앱을 다운로드합니다.

2 TestFlight 앱에서 [교환] 버튼을 클릭합니다.

3 메일로 받은 초대 코드를 입력합니다.

4 이제 테스트 앱을 설치할 수 있습니다.

안드로이드 플레이 스토어에 앱 배포하기

- 플레이 스토어에 베타 앱 배포하기

- 플레이 스토어에서 앱 심사받기

사전 작업

- **AAB 파일 생성**

  - AAB(안드로이드 App Bundle) 파일을 생성합니다. 터미널에서 다음 명령어를 실행합니다. 참 쉽죠?

  - 안드로이드는 빌드 자체는 쉽지만, 이후 세팅 과정이 여러모로 복잡할 수 있습니다.

```
flutter build appbundle
```

- **자주 만나는 오류**

  - key store 관련 문제
    Flutter KeyStore 파일 설정하기[27]를 참고하세요.

  - 안드로이드 SDK 버전 문제
    App Bundle 출시를 위해 안드로이드 최소 SDK 버전을 28, 타깃 SDK 버전을 31로 변경합니다.
    28은 안드로이드 9.0, 31은 안드로이드 12.0 버전에 각각 해당합니다(안드로이드 8 이하 버전은 미지원).

  - 안드로이드 버전 코드 문제
    플레이 스토어에 올라갈 때 버전 코드가 중복되면 안 됩니다. 이는 'pubspec.yaml' 파일의 version: x.y.z+a 부분에서 a 숫자가 version code이므로 하나 증가시켜 주면 문제가 해결됩니다.

- **키 해시 파악하기(카카오 소셜 로그인이 안될 때)**

AAB 파일을 생성하면 키 해시가 달라지기 때문에, 카카오 개발자 웹사이트에 새로운 키 해시를 입력해야 합니다.

1 AAB 파일의 경로에서 다음 명령어를 입력합니다.

---

27 https://velog.io/@gwd0311/Flutter-KeyStore파일-설정하기

```
keytool -exportcert -alias "alias" -keystore "app-release.aab" ¦ openssl sha1
-binary ¦ openssl base64
```

2 키 해시가 출력됩니다.

3 카카오 개발자 웹사이트에서 안드로이드 앱을 찾아 키 해시를 넣어 줍니다.

■ **SHA-1 키 파악하기(구글 소셜 로그인이 안될 때)**

AAB 파일을 플레이 스토어에 업로드하면, 구글이 알아서 새로운 SHA-1 키를 만들어버리기 때문에 다시 파악해야 합니다.

1 구글 Play Console ▶ 앱 무결성 ▶ 앱 서명에 들어가 SHA-1 키를 조회합니다.

2 파이어베이스나 구글 Cloud의 콘솔에서 새로운 SHA-1 키를 입력합니다.

구글 Play Console에서

1 구글 Play Console[28]에 들어갑니다.

....
28 https://play.google.com/console

2 배포할 앱을 클릭하여 들어갑니다.

3 내부 테스트 메뉴에 들어갑니다.

4 [새 버전 만들기] 버튼을 클릭합니다.

5 App Bundle을 드래그하여 업로드합니다.

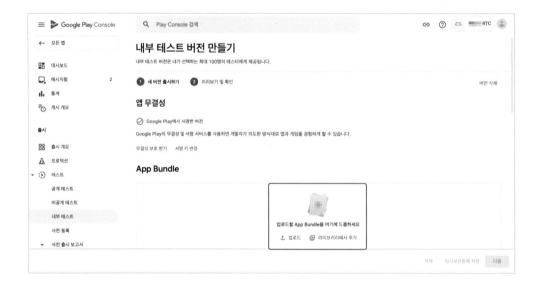

6 출시명과 출시 노트를 작성합니다(en-US는 ko-KR로 변경).

7 테스터 탭에서 이메일 목록 만들기를 클릭합니다.

8 목록 이름과 이메일 주소를 작성합니다(이메일 주소는 쉼표로 구분하고, [Enter] 키를 누르면 입력한 이메일 주소가 이메일 주소가 추가됨에 표시됩니다).

여기서 이메일 주소는 구글 계정이여야 하며, 동시에 테스터가 사용하는 안드로이드 기기에 로그인된 구글 계정과 같아야 합니다.

9 [변경사항 저장] 버튼을 클릭합니다.

내부 테스트[29]

1 앞선 테스터 탭에서 [링크 복사] 버튼을 클릭합니다.

---

29 [구글플레이 내부테스트 기능을 활용하여 내부테스트 하기] (https://trend21c.tistory.com/2181).

2 복사된 링크를 각 테스터들에게 공유합니다.

3 테스터들은 다음 단계를 통해 테스트에 참여할 수 있습니다.

- 플레이 스토어 앱에서 설정 ▶ 정보 ▶ 플레이 스토어 버전을 여러 번 터치합니다.
- 개발자 모드가 활성화되면 설정 ▶ 일반 ▶ 내부 앱 공유에 체크합니다.
- 공유된 링크에 들어갑니다(구글 로그인 필요).
- download it on 구글 Play 버튼을 클릭합니다.
- 플레이 스토어에서 제공하는 앱 설치 화면(비공개 화면)이 나타납니다.

여기까지가 4주 4일 차의 학습 과정이며, 5일 차는 3주 차 학습 과정과 마찬가지로 그간의 내용을 복습하는 것으로 진행합니다.

PART 03

플러터 여정의 끝:
파이널 프로젝트로
마무리하기

CHAPTER 05
파이널 프로젝트

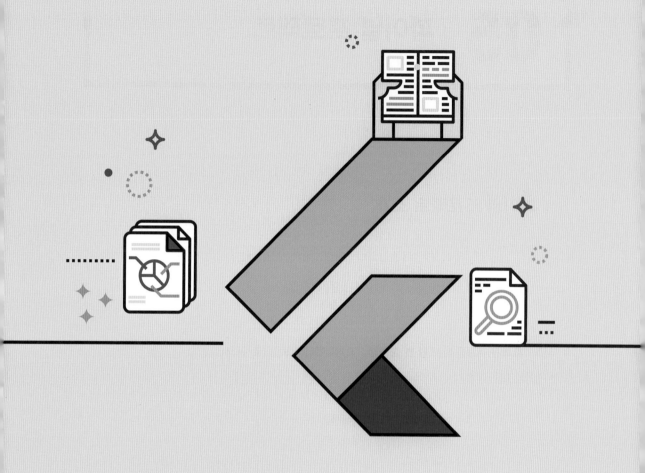

"그동안 배웠던 플러터의 모든 것을 행동으로 옮기는 순간이 왔습니다."

CHAPTER 05에서는 플러터 앱 개발의 마지막 스텝, 파이널 프로젝트를 시작합니다.
"여러분, 이번 챕터에서는 플러터 앱 개발의 하이라이트인 파이널 프로젝트를 진행합니다. 우리가 지금까지 학습한 내용을 모두 활용하여 실제 앱을 개발하는 시간입니다. 이전에 배운 내용을 기반으로 하므로, 이 과정은 일주일 내에 완료할 수 있습니다. 빠르게 내용을 살펴보며 앱 개발의 핵심 사항들을 다시 한번 꼼꼼하게 학습해 보도록 합시다."

05 파이널 프로젝트

5.1 파이널 프로젝트 소개

지금까지의 여정, 모두들 고생 많으셨습니다. 이제 앞서 배운 내용들을 마지막으로 점검해 보는 파이널 프로젝트를 시작할 차례입니다. 영화 〈어벤져스: 엔드게임〉의 대사처럼, 이제 최종 단계에 들어선 겁니다.

파이널 프로젝트의 목표는 다음과 같습니다.

- **지금까지 배운 내용을 다시 한 번 점검합니다(기획부터 배포 및 출시까지).**
  - 완성도 높은 UI를 만들 수 있도록 합니다.
  - 필요한 적재적소에 상태를 사용하고, 상태 관리를 통해 상태를 변경합니다.
  - 화면에서 다른 화면으로 넘어가는 내비게이션을 자연스럽게 구성할 수 있도록 합니다.
  - HTTP 통신을 통해 원하는 데이터를 가져옵니다.
  - 개발에 필요하지만 직접 구현하기 어려운 기능들을 라이브러리를 사용하여 구현합니다.

- **앱 개발 과정 곳곳에 숨겨져 있는, 놓치지 말아야 할 디테일들을 탐구합니다.**

파이널 프로젝트의 주제는 바로 전국 여행 정보를 제공하는 앱입니다. 각 지역을 지도에 표시하여 시각적으로 나타내고, 지역명을 누르면 해당 지역의 정보를 보여줄 것입니다. 정보는 처음에는 고정된 값으로 넣어주지만, 추후 코드를 수정하여 파이어베이스 데이터베이스로 업데이트 가능하도록 할 것입니다. 더불어 오픈 API를 이용하여 각 지역의 날씨까지 나타낼 것입니다.

다소 낯선 부분이 있을 수도 있습니다. 하지만 어디까지나 지금까지 배운 내용으로 충분히 할 수 있습니다. 단지 조금 더 고려할 부분들이 늘어나는 것입니다.

참고로 여기 나온 내용들은 어디까지나 예시일 뿐입니다. 여러분의 아이디어로 더 좋은 앱을 만들 수도 있고, 다른 주제로 앱을 만들어 볼 수도 있습니다. 앱 제작 과정에서 섬세한 터치와 배려에도 더 많은 신경을 써 준다면, 사용자는 알게 모르게 감동합니다. 이렇게 개발자와 앱 사용자는 간접적이고 비언어적인 방식으로 소통하는 것입니다.

5.2 기획 및 화면 스케치

앞서 이야기한 대로 진행해 보겠습니다.

기능 정의

먼저 다음과 같은 기능들이 필요합니다.

- **사용자 입장에서**
  - 한국 지도와 함께 각 지역명을 볼 수 있습니다.
  - 지역명을 터치하여 각 지역에 대한 새로운 정보를 볼 수 있습니다.
  - 각 지역의 날씨를 함께 확인할 수 있습니다.
  - 여행지에 체크인할 수 있습니다.
  - 오늘 해당 여행지에 체크인한 사람 수를 볼 수 있습니다.

- **운영자 입장에서**

지역별로 새로운 정보를 추가할 수 있습니다.

화면 스케치

이렇게 필요한 기능들을 정의했다면, 화면을 스케치해야 합니다. 위 이미지로 확인할 수 있는 것처럼, 한국 관광 앱에서는 총 두 개의 화면이 존재합니다.

표 5-1 한국 관광 앱 화면 정보

화면	설명	이동 가능한 화면	비고
지도 화면MapScreen		정보 화면	
정보 화면DetailScreen	각 지역의 정보를 표시하는 화면	지도 화면	체크인 스위치 존재

간단한 앱이기 때문에 이 정도로 요약할 수 있습니다. 이제 직접 화면을 그려 봅시다.

표 5-2 한국 관광 앱 실제 화면

지도 화면	정보 화면

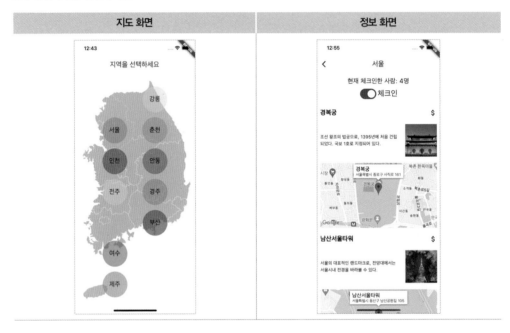

화면별 구성 요소 스케치

표 5-3 화면별 구성 요소

지도 화면	정보 화면
앱바 (제목)	앱바 (제목, 뒤로가기 버튼)
지도 (배경)	현재 체크인한 사람 수
지역명 (10개)	체크인 버튼
	지역 정보 (리스트)

5.3 프로젝트 생성 및 사전 작업

프로젝트 생성하기

다음 코드를 입력하여 프로젝트를 생성합니다.

```
flutter create travel_korea_app
```

파일 구조

최종적으로 만들어질 파일 구조입니다. 지금은 이런 구조가 있다는 정도만 알아두시면 되겠습니다.

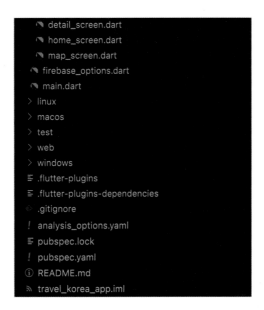

데이터 작성하기

먼저 주요 관광도시 10곳을 선정하겠습니다. 여기 나온 내용은 어디까지나 예시이므로, 각자 원하는 도시들을 선정해도 무방합니다.

- **서울**
- **인천**
- **춘천**
- **강릉**
- **안동**
- **경주**
- **부산**
- **전주**
- **여수**
- **제주**

그리고 각 도시의 관광지 5곳에 대한 정보를 담고 싶었습니다. 정보에는 다음과 같은 내용이 포함됩니다.

- **설명**
- **주소**
- **가격**

각자의 필요에 따라 더 많은 정보를 포함할 수 있습니다.

그렇다면 이제부터 어떻게 해야 할까요? 10개 도시에 대해 구글링을 통해 자료를 조사하고, 알맞은 형태로 정리해야 할까요? 2022년까지의 기획 및 자료 조사 과정에서는 그렇게 했을 것입니다. 하지만 그 이후에 굉장한 변화가 등장했습니다. 바로, 모두 알고 계시겠지만, ChatGPT의 등장입니다.

이제 필요한 것은 적절하게 질문하는 능력입니다. 질문에 필요한 요소를 한번 정리해 볼까요?

- **당연히 관광지 5곳에 대한 정보를 알려달라고 하는 것은 기본입니다.**
관광지 각각의 자세한 설명, 주소, 비용이 포함되어야 합니다.

- **우리에게 필요한 출력 데이터는 단순한 설명이 아닌, 코드에서 바로 사용할 수 있는 데이터여야 합니다. 이런 상황에서 마음 속에 떠오르는 단 하나의 단어가 있습니다. 바로 JSON입니다.**
  - 자세한 설명, 주소, 비용이 각각의 키가 되어야 합니다.
  - JSON의 Key는 영문으로 사용하는 것이 좋겠습니다.
  - 또한 이 JSON의 전체 형식은 배열이 되어야 합니다.

즉, 각각의 도시에 대한 데이터는 다음과 같은 JSON 형식이 되어야 합니다.

```
[
  {
    "name": "관광지1",
    "description": "관광지 설명",
    "address": "관광지 주소",
    "cost": "관광지 비용"
  },
  {
    "name": "관광지2",
    "description": "관광지 설명",
    "address": "관광지 주소",
```

```
      "cost": "관광지 비용"
    },
    {
      "name": "관광지3",
      "description": "관광지 설명",
      "address": "관광지 주소",
      "cost": "관광지 비용"
    },
    {
      "name": "관광지4",
      "description": "관광지 설명",
      "address": "관광지 주소",
      "cost": "관광지 비용"
    },
    {
      "name": "관광지5",
      "description": "관광지 설명",
      "address": "관광지 주소",
      "cost": "관광지 비용"
    }
  ]
```

또한 전체 도시에 대한 데이터는 다음과 같은 형식으로 구성할 예정입니다.

```
{
  "도시1": [
    {
      "name": "관광지1",
      "description": "관광지 설명",
      "address": "관광지 주소",
      "cost": "관광지 비용"
    },
    {
      "name": "관광지2",
      "description": "관광지 설명",
      "address": "관광지 주소",
```

```
      "cost": "관광지 비용"
    },
    {
      "name": "관광지3",
      "description": "관광지 설명",
      "address": "관광지 주소",
      "cost": "관광지 비용"
    },
    {
      "name": "관광지4",
      "description": "관광지 설명",
      "address": "관광지 주소",
      "cost": "관광지 비용"
    },
    {
      "name": "관광지5",
      "description": "관광지 설명",
      "address": "관광지 주소",
      "cost": "관광지 비용"
    }
  ],
  "도시2": [
    {
      "name": "관광지1",
      "description": "관광지 설명",
      "address": "관광지 주소",
      "cost": "관광지 비용"
    },
    {
      "name": "관광지2",
      "description": "관광지 설명",
      "address": "관광지 주소",
      "cost": "관광지 비용"
    },
    {
      "name": "관광지3",
      "description": "관광지 설명",
      "address": "관광지 주소",
      "cost": "관광지 비용"
```

```json
    },
    {
      "name": "관광지4",
      "description": "관광지 설명",
      "address": "관광지 주소",
      "cost": "관광지 비용"
    },
    {
      "name": "관광지5",
      "description": "관광지 설명",
      "address": "관광지 주소",
      "cost": "관광지 비용"
    }
  ]
}
```

이제 제가 ChatGPT에게 했던 질문 내용을 공개하겠습니다. 더 좋은 답변을 유도할 수 있다면, 질문을 변경할 수 있습니다.

질문: (도시명)의 가장 유명한 관광지 5곳의 정보를, 자세한 설명, 주소, 비용이라는 3개의 키(Key)를 가진 JSON 형식으로 알려주세요. JSON의 키(Key)는 영어로 해 주고, 가장 바깥쪽은 배열 형식으로 알려주세요.

■ **현재는 ChatGPT가 업데이트되어, [Continue] 버튼을 누르면 답변을 이어서 볼 수 있습니다.**

tip ChatGPT의 답변은 100% 검증되거나 신뢰할 수 있는 내용이 아니므로 주의해야 합니다. 따라서 참고용으로만 활용하는 것이 가장 좋으며, 반드시 출처를 명시하시기 바랍니다. 여기서는 빠른 앱 개발을 위해 ChatGPT로 정보를 수집하고, JSON 형식으로 변환하여 사용해 보겠습니다.

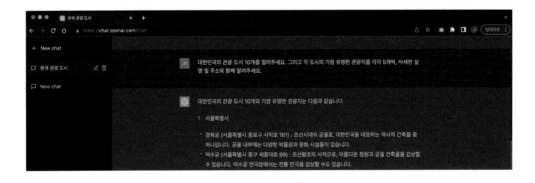

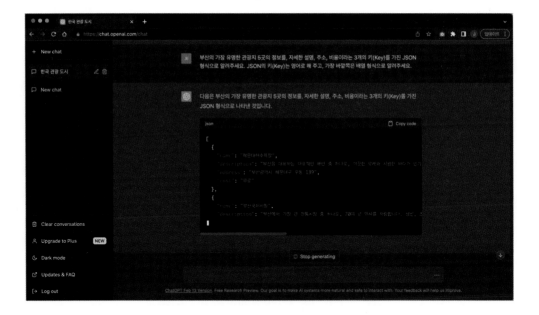

생성된 데이터는 다음과 같은 형식입니다.

■ 서울

```
[
  {
    "name": "경복궁",
    "description": "조선 왕조의 법궁으로, 1395년에 처음 건립되었다. 국보 1호로 지정되어
있다.",
    "address": "서울특별시 종로구 사직로 161",
    "cost": "3,000원"
  },
  {
    "name": "남산서울타워",
    "description": "서울의 대표적인 랜드마크로, 전망대에서는 서울시내 전경을 바라볼 수
있다.",
    "address": "서울특별시 용산구 남산공원길 105",
    "cost": "10,000원"
  },
  {
    "name": "북촌한옥마을",
```

```
    "description": "한국 전통 가옥이 보존되어 있는 마을로, 돌담길과 한옥들이 조화를 이
루어 전통적인 분위기를 느낄 수 있다.",
    "address": "서울특별시 종로구 자하문로 5길 37",
    "cost": "무료"
  },
  {
    "name": "국립중앙박물관",
    "description": "한국의 역사와 문화를 다루는 박물관으로, 고고학, 민속학, 미술 등 다
양한 분야의 전시물이 있다.",
    "address": "서울특별시 용산구 서빙고로 137",
    "cost": "무료"
  },
  {
    "name": "청계천",
    "description": "서울의 중심가를 가로지르는 천으로, 야경이 아름다운 대표적인 명소이
다. 봄과 가을에는 청계천에서 불꽃놀이 대회가 열린다.",
    "address": "서울특별시 종로구 청계천로",
    "cost": "무료"
  }
]
```

이미지, JSON 에셋 추가하기

다음과 같은 과정으로 이미지 에셋 및 JSON 에셋을 추가해 보겠습니다.

1 프로젝트 루트 경로에 assets 폴더를 생성합니다.

2 assets 폴더 안에 images 폴더, json 폴더를 생성합니다.

3 images 폴더 안에 지도 파일(map.png)를 추가합니다.[1]

4 json 폴더 안에 앞서 만든 JSON 파일(info.json)을 추가합니다.

---

1 디코딩 홈페이지에서 해당 파일을 다운로드하여 사용하실 수 있습니다.

5 프로젝트 루트 경로에 있는 pubspec.yaml 파일을 열고, 다음과 같이 수정합니다.

```
assets:
    - assets/images/
    - assets/json/
```

UI 작업 및 내비게이션

이제 본격적으로 UI 작업에 들어가 보겠습니다.

지도 화면

먼저 메인 화면의 UI를 작성해 봅시다.

지도만 있는 화면을 하나 띄워 보겠습니다.

1 앱바를 하나 만듭니다.

2 SingleChildScrollView를 만들고, 내부에 Column을 만듭니다.

3 Column 내부에 Container를 만듭니다.

4 Container의 margin, padding, height를 다음 코드와 같이 작성해 주고, decoration에 BoxDecoration을 작성합니다.

5 BoxDecoration의 이미지를 아래 코드와 같이 작성해 줍니다.

6 Container 내부에 이미지 배경을 띄울 때 주로 사용하는 방법입니다.

7 이미지가 최대한 꽉 차게 표시되도록 BoxFit.cover를 적용합니다.

표 5-4 BoxFit에서의 fill, contain, cover의 차이

fill	contain	cover
원본 이미지의 가로 및 세로를 임의로 늘리거나 줄여서 지정된 사이즈에 여백 없이 꽉 채웁니다. 이미지의 원래 비율이 깨질 수 있습니다.	원본 이미지의 비율을 유지하고, 이미지가 전부 보여지도록 합니다. 이미지의 원래 비율이 깨지지 않으나, 좌우 또는 상하 여백이 생길 수 있습니다.	원본 이미지의 비율은 유지한 채로 지정된 사이즈에 여백 없이 꽉 채웁니다. 이미지의 일부가 보이지 않을 수 있습니다.

한 걸음 더!

왜 SingleChildScrollView, Column 등 복잡한 레이아웃 요소가 사용되었나요?

SingleChildScrollView, ListView 등 기본적으로 스크롤이 제공되는 위젯을 사용하지 않으면, 디바이스의 height 에 따라 지도가 제대로 보이지 않을 수 있습니다. 현재와 같이 구조를 잡으면 스크롤이 생겨도 지도가 정상적으로 보이게 됩니다.

```dart
import 'package:flutter/material.dart';

class MapScreen extends StatefulWidget {
  const MapScreen({super.key});

  @override
  State<MapScreen> createState() => _MapScreenState();
}

class _MapScreenState extends State<MapScreen> {
```

```
@override
Widget build(BuildContext context) {
  return Scaffold(
    appBar: AppBar(
      title: const Text(
        "지역을 선택하세요",
      ),
    ),
    body: SingleChildScrollView(
      child: Column(
        children: [
          Container(
            margin: const EdgeInsets.only(
              top: 10.0,
              left: 10.0,
              right: 10.0,
            ),
            padding: const EdgeInsets.only(
              top: 30.0,
              left: 80.0,
              right: 80.0,
            ),
            height: 700.0,
            decoration: const BoxDecoration(
              image: DecorationImage(
                fit: BoxFit.cover,
                image: AssetImage(
                  "assets/images/map.png",
                ),
              ),
            ),
          ),
        ],
      ),
    ),
  );
}
}
```

다음과 같은 화면이 하나 만들어집니다.

이제 여기에 각 지역을 나타내는 원을 만들어 올려보겠습니다. 각 지역을 정확히 나타내는 것
보다는 대략적으로 나타내는 것에 초점을 두었습니다.

1 아래 코드와 같이 cityList를 작성합니다.

- 작성 순서와 같이 화면에 바둑판 모양으로 표시되게 됩니다.
- 화면의 해당 도시명이 나와야 할 곳을 빈 공간으로 놔둘 경우 null을 넣어 둡니다.
- 이렇게 만든 이유는 실제 도시의 위치에 최대한 맞추기 위해서입니다. 빈 공간 없이 표시할 경우,
  실제 도시의 위치와 유사하게 표시하기 어렵습니다.
- null을 사용한 이유는, 도시명이 "없는 것"을 더 명확하게 나타내기 위해서입니다. " "(빈 문자열)
  로 나타내는 것보다 더 명확한 방법입니다.

2 지도가 들어있는 Container 내부에 GridView.builder 위젯을 작성합니다.

- 그리드 뷰 자체가 스크롤되는 것을 막기 위해서, physics는 const NeverScrollableScrollPhysics()
  를 넣어 줍니다.
- 그리드 뷰 자체의 padding은 EdgeInsets.zero로 설정해 줍니다.

- 그리드 뷰의 gridDelegate는 아래 코드와 같이 설정해 줍니다. 만약 각 도시명 사이의 가로 및 세로 간격 등을 조절하고 싶다면, mainAxisSpacing 또는 crossAxisSpacing을 조절해 보세요. 전체적인 여백을 조절하고 싶다면, GridView 상위의 Container의 padding을 조절해 보세요.
- itemBuilder는 아래 코드와 같이 작성합니다.

```dart
import 'package:flutter/material.dart';

const List<String?> cityList = [
  null,
  "강릉",
  "서울",
  "춘천",
  "인천",
  "안동",
  "전주",
  "경주",
  null,
  "부산",
  "여수",
  null,
  "제주",
];

class MapScreen extends StatefulWidget {
  const MapScreen({super.key});

  @override
  State<MapScreen> createState() => _MapScreenState();
}

class _MapScreenState extends State<MapScreen> {
  @override
  Widget build(BuildContext context) {
    return Scaffold(
      appBar: AppBar(
        title: const Text(
          "지역을 선택하세요",
        ),
```

```
          ),
      body: SingleChildScrollView(
        child: Column(
          children: [
            Container(
              margin: const EdgeInsets.only(
                top: 10.0,
                left: 10.0,
                right: 10.0,
              ),
              padding: const EdgeInsets.only(
                top: 30.0,
                left: 80.0,
                right: 80.0,
              ),
              height: 700.0,
              decoration: const BoxDecoration(
                image: DecorationImage(
                  fit: BoxFit.cover,
                  image: AssetImage(
                    "assets/images/map.png",
                  ),
                ),
              ),
              child: GridView.builder(
                physics: const NeverScrollableScrollPhysics(),
                padding: EdgeInsets.zero,
                gridDelegate: const SliverGridDelegateWithFixedCrossAxisCount(
                  crossAxisCount: 2,
                  mainAxisSpacing: 15.0,
                  crossAxisSpacing: 50.0,
                ),
                itemBuilder: (context, index) => cityList[index] != null
                    ? InkWell(
                        onTap: () {},
                        child: Container(
                          child: Center(
                            child: Text(
                              cityList[index]!,
```

```
                    style: const TextStyle(
                      fontSize: 20.0,
                    ),
                  ),
                ),
              ),
            )
          : Container(),
      itemCount: cityList.length,
      ),
    ),
  ],
  ),
  ),
  );
 }
}
```

다음과 같은 화면이 만들어집니다.

마지막으로 예쁘게 색깔을 넣어 보겠습니다.

```dart
import 'package:flutter/material.dart';

const List<String?> cityList = [
  null,
  "강릉",
  "서울",
  "춘천",
  "인천",
  "안동",
  "전주",
  "경주",
  null,
  "부산",
  "여수",
  null,
  "제주",
];

class MapScreen extends StatefulWidget {
  const MapScreen({super.key});

  @override
  State<MapScreen> createState() => _MapScreenState();
}

class _MapScreenState extends State<MapScreen> {
  @override
  Widget build(BuildContext context) {
    return Scaffold(
      appBar: AppBar(
        title: const Text(
          "지역을 선택하세요",
        ),
      ),
      body: SingleChildScrollView(
        child: Column(
```

```
children: [
  Container(
    margin: const EdgeInsets.only(
      top: 10.0,
      left: 10.0,
      right: 10.0,
    ),
    padding: const EdgeInsets.only(
      top: 30.0,
      left: 80.0,
      right: 80.0,
    ),
    height: 700.0,
    decoration: const BoxDecoration(
      image: DecorationImage(
        fit: BoxFit.cover,
        image: AssetImage(
          "assets/images/map.png",
        ),
      ),
    ),
    child: GridView.builder(
      physics: const NeverScrollableScrollPhysics(),
      padding: EdgeInsets.zero,
      gridDelegate: const SliverGridDelegateWithFixedCrossAxisCount(
        crossAxisCount: 2,
        mainAxisSpacing: 15.0,
        crossAxisSpacing: 50.0,
      ),
      itemBuilder: (context, index) => cityList[index] != null
          ? InkWell(
              onTap: () {},
              borderRadius: BorderRadius.circular(
                30.0,
              ),
              child: Container(
                decoration: BoxDecoration(
                  shape: BoxShape.circle,
```

```dart
                    color: [
                      const Color(
                        0x77F44336,
                      ),
                      const Color(
                        0x77FFEB3B,
                      ),
                      const Color(
                        0x772196F3,
                      ),
                      const Color(
                        0x774CAF50,
                      ),
                      const Color(
                        0x779C27B0,
                      ),
                    ][index % 5],
                  ),
                  child: Center(
                    child: Text(
                      cityList[index]!,
                      style: const TextStyle(
                        fontSize: 20.0,
                      ),
                    ),
                  ),
                ),
              )
            : Container(),
          itemCount: cityList.length,
        ),
      ),
    ],
    ),
    ),
  );
  }
}
```

📝 한 걸음 더!

색상을 입력하는 코드에서 index % 5가 들어가는 이유는 무엇인가요?

이렇게 작성하면 5개마다 똑같은 색상이 나오게 됩니다. index는 0부터 시작하므로 index % 5의 결과는 순서대로 0, 1, 2, 3, 4, 0, 1, 2, 3, 4, … 와 같이 나오게 됩니다.

이는 최대한 다양한 색깔을 주변 색깔과 겹치지 않게 배치하기 위한 코드입니다. 3개는 같은 색상이 등장하는 주기가 너무 빠르고, 4개는 2의 배수이므로 매 두 줄마다 똑같은 색상이 사용되게 됩니다. 물론 5개의 색상을 사용해도 매 다섯 줄마다 똑같은 색상이 사용되는 것은 피할 수 없지만, 어차피 지역이 10개이므로 큰 문제가 되지는 않습니다. 따라서 여기서는 5개 색상을 사용했지만, 더 많은 색상을 추가하고, index % 5가 아닌 더 큰 숫자(색상의 개수)를 사용해도 좋습니다.

다음과 같은 화면이 만들어집니다.

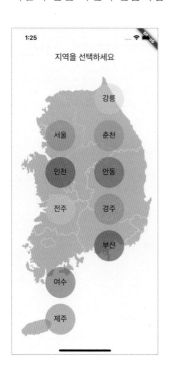

정보 화면

이제 정보 화면을 만들어 보겠습니다. 앞선 지도 화면보다 오히려 간단합니다. 코드가 많지 않으므로 바로 보여드리겠습니다. 'final List⟨dynamic⟩ info' 변수가 추가되었습니다. 앞서 만든 'info.json' 파일을 가져와서 사용하기 위해 추가된 값입니다.

```dart
import 'package:flutter/material.dart';

class DetailScreen extends StatefulWidget {
  const DetailScreen({
    super.key,
    required this.city,
    required this.info,
  });
  final String city;
  final List<dynamic> info;

  @override
  State<DetailScreen> createState() => _DetailScreenState();
}

class _DetailScreenState extends State<DetailScreen> {
  @override
  Widget build(BuildContext context) {
    return Scaffold(
      appBar: AppBar(
        title: Text(
          widget.city,
        ),
      ),
      body: ListView.builder(
        itemBuilder: (_, index) => ListTile(
          title: Text(widget.info[index]["name"] ?? ""),
          subtitle: Text(
              "${widget.info[index]["description"] ?? ""}\n위치: ${widget.info[index]
["address"] ?? ""}\n비용: ${widget.info[index]["cost"] ?? ""}"),
        ),
        itemCount: widget.info.length,
      ),
    );
  }
}
```

이렇게 작성한 이후, 앞서 작성한 map_screen.dart의 InkWell의 onTap 코드를 다음과 같이 작성합니다.

```
onTap: () {
                        Navigator.of(context).push(
                            MaterialPageRoute(
                                builder: (_) => DetailScreen(
                                    city: cityList[index]!,
                                    info: info[cityList[index]!] as List<dynamic>,
                                ),
                            ),
                        );
                    }
```

이제 지역명을 터치하여 해당 지역의 관광지를 조회할 수 있습니다.

2:40

< 제주

성산일출봉
제주도에서 가장 아름다운 일출을 볼 수 있는 곳으로, 화산활동
으로 형성된 특이한 지형과 아름다운 바다 전경이 유명합니다.
해발 180m의 높이에 위치해 있고, 일출 시간에는 많은 관광객
이 찾습니다.
위치: 제주특별자치도 서귀포시 성산읍 일출로 284-12
비용: 성인 5,000원, 청소년 4,000원, 어린이 3,000원

제주 도립 박물관
제주의 역사와 문화, 천연기념물 등을 전시하고 있는 박물관입니
다. 제주 도민들의 생활습관과 문화유산을 배울 수 있습니다. 삼
나무숲과 미술관 등의 부대시설이 함께 있습니다.
위치: 제주특별자치도 제주시 한림읍 서비로 300
비용: 성인 1,000원, 청소년 600원, 어린이 400원

한라산 국립공원
한라산은 대한민국 최고봉으로, 제주의 신앙과 문화, 역사 등의
중요한 역할을 담당하고 있습니다. 여러 산책로와 등산로가 마련
되어 있으며, 다양한 식물과 동물을 볼 수 있습니다.
위치: 제주특별자치도 제주시 조천읍 한라산로 2079-61
비용: 무료

제주 삼다수 본사
제주의 대표적인 생수 브랜드 중 하나인 삼다수의 공장 겸 체험
관입니다. 체험 프로그램과 공장 내부 관광, 삼다수 맛보기 등을
할 수 있습니다.
위치: 제주특별자치도 제주시 연동 301-5
비용: 성인 5,000원, 청소년 4,000원, 어린이 3,000원

제주 추사관
제주의 추사들의 문화와 역사를 전시하는 박물관입니다. 제주의
역사와 문화를 살펴볼 수 있으며, 제주의 전통적인 가옥과 각종
생활용품을 볼 수 있습니다.
위치: 제주특별자치도 제주시 조천읍 일주동로 8399
비용: 성인 1,000원, 청소년 500원, 어린이 300원

데이터는 잘 나오고 있고, 특별히 잘못된 것은 없습니다. 즉, 앱은 우리의 의도대로 잘 작동하고 있습니다. 그러나 무언가 부족한 느낌입니다. 바로 글자가 너무 많아서 정보가 예쁘게 보이지 않는다는 점이죠. 살짝 수정해 볼까요?

✏️ 한 걸음 더!

텍스트는 적게, 시각적 요소는 풍부하게!

앱을 개발하다 보면 텍스트의 함정에 빠질 때가 많습니다. 무슨 이야기냐고요? 화면에 보여주고 있는 텍스트가 너무 많아서, 사용자가 일목요연한 정보를 받지 못하거나 과부하에 걸리는 현상입니다. 특히 앱 개발에서 많이 제공되는 할 일(TODO) 앱 만들기, 게시판 만들기 등이 모두 텍스트 중심이고, JSON을 통해 주고받는 데이터들이 대부분 텍스트 요소이기 때문에 더 그런 감이 있습니다.

사용자의 눈을 즐겁게 하기 위한 아이디어가 필요한 순간입니다. 위치에 대한 설명이 필요하다면 구글 지도를 추가할 수 있습니다. 생각보다 많은 텍스트 요소들이 그래픽 요소들로 대체될 수 있다는 것에 놀라실 수도 있습니다. 앞서 개발한 지도 화면도 텍스트만 사용했다면 사용자의 눈길을 끌지 못했을 것입니다.

또한 모든 텍스트들을 동일한 스타일로 표시하지 않는 것이 좋습니다. 강조할 필요가 있는 텍스트는 폰트 크기를 키우고, 볼드체로 지정할 수 있습니다.

사실 이는 앱 개발 뿐만 아니라, 기술 문서를 주로 다루는 테크니컬 라이팅에도 적용되는 원칙입니다.[2]

먼저 이미지가 들어갈 공간을 만들어 보겠습니다.

```
import 'package:flutter/material.dart';

class DetailScreen extends StatefulWidget {
  const DetailScreen({
    super.key,
    required this.city,
    required this.info,
  });
  final String city;
  final List<dynamic> info;
```

---

2 https://tech.kakaoenterprise.com/112 링크의 시각 자료 활용하기 문단 참고

```dart
  @override
  State<DetailScreen> createState() => _DetailScreenState();
}


class _DetailScreenState extends State<DetailScreen> {
  @override
  Widget build(BuildContext context) {
    return Scaffold(
      appBar: AppBar(
        title: Text(
          widget.city,
        ),
      ),
      body: ListView.builder(
        itemBuilder: (_, index) => ListTile(
          title: Text(
            widget.info[index]["name"] ?? "",
            style: const TextStyle(
              fontSize: 20.0,
              fontWeight: FontWeight.bold,
            ),
          ),
          subtitle: Text(
              "${widget.info[index]["description"] ?? ""}\n위치: ${widget.info[index]
["address"] ?? ""}\n비용: ${widget.info[index]["cost"] ?? ""}"),
          trailing: SizedBox(
            width: 100.0,
            height: 100.0,
            child: Image.asset(
              "assets/images/placeholder.png",
              fit: BoxFit.cover,
            ),
          ),
        ),
        itemCount: widget.info.length,
      ),
    );
  }
}
```

이제 placeholder 이미지가 아닌 실제 이미지를 넣어 보겠습니다.

먼저 JSON 파일을 다음과 같이 수정합니다.

```
{
  "서울": [
    {
      "name": "경복궁",
      "description": "조선 왕조의 법궁으로, 1395년에 처음 건립되었다. 국보 1호로 지정되어 있다.",
      "address": "서울특별시 종로구 사직로 161",
      "cost": "3,000원",
      "image": "seoul_1.png"
    },
    {
      "name": "남산서울타워",
      "description": "서울의 대표적인 랜드마크로, 전망대에서는 서울시내 전경을 바라볼 수 있다.",
```

```
        "address": "서울특별시 용산구 남산공원길 105",
        "cost": "10,000원",
        "image": "seoul_2.png"
    },
    {
        "name": "북촌한옥마을",
        "description": "한국 전통 가옥이 보존되어 있는 마을로, 돌담길과 한옥들이 조화를
이루어 전통적인 분위기를 느낄 수 있다.",
        "address": "서울특별시 종로구 자하문로 5길 37",
        "cost": "무료",
        "image": "seoul_3.png"
    },
    {
        "name": "국립중앙박물관",
        "description": "한국의 역사와 문화를 다루는 박물관으로, 고고학, 민속학, 미술 등
다양한 분야의 전시물이 있다.",
        "address": "서울특별시 용산구 서빙고로 137",
        "cost": "무료",
        "image": "seoul_4.png"
    },
    {
        "name": "청계천",
        "description": "서울의 중심가를 가로지르는 천으로, 야경이 아름다운 대표적인 명소
이다. 봄과 가을에는 청계천에서 불꽃놀이 대회가 열린다.",
        "address": "서울특별시 종로구 청계천로",
        "cost": "무료",
        "image": "seoul_5.png"
    }
    ],
    // 부산, 제주 등...
}
```

그리고 앞의 화면처럼 실제 이미지 파일을 찾아서 넣어 주는 작업이 필요합니다. 모든 이미지는 assets/images 폴더에 넣어 줍니다.

이미지 저작권 관련

아무 이미지나 사용할 경우 앱 출시 이후에 저작권 문제가 발생할 수 있습니다. 가급적 해당 관광지에서 제공하는 공식 이미지, 또는 저작권이 없는 이미지를 사용하는 것이 좋습니다.

이제 코드를 수정해 보겠습니다.

```
trailing: SizedBox(
  width: 100.0,
  height: 100.0,
  child: Image.asset(
    "assets/images/${widget.info[index]["image"] ?? "placeholder.png"}",
    fit: BoxFit.cover,
  ),
),
```

다음과 같이 작성하면 각 관광지별 이미지를 볼 수 있습니다.

각 관광지에 해당하는 이미지가 없으면 에러가 발생할 수 있으므로 참고하시기 바랍니다.

그 다음에는 가격정보를 툴팁 형식으로 나타내 보겠습니다. 툴팁 형식으로 만들게 되면 사용자와의 상호 작용이 가능하고, 텍스트가 표시되는 공간을 절약할 수 있어서 이득입니다.

✒️ 한 걸음 더!

툴팁Tooltip 이란 무엇인가요?

툴팁의 공식 정의는 사용자가 특정 요소에 마우스를 갖다 대거나, 포커스를 넣거나, 탭했을 때 정보성 텍스트를 보여주는 컴포넌트입니다(A component that displays informative text when users hover over, focus on, or tap an element).[3] 저희는 앱을 만들고 있으므로, 마우스를 갖다 대는 동작이 아닌 탭(가볍게 터치)하는 동작으로 툴팁을 표시하려고 합니다.

> Hover over the text to show a tooltip.
>
> I am a Tooltip

다음과 같이 코드를 작성합니다.

- 타이틀 부분을 Row 내부에 텍스트와 툴팁이 모두 들어가는 형식으로 변경합니다.

  툴팁의 triggerMode는 TooltipTriggerMode.tap으로 설정합니다. 이렇게 하면 가볍게 탭하는 것만으로 툴팁의 내용을 볼 수 있습니다.

  툴팁의 message는 툴팁이 보여질 때 등장하는 텍스트(String 형식)이며, child는 툴팁이 보여지게 하는 트리거 위젯입니다(여기서는 $ 아이콘으로 설정).

- subtitle 부분에 들어가는 기존 텍스트에서는 가격 정보를 제외합니다.

```dart
import 'package:flutter/material.dart';

class DetailScreen extends StatefulWidget {
  const DetailScreen({
    super.key,
    required this.city,
    required this.info,
  });
  final String city;
  final List<dynamic> info;
```

---

3 material.io

```
    @override
    State<DetailScreen> createState() => _DetailScreenState();
}
class _DetailScreenState extends State<DetailScreen> {
    @override
    Widget build(BuildContext context) {
      return Scaffold(
        appBar: AppBar(
          title: Text(
            widget.city,
          ),
        ),
        body: ListView.builder(
          itemBuilder: (_, index) => ListTile(
            title: Row(
              mainAxisSize: MainAxisSize.max,
              mainAxisAlignment: MainAxisAlignment.spaceBetween,
              children: [
                Text(
                  widget.info[index]["name"] ?? "",
                  style: const TextStyle(
                    fontSize: 20.0,
                    fontWeight: FontWeight.bold,
                  ),
                ),
                Tooltip(
                  triggerMode: TooltipTriggerMode.tap,
                  message: widget.info[index]["cost"] ?? "",
                  child: const Icon(
                    Icons.attach_money,
                  ),
                ),
              ],
            ),
            subtitle: Text(
                "${widget.info[index]["description"] ?? ""}\n위치: ${widget.info[index]
["address"] ?? ""}"),
            trailing: SizedBox(
              width: 100.0,
```

```
              height: 100.0,
              child: Image.asset(
                "assets/images/${widget.info[index]["image"] ?? "placeholder.png"}",
                fit: BoxFit.cover,
              ),
            ),
          ),
          itemCount: widget.info.length,
        ),
      );
    }
  }
```

체크인 스위치

앞서 체크인 기능에 대해 잠시 설명했습니다. 체크인 기능을 위해서는 체크인 스위치가 필요한데요. 여기서 만들어 보도록 하겠습니다.

체크인 스위치를 만드는 기본 흐름은 다음과 같습니다.

- ListView.builder의 itemCount를 widget.info.length + 1로 바꾼다.
- index가 0일 때는 체크인 스위치를 보여주고, 기존에 widget.info[index]로 되어 있는 코드는 전부 index − 1로 변경한다(즉, 하나씩 밀린다).

아직 체크인 버튼이 작동하지는 않습니다. 상태 관리에서 체크인 버튼이 작동하도록 만들어 보겠습니다.

```
ListView.builder(
    itemBuilder: (_, index) {
      if (index == 0) {
        return Padding(
          padding: const EdgeInsets.symmetric(
            vertical: 10.0,
          ),
          child: Row(
            mainAxisSize: MainAxisSize.max,
            mainAxisAlignment: MainAxisAlignment.center,
            children: [
              Switch(
                value: false,
                onChanged: (_) {},
              ),
              const Text(
                "체크인",
                style: TextStyle(
                  fontSize: 24.0,
                ),
              ),
            ],
          ),
        );
      }
      return ListTile(
        title: Row(
```

```
               mainAxisSize: MainAxisSize.max,
               mainAxisAlignment: MainAxisAlignment.spaceBetween,
               children: [
                 Text(
                   widget.info[index - 1]["name"] ?? "",
                   style: const TextStyle(
                     fontSize: 20.0,
                     fontWeight: FontWeight.bold,
                   ),
                 ),
                 Tooltip(
                   triggerMode: TooltipTriggerMode.tap,
                   message: widget.info[index - 1]["cost"] ?? "",
                   child: const Icon(
                     Icons.attach_money,
                   ),
                 ),
               ],
             ),
           subtitle: Text(
               "${widget.info[index - 1]["description"] ?? ""}\n위치: ${widget.
  info[index - 1]["address"] ?? ""}"),
           trailing: SizedBox(
             width: 100.0,
             height: 100.0,
             child: Image.asset(
               "assets/images/${widget.info[index - 1]["image"] ?? "placeholder.
  png"}",
               fit: BoxFit.cover,
             ),
           ),
         );
       },
       itemCount: widget.info.length + 1,
     ),
```

다음과 같은 화면이 만들어집니다.

상태 관리

앞서 배운 것처럼 체크인 스위치에 상태를 넣어 작동하도록 만들어 보겠습니다.

방법은 다음과 같습니다.

- 상태로 사용할 bool 타입의 변수인 isCheckedIn을 만듭니다.
- 체크인 스위치의 value는 isCheckedIn 값을 사용합니다.
- 체크인 스위치의 onChanged는 isCheckedIn을 변경해 주는 상태 변경 함수 코드가 들어갑니다. 상태 변경 시에는 setState() 메서드를 사용해 주어야 합니다.

지금까지의 코드를 포함하여 다시 한 번 정리해 보겠습니다.

```dart
import 'package:flutter/material.dart';

class DetailScreen extends StatefulWidget {
  const DetailScreen({
    super.key,
    required this.city,
    required this.info,
  });
  final String city;
  final List<dynamic> info;

  @override
  State<DetailScreen> createState() => _DetailScreenState();
}

class _DetailScreenState extends State<DetailScreen> {
  bool isCheckedIn = false;
  @override
  Widget build(BuildContext context) {
    return Scaffold(
      appBar: AppBar(
        title: Text(
          widget.city,
        ),
      ),
      body: ListView.builder(
        itemBuilder: (_, index) {
          if (index == 0) {
            return Padding(
              padding: const EdgeInsets.symmetric(
                vertical: 10.0,
              ),
              child: Row(
                mainAxisSize: MainAxisSize.max,
                mainAxisAlignment: MainAxisAlignment.center,
                children: [
                  Switch(
                    value: isCheckedIn,
                    onChanged: (bool value) {
```

```dart
            setState(() {
              isCheckedIn = value;
            });
          },
        ),
        const Text(
          "체크인",
          style: TextStyle(
            fontSize: 24.0,
          ),
        ),
      ],
    ),
  );
}
return ListTile(
  title: Row(
    mainAxisSize: MainAxisSize.max,
    mainAxisAlignment: MainAxisAlignment.spaceBetween,
    children: [
      Text(
        widget.info[index - 1]["name"] ?? "",
        style: const TextStyle(
          fontSize: 20.0,
          fontWeight: FontWeight.bold,
        ),
      ),
      Tooltip(
        triggerMode: TooltipTriggerMode.tap,
        message: widget.info[index - 1]["cost"] ?? "",
        child: const Icon(
          Icons.attach_money,
        ),
      ),
    ],
  ),
  subtitle: Text(
    "${widget.info[index - 1]["description"] ?? ""}\n위치: ${widget.
info[index - 1]["address"] ?? ""}"),
```

```
        trailing: SizedBox(
          width: 100.0,
          height: 100.0,
          child: Image.asset(
            "assets/images/${widget.info[index - 1]["image"] ?? "placeholder.
png"}",
            fit: BoxFit.cover,
          ),
        ),
      );
    },
    itemCount: widget.info.length + 1,
    ),
  );
  }
}
```

다음과 같은 화면이 만들어집니다.

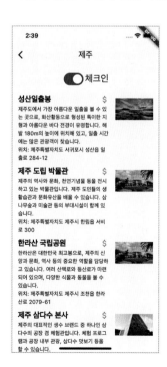

여기서 다시 한 번 아이디어를 발전시켜 봅시다. 내가 체크인한 장소를 지도 화면에서 볼 수 있도록 하려면 어떻게 해야 할까요?

- **맵 스크린**MapScreen
  - 모든 지역의 체크인 여부를 저장합니다.
  - 맵 스크린이 갖고 있는 해당 지역의 체크인 여부isCheckedIn와 체크인 상태 변경 함수onCheckInChanged를 디테일 스크린으로 넘겨 줍니다.

- **디테일 스크린**DetailScreen
  - 개별 지역의 체크인 여부 상태 이외에 다음 작업이 추가됩니다.
  - 디테일 스크린이 처음 화면에 보여질 때initState, 맵 스크린에서 받아온 체크인 여부를 기본값으로 사용합니다.
  - 디테일 스크린에서 체크인 여부가 변경될 때, 맵 스크린에서 받아온 체크인 여부를 갱신해 줍니다.

먼저 맵 스크린 코드를 다음과 같이 수정합니다.

lib/screens/map_screen.dart

```dart
import 'dart:convert';
import 'package:flutter/material.dart';

import 'detail_screen.dart';

const List<String?> cityList = [
  null,
  "강릉",
  "서울",
  "춘천",
  "인천",
  "안동",
  "전주",
  "경주",
  null,
  "부산",
  "여수",
  null,
  "제주",
```

```dart
];

class MapScreen extends StatefulWidget {
  const MapScreen({super.key});

  @override
  State<MapScreen> createState() => _MapScreenState();
}

class _MapScreenState extends State<MapScreen> {
  Map<String, dynamic> info = {};
  List<bool> cityCheckInList = List<bool>.generate(
    cityList.length,
    (_) => false,
  );

  @override
  void initState() {
    super.initState();
    DefaultAssetBundle.of(
      context,
    )
        .loadString(
      "assets/json/info.json",
    )
        .then((data) {
      info = jsonDecode(data);
    });
  }

  @override
  Widget build(BuildContext context) {
    return Scaffold(
      appBar: AppBar(
        title: const Text(
          "지역을 선택하세요",
        ),
      ),
      body: SingleChildScrollView(
```

```
child: Column(
  children: [
    Container(
      margin: const EdgeInsets.only(
        top: 10.0,
        left: 10.0,
        right: 10.0,
      ),
      padding: const EdgeInsets.only(
        top: 30.0,
        left: 80.0,
        right: 80.0,
      ),

      height: 700.0,
      decoration: const BoxDecoration(
        image: DecorationImage(
          fit: BoxFit.cover,
          image: AssetImage(
            "assets/images/map.png",
          ),
        ),
      ),
      child: GridView.builder(
        physics: const NeverScrollableScrollPhysics(),
        padding: EdgeInsets.zero,
        gridDelegate: const SliverGridDelegateWithFixedCrossAxisCount(
          crossAxisCount: 2,
          mainAxisSpacing: 15.0,
          crossAxisSpacing: 50.0,
        ),
        itemBuilder: (context, index) => cityList[index] != null
            ? InkWell(
                onTap: () {
                  Navigator.of(context).push(
                    MaterialPageRoute(
                      builder: (_) => DetailScreen(
                        city: cityList[index]!,
                        info: info[cityList[index]!] as List<dynamic>,
```

```
              isCheckedIn: cityCheckInList[index],
              onCheckInChanged: (bool value) {
                setState(() {
                  cityCheckInList[index] = value;
                });
              },
            ),
          ),
        );
      },
      borderRadius: BorderRadius.circular(
        30.0,
      ),
      child: Container(
        decoration: BoxDecoration(
          shape: BoxShape.circle,
          color: [
            const Color(
              0x77F44336,
            ),
            const Color(
              0x77FFEB3B,
            ),
            const Color(
              0x772196F3,
            ),
            const Color(
              0x774CAF50,
            ),
            const Color(
              0x779C27B0,
            ),
          ][index % 5],
        ),
        child: Center(
          child: cityCheckInList[index]
              ? const Icon(
                  Icons.check,
                )
```

```
                                  : Text(
                                      cityList[index]!,
                                      style: const TextStyle(
                                        fontSize: 20.0,
                                      ),
                                    ),
                                ),
                              ),
                            )
                          : Container(),
                    itemCount: cityList.length,
                  ),
                ),
              ],
            ),
          ),
        );
      }
    }
```

🖋️ 한 걸음 더!

List.generate는 무엇인가요?

List를 생성하는 생성자로 주로 배열의 각 index에 기반하여 개별 값들을 생성하기 위해 사용됩니다. List.generate의 첫 번째 인자로 전체 길이를 지정하고, 두 번째 인자로 각 index에 기반한 개별 값을 생성하는 함수를 넣어 주면 됩니다.

참고로 List⟨bool⟩.generate와 같이 타입을 지정하여 표현하면 결과물이 List⟨bool⟩이라는 것이 더 명확하게 드러납니다.

lib/screens/detail_screen.dart

```dart
import 'package:flutter/material.dart';

class DetailScreen extends StatefulWidget {
```

```
  const DetailScreen({
    super.key,
    required this.city,
    required this.info,
    required this.isCheckedIn,
    required this.onCheckInChanged,
  });
  final String city;
  final List<dynamic> info;
  final bool isCheckedIn;
  final Function(bool) onCheckInChanged;

  @override
  State<DetailScreen> createState() => _DetailScreenState();
}

class _DetailScreenState extends State<DetailScreen> {
  bool isCheckedIn = false;
  @override
  void initState() {
    super.initState();
    isCheckedIn = widget.isCheckedIn;
  }

  @override
  Widget build(BuildContext context) {
    return Scaffold(
      appBar: AppBar(
        title: Text(
          widget.city,
        ),
      ),
      body: ListView.builder(
        itemBuilder: (_, index) {
          if (index == 0) {
            return Padding(
              padding: const EdgeInsets.symmetric(
                vertical: 10.0,
```

```
            ),
            child: Row(
              mainAxisSize: MainAxisSize.max,
              mainAxisAlignment: MainAxisAlignment.center,
              children: [
                Switch(
                  value: isCheckedIn,
                  onChanged: (bool value) {
                    setState(() {
                      isCheckedIn = value;
                    });
                    widget.onCheckInChanged(
                      value,
                    );
                  },
                ),
                const Text(
                  "체크인",
                  style: TextStyle(
                    fontSize: 24.0,
                  ),
                ),
              ],
            ),
          );
        }
        return ListTile(
          title: Row(
            mainAxisSize: MainAxisSize.max,
            mainAxisAlignment: MainAxisAlignment.spaceBetween,
            children: [
              Text(
                widget.info[index - 1]["name"] ?? "",
                style: const TextStyle(
                  fontSize: 20.0,
                  fontWeight: FontWeight.bold,
                ),
              ),
```

```
                    Tooltip(
                      triggerMode: TooltipTriggerMode.tap,
                      message: widget.info[index - 1]["cost"] ?? "",
                      child: const Icon(
                        Icons.attach_money,
                      ),
                    ),
                  ],
                ),
              subtitle: Text(
                  "${widget.info[index - 1]["description"] ?? ""}\n위치: ${widget.
info[index - 1]["address"] ?? ""}"),
              trailing: SizedBox(
                width: 100.0,
                height: 100.0,
                child: Image.asset(
                  "assets/images/${widget.info[index - 1]["image"] ?? "placeholder.png"}",
                  fit: BoxFit.cover,
                ),
              ),
            );
          },
        itemCount: widget.info.length + 1,
      ),
    );
  }
}
```

한 걸음 더!

동일한 상태인 isCheckedIn이 맵 스크린과 디테일 스크린 양쪽에 존재하는 이유는 무엇인가요?

디테일 스크린이 한 번 화면에 등장하게 되면, 맵 스크린 내부의 상태가 변해도 디테일 스크린의 UI가 업데이트되지 않습니다. 따라서 맵 스크린 측의 isCheckedIn과 디테일 스크린의 isCheckedIn이 별개로 존재해야 하며, 디테일 스크린의 isCheckedIn의 초깃값은 isCheckedIn을 따르게 됩니다.

이런 문제를 해결하기 위해 Provider와 같은 전역 상태 라이브러리를 사용할 수도 있습니다.

여기서 잠깐, 너무 복잡해진 ListTile을 별도의 컴포넌트로 분리해 봅시다.

lib/components/list_item.dart

```dart
import 'package:flutter/material.dart';

class ListItem extends StatelessWidget {
  const ListItem({
    super.key,
    required this.data,
  });
  final dynamic data;

  @override
  Widget build(BuildContext context) {
    return ListTile(
      title: Row(
        mainAxisSize: MainAxisSize.max,
        mainAxisAlignment: MainAxisAlignment.spaceBetween,
        children: [
```

```dart
              Text(
                data["name"] ?? "",
                style: const TextStyle(
                  fontSize: 20.0,
                  fontWeight: FontWeight.bold,
                ),
              ),
              Tooltip(
                triggerMode: TooltipTriggerMode.tap,
                message: data["cost"] ?? "",
                child: const Icon(
                  Icons.attach_money,
                ),
              ),
            ],
          ),
      subtitle:
          Text("${data["description"] ?? ""}\n위치: ${data["address"] ?? ""}"),
      trailing: SizedBox(
        width: 100.0,
        height: 100.0,
        child: Image.asset(
          "assets/images/${data["image"] ?? "placeholder.png"}",
          fit: BoxFit.cover,
        ),
      ),
    );
  }
}
```

이제 디테일 스크린을 다음과 같이 간결하게 정리할 수 있습니다.

lib/screens/detail_screen.dart

```dart
import 'package:flutter/material.dart';

import '../components/list_item.dart';
```

```dart
class DetailScreen extends StatefulWidget {
  const DetailScreen({
    super.key,
    required this.city,
    required this.info,
    required this.isCheckedIn,
    required this.onCheckInChanged,
  });
  final String city;
  final List<dynamic> info;
  final bool isCheckedIn;
  final Function(bool) onCheckInChanged;

  @override
  State<DetailScreen> createState() => _DetailScreenState();
}

class _DetailScreenState extends State<DetailScreen> {
  bool isCheckedIn = false;
  @override
  void initState() {
    super.initState();
    isCheckedIn = widget.isCheckedIn;
  }

  @override
  Widget build(BuildContext context) {
    return Scaffold(
      appBar: AppBar(
        title: Text(
          widget.city,
        ),
      ),
      body: ListView.builder(
        itemBuilder: (_, index) {
          if (index == 0) {
            return Padding(
```

```dart
          padding: const EdgeInsets.symmetric(
            vertical: 10.0,
          ),
          child: Row(
            mainAxisSize: MainAxisSize.max,
            mainAxisAlignment: MainAxisAlignment.center,
            children: [
              Switch(
                value: isCheckedIn,
                onChanged: (bool value) {
                  setState(() {
                    isCheckedIn = value;
                  });
                  widget.onCheckInChanged(
                    value,
                  );
                },
              ),
              const Text(
                "체크인",
                style: TextStyle(
                  fontSize: 24.0,
                ),
              ),
            ],
          ),
        );
      }
      return ListItem(
        data: widget.info[index - 1],
      );
    },
    itemCount: widget.info.length + 1,
  ),
);
  }
}
```

5.4 서버 통신 및 라이브러리 사용하기

저희가 만든 앱을 살펴봅시다. 그런데 여전히 텍스트가 너무 많죠? 주소는 지도와 함께 표현해 주면 더 좋지 않을까요? 이제 구글 지도를 넣어 보겠습니다.

구글 지도

Google Maps Platform에서

1 https://developers.google.com/maps?hl=ko 링크에 접속합니다.

2 [시작하기] 버튼을 클릭합니다.

3 좌측 사이드바에서 [API] 버튼을 클릭합니다.

4 약관에 동의하고, [계속] 버튼을 클릭합니다.

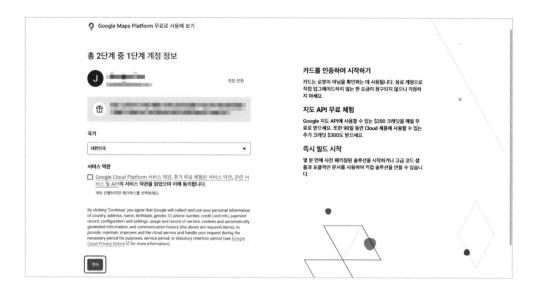

5 결제 정보를 입력하고, [계속] 버튼을 클릭합니다.

계좌 유형은 개인으로 선택합니다.

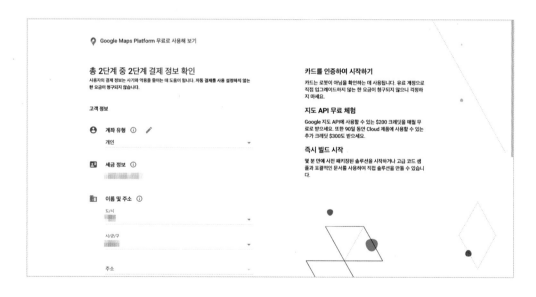

6 고객 정보를 입력하고, [계속] 버튼을 클릭합니다.

휴대전화 번호 인증이 필요합니다.

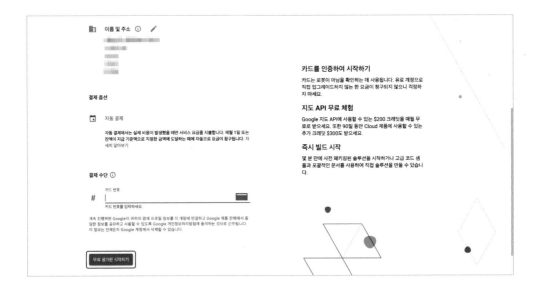

7 마지막으로 카드 번호를 입력하고, [무료 평가판 시작하기] 버튼을 클릭합니다.

8 간단한 질문에 답하고, [제출] 버튼을 클릭합니다.

다음 질문으로 넘어갈 때, [계속] 버튼을 클릭합니다.

9 다음 화면에서 API 키가 표시되면 이를 복사하여 메모장 등 안전한 곳에 저장해 둡니다.

추후 사용자 인증 정보 탭에서 API 키를 확인할 수 있습니다.

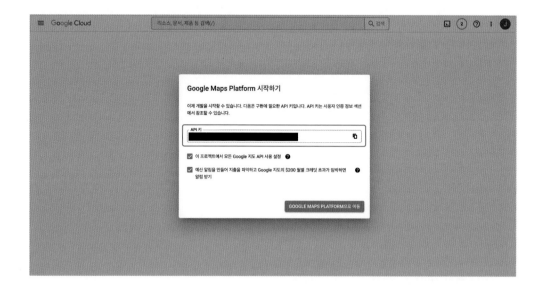

플러터에서

1 터미널에서 다음 명령어를 입력합니다.

```
flutter pub add google_maps_flutter
```

2 iOS 및 안드로이드 네이티브 코드 일부를 수정합니다.

YOUR KEY HERE를 앞서 발급한 API 키로 대체합니다.

ios/Runner/AppDelegate.swift

```swift
import UIKit
import Flutter
import GoogleMaps

@UIApplicationMain
@objc class AppDelegate: FlutterAppDelegate {
  override func application(
    _ application: UIApplication,
    didFinishLaunchingWithOptions launchOptions: [UIApplication.LaunchOptionsKey: Any]?
  ) -> Bool {
    GMSServices.provideAPIKey("YOUR KEY HERE")
    GeneratedPluginRegistrant.register(with: self)
    return super.application(application, didFinishLaunchingWithOptions: launchOptions)
```

```
  }
}
```

android/app/src/main/AndroidManifest.xml

```
<manifest ...
  <application ...
    <meta-data android:name="com.google.android.geo.API_KEY"
              android:value="YOUR KEY HERE"/>
```

> ✍️ **한 걸음 더!**
>
> **Building for iOS Simulator, but linking in object file built for iOS 문제가 발생해요!**
>
> M1 등의 ARM 칩을 사용한 맥에서 흔히 볼 수 있는 현상입니다. iOS Simulator는 자신이 실행되는 맥과 동일한 환경에서 실행되지만, 정작 우리가 사용하는 라이브러리가 현재 맥의 환경에서 실행할 수 없는 경우에 발생하는 문제입니다.
>
> ios/Podfile의 코드를 다음과 같이 수정하면 해결할 수 있습니다.
>
> | before | after |
> | --- | --- |
> | ```post_install do |installer| installer.pods_project.targets.each do |target| flutter_additional_ios_build_ settings(target)   end end``` | ```post_install do |installer| installer.pods_project.targets.each do |target| flutter_additional_ios_build_ settings(target)   target.build_configurations.each do |build_configuration| build_configuration. build_settings['EXCLUDED_ ARCHS[sdk=iphonesimulator*]'] = 'arm64 i386'   end   end end``` |

본격적으로 시작하기 전에, ListItem의 UI를 살짝 다듬어 보겠습니다.

```dart
import 'package:flutter/material.dart';

class ListItem extends StatelessWidget {
  const ListItem({
    super.key,
    required this.data,
  });
  final dynamic data;

  @override
  Widget build(BuildContext context) {
    return Padding(
      padding: const EdgeInsets.all(
        10.0,
      ),
      child: Column(
        children: [
          Row(
            mainAxisSize: MainAxisSize.max,
            mainAxisAlignment: MainAxisAlignment.spaceBetween,
            children: [
              Text(
                data["name"] ?? "",
                style: const TextStyle(
                  fontSize: 20.0,
                  fontWeight: FontWeight.bold,
                ),
              ),
              Tooltip(
                triggerMode: TooltipTriggerMode.tap,
                message: data["cost"] ?? "",
                child: const Icon(
                  Icons.attach_money,
                ),
              ),
            ],
```

```
          ),
        Row(
          mainAxisSize: MainAxisSize.max,
          mainAxisAlignment: MainAxisAlignment.spaceBetween,
          children: [
            SizedBox(
              width: MediaQuery.of(context).size.width - 140.0,
              child: Text(
                  "${data["description"] ?? ""}\n위치: ${data["address"] ?? ""}"),
            ),
            SizedBox(
              width: 100.0,
              height: 100.0,
              child: Image.asset(
                "assets/images/${data["image"] ?? "placeholder.png"}",
                fit: BoxFit.cover,
              ),
            ),
          ],
        ),
      ],
    ),
  );
  }
}
```

다음과 같은 화면이 만들어집니다.

어떤가요, 한결 깔끔해졌죠? ListTile 위젯은 단순한 UI
일 경우에는 편리하게 사용할 수 있지만, 다소 복잡한 UI
를 제작하기에는 한계가 있습니다. 이럴 때는 ListTile 대신
Container나 Row, Column 등을 통해 직접 만들어주는 것
이 좋습니다.

이제 지도를 적용해 봅시다.

- 마커Marker는 지도에서 특정 지점을 표시하는 핀pin을 의미합니다. 마커는 한 개 또는 여러 개 만들 수 있지만, 여기서는 관광지가 위치한 지점에 한 개 등장하도록 설정하였습니다.

  인포윈도우InfoWindow는 마커 위에 떠 있는 간단한 텍스트가 담긴 말풍선을 의미합니다. 타이틀에는 제목 텍스트가, snippet에는 제목 아래 설명 텍스트가 들어갑니다.

- 마커의 인포윈도우는 기본적으로 닫혀 있기 때문에, 별도의 코드를 추가하여 마커의 인포윈도우가 모두 열린 채로 보이도록 했습니다.

- 중간중간에 Padding을 추가하여 시원시원하게 보이도록 수정하였습니다.

```dart
import 'package:flutter/material.dart';
import 'package:google_maps_flutter/google_maps_flutter.dart';

class ListItem extends StatelessWidget {
  const ListItem({
    super.key,
    required this.data,
  });
  final dynamic data;

  @override
  Widget build(BuildContext context) {
    final Set<Marker> markers = <Marker>{
      Marker(
        markerId: MarkerId(
          data["name"] ?? "",
        ),
        position: LatLng(
          data["lat"] ?? 37.495361,
          data["logt"] ?? 127.033079,
        ),
        infoWindow: InfoWindow(
          title: data["name"] ?? "",
          snippet: data["address"] ?? "",
        ),
      ),
    };
```

```
return Padding(
  padding: const EdgeInsets.all(
    10.0,
  ),
  child: Column(
    children: [
      Row(
        mainAxisSize: MainAxisSize.max,
        mainAxisAlignment: MainAxisAlignment.spaceBetween,
        children: [
          Text(
            data["name"] ?? "",
            style: const TextStyle(
              fontSize: 20.0,
              fontWeight: FontWeight.bold,
            ),
          ),
          Tooltip(
            triggerMode: TooltipTriggerMode.tap,
            message: data["cost"] ?? "",
            child: const Icon(
              Icons.attach_money,
            ),
          ),
        ],
      ),
      const Padding(
        padding: EdgeInsets.symmetric(
          vertical: 10.0,
        ),
      ),
      Row(
        mainAxisSize: MainAxisSize.max,
        mainAxisAlignment: MainAxisAlignment.spaceBetween,
        children: [
          SizedBox(
            width: MediaQuery.of(context).size.width - 140.0,
```

```
          child: Text(
            data["description"] ?? "",
          ),
        ),
        SizedBox(
          width: 100.0,
          height: 100.0,
          child: Image.asset(
            "assets/images/${data["image"] ?? "placeholder.png"}",
            fit: BoxFit.cover,
          ),
        ),
      ],
    ),
    const Padding(
      padding: EdgeInsets.symmetric(
        vertical: 10.0,
      ),
    ),
    SizedBox(
      height: 200.0,
      child: GoogleMap(
        mapType: MapType.normal,
        initialCameraPosition: CameraPosition(
          target: LatLng(
            data["lat"] ?? 37.495361,
            data["logt"] ?? 127.033079,
          ),
          zoom: 15.0,
        ),
        markers: markers,
        compassEnabled: false,
        rotateGesturesEnabled: false,
        scrollGesturesEnabled: false,
        zoomGesturesEnabled: true,
        zoomControlsEnabled: true,
        buildingsEnabled: true,
        myLocationButtonEnabled: false,
```

```
      onMapCreated: (controller) {
        // 마커가 항상 열려 있도록 설정
        // ignore: avoid_function_literals_in_foreach_calls
        markers.forEach((marker) {
          controller.showMarkerInfoWindow(
            marker.markerId,
          );
        });
      },
    ),
  ),
],
    ),
  );
  }
}
```

다음과 같은 화면이 만들어집니다.

잠깐! 생각해 보니 지도가 모두 같은 위치를 가리키고 있네
요? 어떻게 해야 지도가 정확한 위치를 가리키게 할 수 있을
까요?

JSON 파일을 수정하여 위도와 경도를 넣어 주면 지도가 정
확한 위치를 가리키게 됩니다!

위도와 경도

위도와 경도는 지리적 위치를 나타내는 좌표 체계입니다.

위도Latitude는 지구의 적도를 기준으로 북쪽과 남쪽을 나타내는 좌표입니다. 0도는 적도이며, 적도의 북쪽에 위치한 북반구에서는 북위 n도, 적도의 남쪽에 위치한 남반구에서는 남위 n도와 같이 표현합니다. 예를 들어, 서울의 위도는 대략 북위 37도입니다. 위도는 기후와 관련이 있습니다. 일반적으로 저위도인 경우 따뜻하고, 고위도인 경우 추워집니다.

경도Longitude는 영국에 위치한 그리니치 천문대를 기준으로 하여 동쪽과 서쪽을 나타내는 좌표입니다. 0도는 그리니치 천문대를 통과하는 선이며, 미국 등 그리니치 천문대를 기준으로 서쪽에 위치할 경우 서경 n도, 유럽이나 아시아 등 그리니치 천문대를 기준으로 동쪽에 위치할 경우 동경 n도 와 같이 표현합니다. 예를 들어, 서울의 경도는 대략 동경 126도입니다(여기서 동경은 일본의 수도를 의미하는 게 아닌, 경도 기준선의 동쪽을 의미합니다). 경도는 각국의 시간대Time Zone와 관련이 있습니다.

따라서 위도와 경도를 함께 사용하면 지구상의 어떤 위치든 정확하게 나타낼 수 있습니다. 서울은 대략 북위 37도, 동경 126도에 위치합니다. 개별 지점의 정확한 위도와 경도를 파악한다면, 구글 지도 등 지도 서비스에서 그곳의 위치를 표시할 수 있습니다.

특정 지점의 위도와 경도를 얻는 가장 쉬운 방법은 구글 지도를 이용하는 겁니다. 예를 들어, 서울 각 지점의 위도와 경도는 다음과 같이 얻어서 JSON으로 입력할 수 있습니다.

1 구글 지도[4]에 접속합니다.

....

4 https://maps.google.com

2 주변에 지형지물이 없는 곳에 마우스를 클릭합니다.

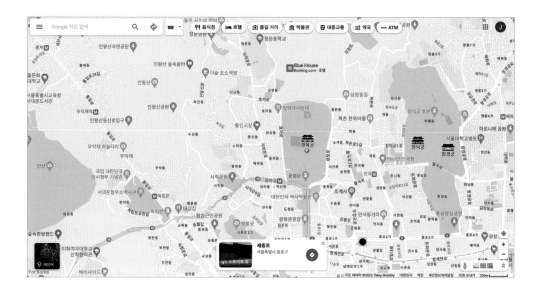

3 핀이 생긴 곳을 한 번 더 클릭합니다.

4 화면에 표시된 위도 및 경도를 사용합니다.

- 위도: 37.578869
- 경도: 126.976955

이를 통해 만들어진 서울 각 지점의 JSON 형식은 다음과 같습니다.

```
{
  "서울": [
    {
      "name": "경복궁",
      "description": "조선 왕조의 법궁으로, 1395년에 처음 건립되었다. 국보 1호로 지정되
어 있다.",
      "address": "서울특별시 종로구 사직로 161",
      "cost": "3,000원",
      "image": "seoul_1.png",
      "lat": 37.578869,
      "logt": 126.976955
    },
    {
      "name": "남산서울타워",
      "description": "서울의 대표적인 랜드마크로, 전망대에서는 서울시내 전경을 바라볼
수 있다.",
      "address": "서울특별시 용산구 남산공원길 105",
      "cost": "10,000원",
      "image": "seoul_2.png",
      "lat": 37.550983,
      "logt": 126.988216
    },
    {
      "name": "북촌한옥마을",
      "description": "한국 전통 가옥이 보존되어 있는 마을로, 돌담길과 한옥들이 조화를
이루어 전통적인 분위기를 느낄 수 있다.",
      "address": "서울특별시 종로구 자하문로 5길 37",
      "cost": "무료",
      "image": "seoul_3.png",
      "lat": 37.581373,
      "logt": 126.984924
    },
```

```
    {
      "name": "국립중앙박물관",
      "description": "한국의 역사와 문화를 다루는 박물관으로, 고고학, 민속학, 미술 등
다양한 분야의 전시물이 있다.",
      "address": "서울특별시 용산구 서빙고로 137",
      "cost": "무료",
      "image": "seoul_4.png",
      "lat": 37.523515,
      "logt": 126.979434
    },
    {
      "name": "청계천",
      "description": "서울의 중심가를 가로지르는 천으로, 야경이 아름다운 대표적인 명소
이다. 봄과 가을에는 청계천에서 불꽃놀이 대회가 열린다.",
      "address": "서울특별시 종로구 청계천로",
      "cost": "무료",
      "image": "seoul_5.png",
      "lat": 37.569128,
      "logt": 126.978754
    }
  ]
}
```

화면에는 다음과 같이 표현됩니다.

더 편리한 방법이 궁금하시다면 아래 지오코딩에 대한 내용을 참고하시기 바랍니다.

> **✏️ 한 걸음 더!**
>
> **지오코딩**
>
> 대한민국은 주소를 통해 특정한 건물이나 토지의 위치를 특정할 수 있기 때문에, 이를 통하여 위도와 경도를 얻어올 수 있습니다. 이렇게 주소를 위도 및 경도로 변환하는 것을 지오코딩Geocoding이라고 합니다.
>
> 대표적으로 네이버 클라우드에서 지오코딩을 위한 API를 제공합니다.[5] 비슷한 API는 카카오, 구글 등에서도 제공하고 있습니다. 네이버와 카카오의 지오코딩 API에서는 경도, 위도라는 명칭을 사용하지 않고 경도를 x좌표, 위도를 y좌표로 제공하므로 혼동하지 않도록 주의하세요.

파이어베이스에서

앞서 기획한 기능 중에, 체크인한 사람 수를 표시하는 기능이 있었죠. 이는 앱 외부와 소통해야 하는 일이므로, 따라서 일종의 서버가 필요합니다. 이 서버 역할을 구현하기 위해 파이어베이스를 사용해 보겠습니다.

이번에도 본격적으로 시작하기 전에 먼저 체크인한 사람 수를 표시하기 위해 UI를 살짝 변형해 보겠습니다.

- 체크인 스위치 위에 **현재 체크인한 사람** 텍스트를 추가합니다.
- 현재는 0명으로 보여주지만, 앞으로 여기에 실제 체크인한 사람 수를 보여주게 됩니다.

```dart
import 'package:flutter/material.dart';

import '../components/list_item.dart';

class DetailScreen extends StatefulWidget {
  const DetailScreen({
    super.key,
    required this.city,
    required this.info,
    required this.isCheckedIn,
```

5 https://api.ncloud-docs.com/docs/ai-naver-mapsgeocoding

```dart
      required this.onCheckInChanged,
    });
    final String city;
    final List<dynamic> info;
    final bool isCheckedIn;
    final Function(bool) onCheckInChanged;

    @override
    State<DetailScreen> createState() => _DetailScreenState();
}

class _DetailScreenState extends State<DetailScreen> {
  bool isCheckedIn = false;
  @override
  void initState() {
    super.initState();
    isCheckedIn = widget.isCheckedIn;
  }

  @override
  Widget build(BuildContext context) {
    return Scaffold(
      appBar: AppBar(
        title: Text(
          widget.city,
        ),
      ),
      body: ListView.builder(
        itemBuilder: (_, index) {
          if (index == 0) {
            return Padding(
              padding: const EdgeInsets.symmetric(
                vertical: 10.0,
              ),
              child: Column(
                children: [
                  const Text(
                    "현재 체크인한 사람: 0명",
                    style: TextStyle(
```

```dart
                              fontSize: 20.0,
                            ),
                          ),
                          Row(
                            mainAxisSize: MainAxisSize.max,
                            mainAxisAlignment: MainAxisAlignment.center,
                            children: [
                              Switch(
                                value: isCheckedIn,
                                onChanged: (bool value) {
                                  setState(() {
                                    isCheckedIn = value;
                                  });
                                  widget.onCheckInChanged(
                                    value,
                                  );
                                },
                              ),
                              const Text(
                                "체크인",
                                style: TextStyle(
                                  fontSize: 24.0,
                                ),
                              ),
                            ],
                          ),
                        ],
                      ),
                    );
                  }
                  return ListItem(
                    data: widget.info[index - 1],
                  );
                },
                itemCount: widget.info.length + 1,
              ),
            );
          }
        }
```

파이어베이스 초기 설정 부분은 앞서 다뤘으므로 생략하고, 데이터베이스 부분부터 설명하겠습니다.

1 다음 JSON 파일을 작성하여 data.json으로 저장합니다.

```
{
  "강릉": 0,
  "서울": 0,
  "춘천": 0,
  "인천": 0,
  "안동": 0,
  "전주": 0,
  "경주": 0,
  "부산": 0,
  "여수": 0,
  "제주": 0
}
```

2 파이어베이스 콘솔에서 JSON 가져오기 기능을 통해 다음과 같은 데이터를 세팅합니다.

3 먼저 데이터를 가져오는 부분을 만들어 보겠습니다. 체크인한 사람 수를 서버로부터 실시간으로 가져오는 기능입니다.

- getCheckInCount 함수는 화면이 처음 로드될 때의 체크인한 사람 수를 가져옵니다.
- rootRef.onValue.listen에 파라미터로 들어간 함수는 값이 실시간으로 변동될 때 호출되어 이를 화면에 반영합니다.

```dart
import 'package:flutter/material.dart';
import 'package:firebase_database/firebase_database.dart';
import '../components/list_item.dart';

class DetailScreen extends StatefulWidget {
  const DetailScreen({
    super.key,
    required this.city,
    required this.info,
    required this.isCheckedIn,
    required this.onCheckInChanged,
```

```dart
  });
  final String city;
  final List<dynamic> info;
  final bool isCheckedIn;
  final Function(bool) onCheckInChanged;

  @override
  State<DetailScreen> createState() => _DetailScreenState();
}

class _DetailScreenState extends State<DetailScreen> {
  FirebaseDatabase database = FirebaseDatabase.instance;
  DatabaseReference rootRef = FirebaseDatabase.instance.ref();
  int checkInCount = 0;
  bool isCheckedIn = false;

  void getCheckInCount() async {
    if (!mounted) return;
    final snapshot = await rootRef.get();
    if (snapshot.exists) {
      final data = snapshot.value as Map;
      setState(() {
        checkInCount = data[widget.city] ?? 0;
      });
    }
  }

  @override
  void initState() {
    super.initState();
    isCheckedIn = widget.isCheckedIn;
    getCheckInCount();
    rootRef.onValue.listen((DatabaseEvent event) {
      if (!mounted) return;
      final data = event.snapshot.value as Map;
      setState(() {
        checkInCount = data[widget.city] ?? 0;
      });
    });
```

```dart
  }

  @override
  Widget build(BuildContext context) {
    return Scaffold(
      appBar: AppBar(
        title: Text(
          widget.city,
        ),
      ),
      body: ListView.builder(
        itemBuilder: (_, index) {
          if (index == 0) {
            return Padding(
              padding: const EdgeInsets.symmetric(
                vertical: 10.0,
              ),
              child: Column(
                children: [
                  Text(
                    "현재 체크인한 사람: $checkInCount명",
                    style: const TextStyle(
                      fontSize: 20.0,
                    ),
                  ),
                  Row(
                    mainAxisSize: MainAxisSize.max,
                    mainAxisAlignment: MainAxisAlignment.center,
                    children: [
                      Switch(
                        value: isCheckedIn,
                        onChanged: (bool value) {
                          setState(() {
                            isCheckedIn = value;
                          });
                          widget.onCheckInChanged(
                            value,
                          );
                        },
```

```
          ),
          const Text(
            "체크인",
            style: TextStyle(
              fontSize: 24.0,
            ),
          ),
        ],
      ),
    ],
  ),
);
}
return ListItem(
  data: widget.info[index - 1],
);
},
itemCount: widget.info.length + 1,
    ),
  );
}
}
```

다음과 같은 화면이 만들어집니다.

파이어베이스 내부에서 데이터를 변경하고 확인해 보세요. 실시간으로 반영됩니다.

4 이제 데이터를 수정하는 부분을 만들어 보겠습니다. 체크인 시 사람 수를 1 증가하고, 체크아웃 시 사람 수를 1 감소하는 기능입니다.

먼저 함수를 작성해 보겠습니다.

- incrementCheckInCount: 서버에 있는 해당 도시의 체크인 값을 1 증가
- decrementCheckInCount: 서버에 있는 해당 도시의 체크인 값을 1 감소
- 서버에 있는 값을 그대로 사용하도록 코드를 작성했습니다.
- 코드에서 사용되는 'mounted' 값은 Stateful Widget과 함께 다니는 State 객체가 생성되었으며, 아직 dispose()되지 않았다는 것을 의미합니다. 파이어베이스 데이터베이스에 접근하는 것처럼 특정 코드를 다룰 때는 'mounted' 여부를 체크해 주어야 하는 경우가 있습니다.

```
void incrementCheckInCount() async {
  if (!mounted) return;
  rootRef.child(widget.city).set(
      ServerValue.increment(1),
    );
}

void decrementCheckInCount() async {
  if (!mounted) return;
  rootRef.child(widget.city).set(
      ServerValue.increment(-1),
    );
}
```

전체 코드는 다음과 같습니다.

```
import 'package:flutter/material.dart';
import 'package:firebase_database/firebase_database.dart';
import '../components/list_item.dart';

class DetailScreen extends StatefulWidget {
```

```dart
  const DetailScreen({
    super.key,
    required this.city,
    required this.info,
    required this.isCheckedIn,
    required this.onCheckInChanged,
  });
  final String city;
  final List<dynamic> info;
  final bool isCheckedIn;
  final Function(bool) onCheckInChanged;

  @override
  State<DetailScreen> createState() => _DetailScreenState();
}

class _DetailScreenState extends State<DetailScreen> {
  FirebaseDatabase database = FirebaseDatabase.instance;
  DatabaseReference rootRef = FirebaseDatabase.instance.ref();
  int checkInCount = 0;
  bool isCheckedIn = false;

  void getCheckInCount() async {
    if (!mounted) return;
    final snapshot = await rootRef.get();
    if (snapshot.exists) {
      final data = snapshot.value as Map;
      setState(() {
        checkInCount = data[widget.city] ?? 0;
      });
    }
  }

  void incrementCheckInCount() async {
    if (!mounted) return;
    rootRef.child(widget.city).set(
          ServerValue.increment(1),
        );
  }
```

```
void decrementCheckInCount() async {
  if (!mounted) return;
  rootRef.child(widget.city).set(
      ServerValue.increment(-1),
    );
}


@override
void initState() {
  super.initState();
  isCheckedIn = widget.isCheckedIn;
  getCheckInCount();
  rootRef.onValue.listen((DatabaseEvent event) {
    if (!mounted) return;
    final data = event.snapshot.value as Map;
    setState(() {
      checkInCount = data[widget.city] ?? 0;
    });
  });
}


@override
void dispose() {
  super.dispose();
}


@override
Widget build(BuildContext context) {
  return Scaffold(
    appBar: AppBar(
      title: Text(
        widget.city,
      ),
    ),
    body: ListView.builder(
      itemBuilder: (_, index) {
        if (index == 0) {
          return Padding(
```

```dart
      padding: const EdgeInsets.symmetric(
        vertical: 10.0,
      ),
      child: Column(
        children: [
          Text(
            "현재 체크인한 사람: $checkInCount명",
            style: const TextStyle(
              fontSize: 20.0,
            ),
          ),
          Row(
            mainAxisSize: MainAxisSize.max,
            mainAxisAlignment: MainAxisAlignment.center,
            children: [
              Switch(
                value: isCheckedIn,
                onChanged: (bool value) {
                  setState(() {
                    isCheckedIn = value;
                  });
                  widget.onCheckInChanged(
                    value,
                  );
                  if (value) {
                    incrementCheckInCount();
                  } else {
                    decrementCheckInCount();
                  }
                },
              ),
              const Text(
                "체크인",
                style: TextStyle(
                  fontSize: 24.0,
                ),
              ),
            ],
          ),
```

```
          ],
        ),
      );
    }
    return ListItem(
      data: widget.info[index - 1],
    );
  },
  itemCount: widget.info.length + 1,
      ),
    );
  }
}
```

잘 작동하는지 확인해 보셨나요? 실시간 반영 테스트를 위해 여러 개의 iOS 시뮬레이터, 안드로이드 에뮬레이터를 놓고 확인해 보는 것을 추천합니다.

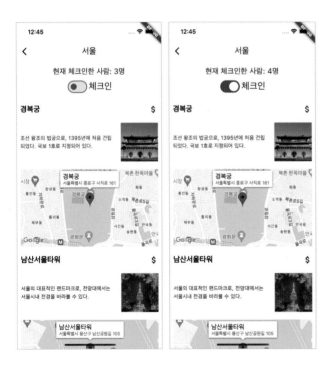

5.5 배포 및 출시

앞서 다룬 내용대로 배포 및 출시를 수행합니다.

여기까지 따라오느라 고생 많으셨습니다. 파이널 프로젝트는 기존에 배운 내용들에 더해서 앱을 더 풍성하게 만들기 위한 다양한 기술들이 사용되었습니다. 크게는 구글 지도나 파이어 베이스와 같은 외부 라이브러리 사용부터, 작게는 UI를 더 세련되게 만드는 방법들까지요.

사실 처음부터 따라오기는 쉽지 않은 내용이었습니다. 하지만 앞의 내용들을 거치면 적어도 50% 이상은 이해하실 수 있으리라 생각합니다. 파이널 프로젝트 내용을 한 번 더 확인하시고, 실습해 보시면서 복습한다면 이해도를 좀 더 높일 수 있지 않을까요? 또한, 완성된 코드는 깃허브에서 확인하실 수 있습니다.

A 플러터 3.13 주요 변경사항

A.1 머티리얼 3, 날개를 달다

머티리얼 3은 구글에서 제공하는 머티리얼 Design, 또는 머티리얼 UI의 최신 버전입니다. 그동안 웹이나 안드로이드 등 다른 플랫폼에서는 머티리얼 3을 사용할 수 있었지만, 플러터에서는 지원하지 않았습니다. 이제는 머티리얼 3을 사용할 수 있습니다.

플러터는 머티리얼 3 도입을 통해 더 세련된 디자인, 더 많은 컴포넌트, 더 나은 사용자 경험을 추구합니다.

다음 설정을 통해 머티리얼 3를 프로젝트에 적용하시면 됩니다.

```
class MyApp extends StatelessWidget {
  const MyApp({super.key});

  // This widget is the root of your application.
  @override
  Widget build(BuildContext context) {
    return MaterialApp(
      title: 'Flutter Demo',
      theme: ThemeData(
        // This is the theme of your application.
        //
        // Try running your application with "flutter run". You'll see the
        // application has a blue toolbar. Then, without quitting the app, try
        // changing the primarySwatch below to Colors.green and then invoke
```

```
        // "hot reload" (press "r" in the console where you ran "flutter run",
        // or simply save your changes to "hot reload" in a Flutter IDE).
        // Notice that the counter didn't reset back to zero; the application
        // is not restarted.
        primarySwatch: Colors.blue,
        useMaterial3: true,
      ),
      home: const HomeScreen(),
    );
  }
}
```

A.2 다트 3, 간결하고 편리해진 코드

다트 3이 2023년 5월 구글 I/O에서 정식으로 발표되었습니다. 다트 3에서 가장 큰 변화는 레코드Record 기능으로 알려졌습니다. 이제 클래스를 만들지 않고도 여러 값을 리턴할 수 있으며Multiple Return, 리턴된 값의 묶음을 여러 개의 변수로 분해할 수 있습니다. 타 프로그래밍 언어에서는 튜플Tuple이라는 이름으로 이미 지원하고 있는 기능입니다.

그 밖에 다음과 같은 주요 변경사항이 있습니다.

- class의 접근 제한자 다양화. class와 mixin의 분리가 이루어졌습니다.
- switch 문에서 break가 필요 없어짐, 조건문과 결합하여 사용하는 switch 표현식이 추가되었습니다.

A.3 임펠러 엔진, 플러터의 미래

임펠러Impeller는 기존의 스키아 엔진을 대체하는 플러터의 새로운 렌더링 런타임입니다. 기존 스키아 엔진의 한계를 보완하고, 향상된 그리고 예측 가능한 퍼포먼스를 제공합니다. 3.7 버전에서는 별도의 설정을 통해 임펠러를 체험해 볼 수 있으며, 3.10 버전부터는 iOS 빌드에 임펠러가 기본으로 적용됩니다.[1]

A.4 기타 플러터 3.13 관련 내용

2023년 8월 16일, 플러터 3.13이 공식적으로 발표되었습니다. 이 책이 최종적으로 인쇄에 들어가기 직전의 일입니다.

UI에서의 변화는 iOS와 안드로이드에서 각각의 스타일로 Dialog를 보여줄 수 있는 AlertDialog.adaptive( ) 생성자의 추가, 기타 쿠퍼티노(iOS) 및 머티리얼 위젯과 관련된 개선이 있습니다.

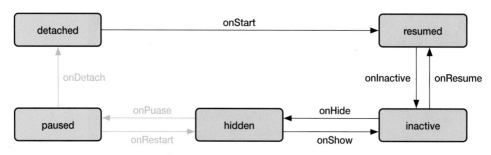

그림 A-1 Flutter 3.13 관련 내용 도식화[2]

---

1 https://github.com/flutter/flutter/wiki/Impeller

2 https://medium.com/flutter/whats-new-in-flutter-3-13-479d9b11df4d

UI 외적으로는 AppLifecycleListener 클래스가 추가되어 위젯의 라이프사이클과 별도로 앱 라이프사이클을 관찰할 수 있게 되었고, 안드로이드 14 지원 및 안드로이드 4.4 미만 버전 (젤리빈) 미지원 등의 변화가 있었습니다.

3.10 버전에서 3.13 버전으로 업그레이드해야 할 시에 일부 주의해야 할 점이 있습니다. 자세한 내용은 플러터 공식 블로그의 3.13 버전 포스트에서 Breaking Changes 부분을 참고하시기 바랍니다.[3] 차후 플러터 버전 업데이트 관련 내용은 깃허브에서 다루고자 합니다.

---

3 https://medium.com/flutter/whats-new-in-flutter-3-13-479d9b11df4d

B 플러터와 네이티브 SDK 연결

저는 네이버 아이디로 로그인(pub.dev의 flutter_naver_login)의 이슈 해결을 위해, 플러터 라이브러리 내부의 네이티브 코드를 수정했습니다. 다소 이례적인 케이스로, 실제 개발 중에 작업할 일이 많지는 않지만, 이 과정에서 플러터와 네이티브 코드가 어떻게 연결되는지에 대해 알게 되어 부록으로 작성했습니다.

B.1 플랫폼 채널

플러터는 다수의 기능에서 네이티브 코드를 직접 수정하지 않아도 되도록 많은 기능들을 제공하고 있습니다. 하지만 이는 완전하지 않습니다. 예를 들어, 카메라 등 하드웨어에 직접 접근하거나 네이티브 자원에 직접 접근해야 할 경우에 문제가 발생합니다. 이때는 네이티브 (Android: Kotlin, iOS: Swift) 코드를 직접 수정할 수 있습니다. 이들을 감싸는 다트 코드와는 메서드 채널Method Channel 방식으로 소통하게 됩니다.

만약 플러터를 위한 SDK가 제공되지 않지만, 기존에 iOS 및 안드로이드용으로 제공된 SDK가 있는 경우, 이를 활용하여 플러터에 적용할 수 있습니다. 현재 플러터에서 사용할 수 있는 네이버 아이디로 로그인, 네이버 지도 등이 모두 이렇게 구성되어 있습니다. 중간에 접착제 역할을 하는 iOS 및 안드로이드의 네이티브 코드가 필요하며, 이 코드들은 다트 코드와 프로그래밍 언어를 넘어서 커뮤니케이션하게 됩니다.

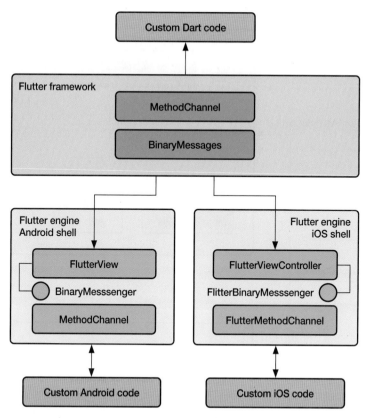

그림 B-1 플러터 – 네이티브 간 커뮤니케이션 도식화[4]

B.2 메서드 채널

메서드 채널은 플러터와 개별 플랫폼을 연결하기 위한 하나의 방식입니다. 앞에서 HTTP 통신을 통해 서버와 클라이언트가 JSON 데이터를 주고받는 내용을 잠깐 다뤘는데요. 방법은 조금 다르지만 이와 비슷하게 플러터와 iOS(네이티브), 플러터와 안드로이드(네이티브) 간소통을 하는 방식이라고 생각하시면 되겠습니다.

플러터에서 사용하는 메서드 채널의 구조는 다음 이미지와 같습니다.

---

4 해당 부분은 플러터 공식 문서를 참고했습니다.

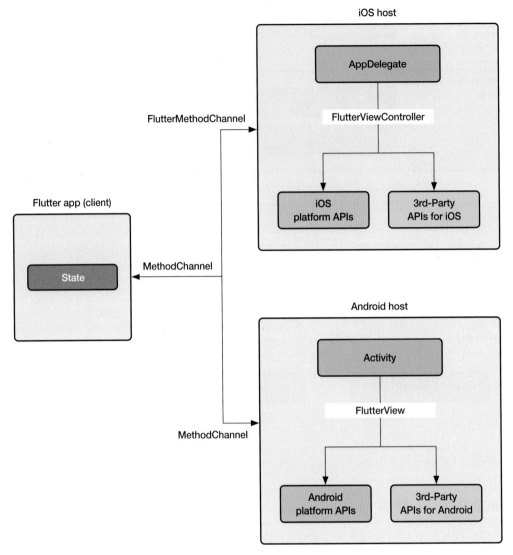

그림 B-2 플러터 메서드 채널 구조 도식화[5]

다음은 플러터 공식 문서에서 소개하고 있는 메서드 채널의 짧은 예제입니다.

- "foo"라는 이름의 메서드 채널을 생성하고, 함수를 실행하듯이 네이티브 코드를 실행할 수 있습니다.

---

5 해당 부분은 플러터 공식 문서를 참고했습니다.

표 B-1 메서드 채널 예제[6]

다트	```dart
	const channel = MethodChannel('foo');
	final String greeting = await channel.invokeMethod('bar', 'world');
	print(greeting);
	``

코틀린(안드로이드)	```kotlin
	val channel = MethodChannel(flutterView, "foo")
	channel.setMethodCallHandler { call, result ->
	  when (call.method) {
	    "bar" -> result.success("Hello, ${call.arguments}")
	    else -> result.notImplemented()
	  }
	}
	``

스위프트(iOS)	```swift
	let channel = FlutterMethodChannel(name: "foo", binaryMessenger:
	flutterView)
	channel.setMethodCallHandler {
	  (call: FlutterMethodCall, result: FlutterResult) -> Void in
	  switch (call.method) {
	    case "bar": result("Hello, \(call.arguments as! String)")
	    default: result(FlutterMethodNotImplemented)
	  }
	}
	``

---

6 https://docs.flutter.dev/resources/architectural-overview, https://docs.flutter.dev/development/platform-integration/platform-channels

플러터 애니메이션

앱에서는 다양한 애니메이션 효과가 사용됩니다. 버튼을 눌렀을 때, 화면을 전환할 때, 또는 다양한 이유로 애니메이션이 발생합니다. 플러터에서는 다양한 애니메이션 효과를 지원하고 있습니다. 어떤 애니메이션 효과는 머티리얼 또는 쿠퍼티노 위젯을 사용하면 자동으로 적용됩니다. 또 다른 애니메이션 효과는 개발자가 직접 설정해 줘야 적용됩니다.

플러터의 애니메이션을 더 정확하게 표현하자면, '전환' 과정을 자연스럽게 보여주는 것으로 생각할 수 있습니다. 예를 들어서 Container의 height 등의 속성 값을 상태 변경을 이용하여 바꿔 줄 수 있는데, 별도의 애니메이션이 없는 경우에 딱 하고 바뀌면 어색할 수 있습니다. 이때 이름에 Animated가 붙은 위젯을 사용하고, Duration(애니메이션의 지속시간), Curve(애니메이션의 가속도) 등을 설정하여 자연스러운 전환을 구현할 수 있습니다.

참고로 Animated로 시작하는 위젯들은 대표적으로 다음과 같습니다. Animated라는 글자를 제외하고 보면, 기존에 어디선가 많이 봤던 위젯들이죠? 애니메이션 유무를 제외하면 사실 크게 다르지 않습니다.

- AnimatedAlign
- AnimatedContainer
- AnimatedOpacity
- AnimatedPadding
- AnimatedPositioned
- AnimatedRotation
- AnimatedSize
- AnimatedWidget

플러터에서는 다양한 애니메이션 효과를 제공하고 있지만, 여기서는 움직이는 배경화면을 만들어보겠습니다.

1 가로와 세로 비율이 1:1에 가까운 이미지를 하나 준비합니다.

2 다음과 같이 Stateful 위젯을 작성합니다. Scaffold 하위에는 화면을 꽉 채우는 SizedBox를 하나 만듭니다.

```
class AnimatedScreen extends StatefulWidget {
  const AnimatedScreen({super.key});

  @override
  State<AnimatedScreen> createState() => _AnimatedScreenState();
}

class _AnimatedScreenState extends State<AnimatedScreen> {
  @override
  Widget build(BuildContext context) {
    return Scaffold(
      body: SizedBox(
        width: MediaQuery.of(context).size.width,
        height: MediaQuery.of(context).size.height,
      ),
    );
  }
}
```

3 주기적으로 호출하는 타이머(Timer.periodic)를 만들어서 사용합니다. 이 타이머의 역할은 isMoved라는 bool 변수(상태)의 값을 주기적으로 뒤집어 주는 것입니다(true일 경우 false, false인 경우 true로 상태 변경).

- 타이머는 다음과 같이 사용하면 일반적으로 문제가 발생하지 않습니다.
  Timer? timer; 로 선언
  initState()에서 timer 초기화
  dispose()에서 timer.cancel(); 호출

```dart
class AnimatedScreen extends StatefulWidget {
  const AnimatedScreen({super.key});

  @override
  State<AnimatedScreen> createState() => _AnimatedScreenState();
}

class _AnimatedScreenState extends State<AnimatedScreen> {
  Timer? timer;
  bool isMoved = false;

  @override
  void initState() {
    super.initState();
    timer = Timer.periodic(
      const Duration(
        seconds: 5,
      ),
      (_) {
        setState(() {
          isMoved = !isMoved;
        });
      },
    );
  }

  @override
  void dispose() {
    if (timer != null && timer!.isActive) {
      timer!.cancel();
    }
    super.dispose();
  }

  @override
  Widget build(BuildContext context) {
    return Scaffold(
      body: SizedBox(
        width: MediaQuery.of(context).size.width,
```

```
        height: MediaQuery.of(context).size.height,
      ),
    );
  }
}
```

4 다음과 같이 구현하면, 화면의 가장 왼쪽 부분은 이미지의 왼쪽에서 100px 지점과 이미지의 왼쪽에서 300px 지점을 왕복하여 보여지게 됩니다(즉, 이미지가 움직입니다). Animated Positioned의 Duration은 앞선 Timer의 Duration과 동일하게 설정해 줍니다.

```
class _AnimatedScreenState extends State<AnimatedScreen> {
  Timer? timer;
  bool isMoved = false;

  @override
  void initState() {
    super.initState();
    timer = Timer.periodic(
      const Duration(
        seconds: 5,
      ),
      (_) {
        setState(() {
          isMoved = !isMoved;
        });
      },
    );
  }

  @override
  void dispose() {
    if (timer != null && timer!.isActive) {
      timer!.cancel();
    }
```

```dart
      super.dispose();
    }

    @override
    Widget build(BuildContext context) {
      return Scaffold(
        body: SizedBox(
          width: MediaQuery.of(context).size.width,
          height: MediaQuery.of(context).size.height,
          child: Stack(
            children: [
              AnimatedPositioned(
                top: 0,
                left: isMoved ? -100 : -300,
                height: MediaQuery.of(context).size.height,
                duration: const Duration(
                  seconds: 5,
                ),
                curve: Curves.linear,
                child: Container(
                  decoration: const BoxDecoration(
                    image: DecorationImage(
                      image: AssetImage(
                        "assets/images/guest.png",
                      ),
                      fit: BoxFit.cover,
                    ),
                  ),
                  width: MediaQuery.of(context).size.width * 2,
                  height: MediaQuery.of(context).size.height,
                ),
              ),
            ],
          ),
        ),
      );
    }
  }
```

AnimatedPositioned는 말 그대로 position에 따라 동작합니다. top, left, right, bottom 등의 position 속성 값이 하나라도 변화하면 그 변화를 즉시 반영하는 것이 아니라, 지정된 Duration과 Curve에 따라 서서히 변화하도록 합니다. 사실 대부분의 Animation이 이렇게 동작합니다. 이제 애니메이션을 응용하여 다른 결과물을 만드실 수 있습니다.

찾아보기

찾아보기

찾아보기